东北大学马克思主义学院
青年学者论丛

社会主义政治经济学引论

AN INTRODUCTION TO
SOCIALIST POLITICAL ECONOMY

于洪波　郑文范／著

社会科学文献出版社
SOCIAL SCIENCES ACADEMIC PRESS (CHINA)

总　序

哲学社会科学是人们认识世界、改造世界的重要工具，是推动历史发展和社会进步的重要力量，其发展水平反映了一个民族的思维能力、精神品格、文明素质，体现了一个国家的综合国力和国际竞争力。“一个没有发达的自然科学的国家不可能走在世界前列，一个没有繁荣的哲学社会科学的国家也不可能走在世界前列。”① 在 2016 年 5 月 17 日召开的哲学社会科学工作座谈会上，习近平总书记的一席话，指出了在社会变革大时代，哲学社会科学“不可替代”的作用，深刻阐述了创新理论、构建中国特色哲学社会科学的重大战略意义，向中国哲学社会科学工作者提出了继承性、民族性、原创性、时代性、系统性、专业性的要求。2016 年注定成为一个标志性年份而被写入中国哲学社会科学的发展历史。

中国共产党自成立之日起，就始终代表广大青年、赢得广大青年、依靠广大青年。2016 年 7 月 1 日，习近平总书记在庆祝中国共产党成立 95 周年大会上的讲话中，充分肯定了我国青年在党的领导下为革命、建设和改革事业做出的突出贡献。他满怀深情地指出：“95 年来，我们党取得的所有成就都凝聚着青年的热情和奉献。”② 青年学者是推动我国创新的未来和希望，作为党的事业的重要组成部分，推动我国哲学社会科学的发展创新同样取决于青年学者。“一切有理想、有抱负的哲学社会科学工作者都应该立

① 《习近平主持召开哲学社会科学工作座谈会强调：结合中国特色社会主义伟大实践　加快构建中国特色哲学社会科学》，《人民日报》2016 年 5 月 18 日，第 1 版。

② 《庆祝中国共产党成立 95 周年大会在京隆重举行》，《人民日报》2016 年 7 月 2 日，第 2 版。

时代之潮头、通古今之变化、发思想之先声，积极为党和人民述学立论、建言献策，担负起历史赋予的光荣使命。”① 这对广大哲学社会科学工作者尤其是新一代青年学者，提出了使命要求并寄予了殷切希望。

出生于改革开放初期的青年学者，正成长为哲学社会科学工作队伍中的生力军。他们学习、成长、发展的历程与改革开放后中国的发展进程同步，他们从事哲学社会科学工作的热情、激情与豪情推动着自己不断开拓着哲学社会科学新的春天，他们所具有的中国特色、中国风格与中国气派使我们对哲学社会科学的未来充满了期待。与这些青年学者一样，东北大学马克思主义学院的青年才俊也正在快速成长。

他们已笃定了服务奉献社会的坚定信念！

他们已呈现出攀登学术高峰的精神风貌！

他们已承担起教书育人成才的光荣使命！

他们致力于服务奉献社会，不断推进理论创新和科研方法创新，开展战略性、前瞻性、对策性研究，发挥“思想库”“智囊团”作用，在服务国家、服务地方方面正发挥着无可替代的作用。

他们致力于攀登学术高峰，不断加强基础理论研究、潜心治学，开阔学术视野，始终抱着坚定的学术使命感和对国家、对民族的责任感，注重理论研究与实际相结合，务实求真，出精品、出力作，形成科研成果高质量、常态化的良好局面。

他们致力于教书育人成才，不断提升马克思主义理论素养，坚定理想信念，探索教育教学方法创新，努力实现科研成果向教学效果的转化，将治好学与做好人相契合，在价值导向、理论阐释、人格引领中实现对学生的教育与培养。

他们正坚定地行走在服务社会、教书育人、繁荣我国哲学社会科学的康庄大道上！

在过去的两年中，马克思主义学院师生坚定信念、开拓进取，推动教育教学、服务社会和科学研究的同步跃升，为人才培养、服务社会、推动

① 《习近平主持召开哲学社会科学工作座谈会强调：结合中国特色社会主义伟大实践　加快构建中国特色哲学社会科学》，《人民日报》2016 年 5 月 18 日，第 1 版。

学校“双一流”建设做出了巨大贡献。两年来，马克思主义学院共获批国家社会科学基金重大项目 1 项；国家社会科学基金一般项目 2 项；国家社会科学基金青年项目 2 项；辽宁省社会科学规划基金项目 18 项；教育部人文社会科学青年基金项目 1 项；教育部人文社会科学研究专项任务项目 3 项；在《中国社会科学》发表论文 2 篇，发表其他高水平学术论文数十篇。马克思主义学院步入了发展的春天。值此东北大学马克思主义学院建院两周年之际，我们推出“东北大学马克思主义学院青年学者论丛”，既是因应习近平总书记期望的表现，也是学院教师学术事业开拓创新的产物，是“社会主义核心价值观培育丛书”之后的又一系列学术力作。

呈现在我们面前的这些青年学者著作，在字字句句背后，莫不隐含着艰苦的劳动与付出。他们日积月累、刻苦进步的精神，给予了他们的科学研究以智慧和力量。正因为如此，他们才学有所成、识有所得。这套丛书，既有对理论问题的深刻阐释，也有对现实问题的系统研究，充分反映出青年学者们宽广的视野、活跃的思想、迸发的创新意识和精神。在本套丛书中，可能尚有作者手下的最初产品，在思想和建构上也许并不完美，然而它们将会成为若干精品的基石，而这基石，已显出璞玉之光。

此套丛书的问世，表明了我院青年教师在学术领域里的辛苦劳动及不懈努力。他们用一本本力作铺就着东北大学马克思主义学院奋发攀登的台阶；他们用智慧的结晶共同架构起东北大学马克思主义学院璀璨的今天；他们必将以平凡的工作、默默无闻的耕耘齐心协力托起东北大学马克思主义学院更加美好的未来。

只有不畏艰险，沿着崎岖小径攀登的人，才能达到辉煌的顶峰。

编委会

2016 年 11 月

目　录

第一章　社会主义政治经济学概论

2014 年 7 月，习近平总书记在主持经济形势专家座谈会时强调："各级党委和政府要学好用好政治经济学，自觉认识和更好遵循经济发展规律，不断提高推进改革开放、领导经济社会发展、提高经济社会发展质量和效益的能力和水平。"① 至此，习近平同志提出了坚持和发展中国特色社会主义政治经济学、不断完善中国特色社会主义政治经济学理论体系的重大历史任务。我们要以这一精神为指导，在理论与实践的统一和互动中不断深化对中国特色社会主义政治经济学的认识，推动中国特色社会主义政治经济学的发展。"要深入研究世界经济和我国经济面临的新情况新问题，为马克主思义政治经济学创新发展贡献中国智慧。"②

第一节　建立社会主义政治经济学的意义

坚持和发展中国特色社会主义政治经济学、不断完善中国特色社会主义政治经济学理论体系，有助于更好地指导中国特色社会主义经济建设的蓬勃发展，增强中国特色社会主义在道路、理论、制度和文化方面的自信，推进充分体现中国特色、中国风格、中国气派的政治经济学学科建设，坚定中国特色社会主义共同理想和共产主义远大理想。

---

① 习近平：《遵循经济规律科学发展，遵循自然规律可持续发展》，《党员生活（湖北）》2014 年第 4 期，第 8 页。

② 习近平：《习近平与中国特色社会主义政治经济学》，中国新闻网，http://www.ce.cn/xwzx/gnsz/szyw/201512/23/t20151223_7774224.shtml，最后访问日期：2016 年 9 月 11 日。

（一）理论意义

1. 社会主义政治经济学在马克思主义政治经济学中具有特殊重要的地位

政治经济学是马克思主义的重要组成部分。列宁指出："马克思的经济学说就是马克思理论最深刻、最全面、最详细的证明和运用。"① 科学阐明人类社会从资本主义向共产主义过渡的历史必然性及其内在发展规律是马克思主义政治经济学的主要研究目的，要实现这一目标，"仅有资本主义政治经济学或政治经济学的资本主义部分是不够的，还必须有社会主义政治经济学或政治经济学的社会主义部分，这两个部分相互联系、相互依赖、不可分割。社会主义是资本主义发展的必然趋势，又是向共产主义过渡的历史起点。因此，以社会主义经济形态为研究对象的社会主义政治经济学，自然成了马克思主义政治经济学不可或缺的重要组成部分"。② "社会主义政治经济学是关于社会主义生产方式及其发展规律的科学，在马克思主义政治经济学中具有特殊重要的地位。"③

2. 丰富和发展中国特色社会主义理论体系

党从马克思主义政治经济学中，寻找到了中国特色社会主义的基本理论、基本纲领和基本政策的依据，确立了中国特色社会主义政治经济学。中国特色社会主义政治经济学是"中国版"的社会主义政治经济学，是马克思主义政治经济学基本理论与中国改革开放新实践相结合的产物，是中国特色社会主义理论体系的重要组成部分。

2012 年 6 月，习近平总书记视察中国人民大学《资本论》教学中心时指出："马克思主义中国化形成了毛泽东思想和中国特色社会主义理论体系两大理论成果，追本溯源，这两大理论成果都是在马克思主义经典理论指导之下取得的。"④ 改革开放以来，伴随着社会主义经济建设实践的开展，中国特色社会主义经济理论也获得了巨大的发展，形成了关于发展社会主

---

① 《列宁选集》第 2 卷，人民出版社，1995，第 588 页。

② 张宇：《不断完善中国特色社会主义政治经济学理论体系（构建中国特色哲学社会科学）》，《人民日报》2016 年 8 月 29 日，第 16 版。

③ 张宇：《社会主义政治经济学的历史演变——兼论中国特色社会主义政治经济学的历史贡献》，《中国特色社会主义研究》2016 年第 2 期。

④ 习近平：《遵循经济规律科学发展，遵循自然规律可持续发展》，《党员生活（湖北）》2014 年第 4 期，第 8 页。

义经济的许多重要理论成果和独创性观点。中国特色社会主义政治经济学在对邓小平的“科技是第一生产力”理论反思的基础上，提出了社会主义的生产力理念，并以此为基础，充分发挥生产力与生产关系辩证关系原理的理论解释功能，对社会主义初级阶段论、基本经济制度、对外开放等进行了深层次解读，有助于进一步丰富和发展中国特色社会主义理论体系。“中国特色社会主义政治经济学和中国特色社会主义政治经济学理论体系范畴的提出，为我们科学解答中国特色社会主义的很多重大课题开辟了正确道路，这显然具有重大的里程碑意义。”①

3. 确立经济学领域中国学者的话语权

经济学有西方经济学与马克思主义经济学之分，尤其是近代西方经济学，与马克思主义经济学相比，在研究目的、研究对象、研究方法、意识导向和实践指导方面存在差异，这早已引起人们的关注和思索。“马克思将辩证唯物主义的存在决定意识原理运用于对人类社会的研究，认为社会存在决定人类社会的一切。近代西方经济学的人类观是立足效用最大化视角进行研究的，强调人的主观性。前者侧重的是人民大众这一多数群体，后者侧重的是资本家等少数群体。视角差异下的人类观及对应的经济学理论内涵必然存在差异性。”②

长期以来，这些差异不仅构成了不同经济学派之间，甚至是同一经济学派内部斗争的焦点，更有一些国家利用经济学理论意识导向的不同而将其演化成不同文化渗透的工具。因此，立足马克思主义历史唯物论视角，重新深入解读马克思文本经济理论并进行重构，建立中国特色社会主义政治经济学，在经济学领域建立中国学者的话语权并通过比较研究充分认识马克思主义经济学的研究逻辑，充分吸收不同经济学，特别是西方经济学的合理成分，对于丰富、发展和创新中国特色社会主义政治经济学，是十分重要的。

在全球经济不景气的背景下，如何让中国经济继续充满活力，引领世

① 张宇：《不断完善中国特色社会主义政治经济学理论体系（构建中国特色哲学社会科学）》，《人民日报》2016年8月29日，第16版。

② 大西広、孙世强：《马克思经济学：基于最优经济增长理论与模型视角》，中国经济出版社，2014，第1页。

界经济包容性增长，需要中国智慧。此时的中国经济学者若能为中国经济提供好的发展方案，并为引领世界经济前行出谋划策，意义比一百个诺贝尔经济学奖更重要。

（二）实践意义

1. 指导中国社会经济发展实践

中国特色社会主义政治经济学是中国特色社会主义理论的重要组成部分，它要为中国特色社会主义建设和全面建成小康社会提供理论支撑和科学指导，习近平同志对如何拓展当代中国马克思主义政治经济学提出了新的要求："要立足我国国情和我国发展实践，揭示新特点新规律，提炼和总结我国经济发展实践的规律性成果"①，要围绕中国和世界发展面临的重大问题，着力提出能够体现中国立场、中国智慧、中国价值的理念、主张、方案。建设系统化的中国特色社会主义政治经济理论，不断开拓当代中国马克思主义政治经济学的新境界。

中国特色社会主义政治经济学的建立对实现社会主义理想的宏伟目标和实践社会主义的本质有重要的指导作用。社会主义的本质之一是要解放生产力和发展生产力，其中一个很关键的因素是劳动力的生产水平和创造力水平要大大提高，这必然要求劳动力从简单劳动向复杂劳动再向创造性劳动发展，只有这样才可以大力提高劳动的生产力，创造出更多的财富来满足人民生活的需要。社会主义要消灭剥削，消除贫困，最后达到共同富裕。没有资本光有劳动是创造不了财富的，光有劳动没有资本也创造不了价值。只有当所有劳动者的劳动都成为一种创造性劳动时，才可以消灭劳动力的差别，实现真正的共同富裕。②

2. 为社会主义经济学的发展提供丰富素材

在相当长的时期内，"社会主义政治经济学的发展还处于从特殊上升到一般的抽象化阶段，而不是从一般到特殊的具体化阶段。"③ 从实际情况来

① 张宇、王亚玄：《书写当代中国马克思主义政治经济学的新篇章》，《马克思主义与现实》2016年第1期，第8～12页。

② 翁志勇：《价值与财富的现代分析》，上海大学出版社，2004，第96～100页。

③ 张宇：《不断完善中国特色社会主义政治经济学理论体系（构建中国特色哲学社会科学）》，《人民日报》2016年8月29日，第16版。

看，社会主义经济制度建立和发展的历史虽然还不长，但已经积累了丰富的实践经验。这种历史上从未有过的伟大实践，为经济学特别是社会主义经济学的发展提供了无比丰富的素材。在这种条件下，总结中国日新月异的实践经验，体现了由特殊性到普遍性的发展规律，在理论和实践上都具有极其重要的意义。

中国特色社会主义政治经济学“既体现了科学社会主义的基本理论，又体现了当代中国国情和时代特点，同时体现了经济发展和制度变迁的一般规律”，[①] 丰富和发展了人们对社会主义制度、市场经济和经济发展的认识。因而，“既有特殊性，也有普遍意义；既是民族的，也是世界的，为马克思主义政治经济学的创新发展和人类经济思想的宝库贡献了中国智慧。中国特色社会主义政治经济学既是特殊的，又是普遍的；既是民族的，又是世界的；既尊重一般规律，又富有首创精神。它从一个方面证明，中国共产党人和中国人民完全有能力有信心为人类对更好社会制度的探索提供中国方案”。[②]

3. 建立马克思主义的分享经济学

对分享经济的研究是当前经济学研究的热点问题。分享经济可分为马克思主义的分享经济学与西方分享经济学。马克思主义的分享经济学，是以社会经济制度变革为研究对象的，西方分享经济学则是从分配制度角度来研究分享经济学的。马克思是研究分享经济的鼻祖。因为“马克思毕其一生所研究的《资本论》，就是在探索一种没有剥削的，更加公正、公平的经济形态”。[③] 马克思认为资本主义经济分配不公平的根源是经济制度，单纯改进分配制度无法实现真正的分享。马克思所研究的分享经济是在社会主义制度内生出的更加彻底的分享经济。那么，在社会主义政治经济学指导下建立的社会主义经济就是一种典型的分享经济。社会主义政治经济学

---

① 张宇：《社会主义政治经济学的历史演变——兼论中国特色社会主义政治经济学的历史贡献》，《中国特色社会主义研究》2016 年第 2 期，第 35 ~ 41 页。

② 张宇：《不断完善中国特色社会主义政治经济学理论体系（构建中国特色哲学社会科学）》，《人民日报》2016 年 8 月 29 日，第 16 版。

③ 张孝德、牟维勇：《分享经济：一场人类生活方式的革命》，《人民论坛》2015 年第 12 期，第 7 页。

的建立能更好地继承和发展马克思主义的分享经济学。

第二节　社会主义政治经济学的基本内容

社会主义政治经济学可以认为是从马克思和恩格斯关于未来共产主义的设想开始，中间经过列宁、斯大林建立苏联（苏俄）传统社会主义政治经济学，再到当今中国特色社会主义政治经济学的形成和发展，期间经历了一个多世纪的发展历程，其内容涵盖了中国特色社会主义的生产力和生产关系等主要方面，已经初步形成了相对完整的理论体系。与苏联传统社会主义政治经济学和西方经济学相比，中国特色社会主义政治经济学包括以下主要内容。

（一）社会主义本质论

对于未来社会的描述马克思和恩格斯认为共产主义社会是“在那里，每个人的自由发展是一切人的自由发展的条件”① 这样一个社会。列宁则指出社会主义生产“就是如何使全体劳动者过最美好最幸福的生活”。② 邓小平根据社会主义初级阶段的实际对社会主义的本质做出了新的概括：“社会主义的本质，是解放生产力，发展生产力，消灭剥削，消除两极分化，最终达到共同富裕。”③

所谓解放生产力，就是根据中国所处的社会主义发展阶段的特征，推进改革开放，从根本上改变束缚生产力发展的经济体制。解放生产力是动力，发展生产力是目的。解放生产力属于生产关系方面的改革和完善，它涉及社会主义基本经济制度的改革和完善，资源配置方式的改革，国有企业的改革，宏观调控体系的改革和完善等。在发展和保护生产力的基础上探讨社会主义的本质，能够使其社会主义的本质达到更深层次的理解。

（二）社会主义生产力与生产关系论

对生产力和生产关系辩证关系的矛盾分析，是马克思主义政治经济学

① 《马克思恩格斯选集》第 1 卷，人民出版社，1995，第 294 页。

② 《列宁选集》第 3 卷，人民出版社，1995，第 571 页。

③ 《邓小平文选》第 3 卷，人民出版社，1993，第 373 页。

的基本方法论和基本范式，中国特色社会主义政治经济学应坚持这个范式。社会主义的根本任务是发展生产力，坚持把发展作为第一要务。从这一点出发，中国特色社会主义政治经济学在对社会主义生产力和生产关系及其相互作用的研究中，更加突出促进生产力发展的内容。

实践表明在社会主义条件下，中国特色社会主义政治经济学的研究对象如果只局限于生产关系，而不进入生产力领域，会使政治经济学研究的范围和领域越来越窄，对中国经济发展历程的解释能力及指导作用越来越小。与此同时，各个流派的经济学都在抢夺发展生产力领域的话语权，中国特色社会主义政治经济学如果不涉及这个领域，也就失去了这个领域的话语权和指导权。

把生产力和生产关系一同确定为中国特色社会主义政治经济学的主要研究对象，会带动中国特色社会主义政治经济学理论体系的一系列突破，构成中国特色社会主义政治经济学研究的逻辑起点，能够更好地对以社会主义初级阶段公有制为主体、多种所有制经济共同发展的基本经济制度等进行科学解释和合理说明，并影响中国特色社会主义政治经济学其他方面的相关研究。

（三）社会主义基本经济制度论

决定一个社会所有制结构的基本条件是生产力。要从生产力发展状况和生产的社会化程度两方面来分析。

从科技是第一生产力到科技创新驱动战略表明科技对生产力的重要性，笔者认为科学技术的特点表现为主要以知识等形态存在，本质上是一种“公有物品”。而对“公有物品”的合理配置要求根据社会劳动者的利益进行充分利用，在原则上对其使用不应加以限制。在生产关系方面，只有采取公有制的形式，才能实现对科学技术这种“公有物品”的合理利用，完成由间接生产力到现实生产力的转化，有效增强中国经济实力，科技生产力的“公有性”决定了公有制的选择。

改革开放以来，中国共产党从实际出发，确立了以公有制为主体、多种所有制经济共同发展的社会主义初级阶段的基本经济制度。社会主义基本经济制度论是中国特色社会主义经济学的主要内容，包括以下几点。

第一，必须毫不动摇地巩固和发展社会主义公有制经济制度。《中华人民共和国宪法》第六条明确指出："中华人民共和国的社会主义经济制度的基础是生产资料的社会主义公有制。"第七条明确指出："国有经济，即社会主义全民所有制经济，是国民经济中的主导力量。"坚持社会主义公有制经济制度的主体地位，特别是保证国有经济主导作用不能动摇，这是坚持中国社会主义制度的最基本的制度保证，对此不能有丝毫的动摇。

第二，在坚持社会主义公有制经济制度主体地位的同时，要毫不动摇地鼓励和引导非公有制经济发展。包括外资、私营、个体等形式在内的非公有制经济是社会主义市场经济不可缺少的组成部分，非公有制经济有利于繁荣城乡经济，扩大社会就业、改善人民生活，在现阶段对于全面建成小康社会具有不可替代的重要意义。

第三，坚持公有制为主体，促进非公有制经济发展，使两者互相补充、有机结合，统一于全面建成小康社会的伟大进程中。"国有资本、集体资本、非公有资本等交叉持股、相互融合的混合所有制经济，是基本经济制度的重要实现形式，是新形势下坚持公有制主体地位，增强国有经济活力、控制力、影响力的一个有效途径和必然选择。"①

（四）社会主义基本分配制度论

改革开放以来，党大力进行分配制度改革，在中国实行以按劳分配为主体、多种分配方式并存的分配制度。这种分配制度具有巨大的激励作用：既鼓励先进，调动各方面的积极性、创造性；又防止两极分化，使人民群众共享改革发展成果。实行这一分配制度，有利于调动各方面的积极性，促进生产力的发展。

由于种种复杂的历史和现实因素，目前在中国的收入分配体系中还存在一些突出的问题，主要是贫富差距较大、不合理因素较多。对此，社会主义基本分配制度论要研究如何采取切实措施加以解决，其核心内容是缩小收入差距，坚持劳动报酬提高和劳动生产率提高同步，加大税收调节力度，使按劳分配和按生产要素分配有机结合，完善收入分配调控体制机制和政策体系。

---

① 张宇：《关于中国特色社会主义政治经济学的若干问题》，《国家行政学院学报》2016年第2期，第46页。

（五）社会主义市场经济论

总结30多年改革开放成功的经验，其中最重要的经验就是建立中国特色的社会主义市场经济体制和相关理论。社会主义市场经济成功地把社会主义基本制度与市场经济相结合，这是中国特色社会主义政治经济学重大的理论创新。

有理论界认为社会主义市场经济是一种新型的市场经济，社会主义市场经济一方面发挥了社会主义经济具有的集中力量办大事的优势，另一方面把市场经济的信息灵敏、激励有效、配置灵活等优势也充分发挥，这就在人类历史上第一次克服了市场经济的盲目性、自发性和滞后性等缺陷，经济发展的奇迹来源于对市场经济进行了崭新的改造，同时也极大地促进了市场经济学的发展。

中国社会主义市场经济体制虽已形成，但仍不成熟、不完善，存在的诸多问题需要解决，其中既有市场经济体制不健全的问题，如企业制度不完善、市场体系不健全等；也有泛市场化的问题，如公共部门乱收费、公共服务产业化、权钱交易蔓延等；还有社会主义制度不完善的问题，如按劳分配和共同富裕原则没有切实贯彻、人民群众当家做主管理经济的权利没有充分落实等。这些问题都需要通过发展中国特色社会主义政治经济学加以解决。

（六）社会主义对外开放论

经济全球化是当代生产力发展的客观要求和一般劳动形成价值体的必然结果。我们应当清醒地看到，经济全球化过程不应当是资本主义在全球扩张的产物，而应当是通过经济全球化使全世界人民的共同利益结合起来，使一般劳动形成价值体，推动世界各国的共同繁荣发展。对此，中国特色社会主义政治经济学需要对以下一些重要课题进行深入的探索：如何在认识全球化的利弊得失基础上能够趋利避害？如何在经济发展中正确利用外资，同时防止对外资的过度依赖？如何提高自主创新的能力，避免过度依赖国外技术？如何优化对外贸易的结构，提高对外贸易的效益，在扩大出口的同时把重点放在开拓和扩大内需上？如何能既遵循国际经济的一般规则，同时保持经济和政治制度选择上的独立性和自主性等。

（七）社会主义初级阶段论

从中国国情来看，中国正处于并将长期处于社会主义初级阶段，正在努力实现“两个一百年”奋斗目标。中国特色社会主义政治经济学的一个重要内容就是社会主义初级阶段论，明确中国社会主义初级阶段的特点，把解放和发展生产力，消灭剥削，逐步达到共同富裕视为社会主义初级阶段的突出表现。这表明，处于社会主义初级阶段的中国特色社会主义政治经济学必须把对生产力的研究放在重要位置。

社会主义是独立的社会发展阶段，发展中国特色社会主义必须具有全新的发展理念，集中体现为“创新、协调、绿色、开放、共享”五大发展理念。

上述发展理念具有显著的总体性：其中创新是引领发展的第一动力，是提高发展质量和效益的基点所在。改革开放以来，中国在创新驱动的实践中形成了一系列重大战略思想，包括：科教兴国战略、建设创新型国家和实行创新驱动发展战略等，为社会主义政治经济学的发展提供了丰富的材料。

协调发展是持续健康发展的内在要求，是社会主义制度优越性的突出表现。改革开放以来，党在协调发展的过程中形成了一系列重大战略思想，如统筹经济社会发展，统筹人与自然和谐发展，统筹国内发展和对外开放，促进新型工业化、信息化、城镇化、农业现代化同步发展等，这些都为社会主义政治经济学的发展奠定了丰厚基础。

绿色发展是永续发展的必要条件，是建设“美丽中国”的重要体现。改革开放以来，党在绿色发展方面形成了一系列重大战略思想，包括：必须坚持节约资源和保护环境的基本国策，加快建设资源节约型、环境友好型社会，建设社会主义生态文明以及绿色生产方式和生活方式思想等，这些也为社会主义政治经济学的发展提供了丰富的材料。

关于开放发展。开放是国家繁荣发展的必由之路，是中国融入世界的必然选择。马克思主义认为，经济全球化是生产社会化和生产力发展的必然趋势，同时又体现了一定的生产关系和制度规则。改革开放以来，党围绕开放发展形成了一系列重大战略思想，包括：实行对外开放的基本国策，把积极参与经济全球化同独立自主相结合，坚持“引进来”和“走出去”

相结合，统筹国际国内两个大局，充分利用国际国内两个市场，奉行互利共赢的开放战略，提出“一带一路”倡议等。这些同样为社会主义政治经济学的发展提供了丰富的材料。

关于共享发展。共享是中国特色社会主义的本质要求，是社会主义发展的根本目的。马克思和恩格斯曾经多次明确指出，在未来社会“所有人共同享受大家创造出来的福利”。“社会生产力的发展将如此迅速，社会生产力的发展将如此迅速，以致尽管生产将以所有的人富裕为目的，所有的人的可以自由支配的时间还会增加。”① 改革开放以来，党在共享发展方面形成了一系列重大战略思想，包括：走共同富裕道路，发展依靠人民、发展成果由人民共享，按照人人参与、人人尽力、人人享有的要求实现全体人民共同迈入全面小康社会等。这些成果，为社会主义政治经济学，特别是社会主义共享经济学的建立打下了深厚的基础。

第三节　建立中国特色社会主义政治经济学的重大原则

中国特色社会主义政治经济学的重大原则是马克思主义政治经济学在改革开放实践中形成的重大理论成果，在改革开放实践和中国特色社会主义经济建设中发挥了不可替代的指导作用。这些重大原则不仅为不断完善、发展创新的中国特色社会主义政治经济学构建了基本的理论框架，还集中体现了马克思主义政治经济学的基本原理、基本方法、基本立场的继承和发展，这是我们必须始终坚持建立中国特色社会主义政治经济学的重大原则。坚持中国特色社会主义政治经济学的重大原则主要包括以下几方面内容。

（一）坚持和发展劳动价值论的原则

劳动价值论是马克思主义学说的重要组成部分，是马克思主义政治经济学的基石，是马克思揭示资本主义经济关系的理论基础和前提。正是从

① 张宇：《书写中国特色社会主义经济理论发展新篇章》，《光明日报》2015 年 11 月 19 日，第 16 版。

劳动价值论出发，马克思才建立了严密的政治经济学理论体系，揭示了资本主义制度的内在矛盾及其历史规律。但是，马克思的劳动价值论在改革开放和发展社会主义市场经济体制的实践过程中也遇到了一些新问题、新挑战。

中国改革开放出现了新情况。1992 年以来，中国实行了社会主义市场经济，确立了以按劳分配为主体、多种分配方式并存的分配制度，有力推动了生产力的发展。而在马克思当时所处的那个年代，非物质生产服务行业并不发达，科学技术、经营管理在创造价值活动中的作用也没有现在这么大。改革开放以后，我们大力发展科学技术，发展服务业，对部分企业实行了股份制改造。这种变化是过去我们实行计划经济未曾有过的，有的甚至与马克思主义政治经济学的原则发生了抵触。但实践证明，我们是正确的。目前中国正处于从传统计划经济向市场经济体制的转轨时期，肩负着改革与振兴国民经济，追赶并超越世界发达国家的多重任务。经济发展中出现了许多与 20 世纪中叶不同的新情况与新特点，这些都向传统的劳动价值理论提出了挑战。这一时期我们在重新研究和探索适合中国经济改革和发展的经济理论方面取得了巨大进展和丰硕成果，这些成果比较多地集中于如何认识社会主义（同时也是如何认识资本主义）和如何建设中国特色社会主义这些头等重要的现实问题上，而对与这些现实问题密切相关的更深层次的基本理论（包括对传统马克思主义政治经济学基本理论）的重新研究则显得比较薄弱。如果基本理论研究工作长期滞后，其中包括对马克思主义政治经济学一系列基本原理缺乏应有的反思，则对巩固和继续推进中国特色社会主义的经济理论建设和改革实践本身都极为不利。这就要求我们要加深对劳动价值论的研究，在实践中发展和完善马克思主义政治经济学。

（二）解放和发展社会生产力原则

马克思主义认为，人类社会的发展是一个自然的历史过程，生产力的发展是人类社会发展的最终决定性物质力量。目前中国仍将长期处于社会主义初级阶段，为此解放和发展生产力仍是建设中国特色社会主义的第一要务。习近平指出："全面建成小康社会，实现社会主义现代化，实现中华民族伟大复兴，最根本最紧迫的任务还是进一步解放和发展社会生产力。”① 因此，党在探索“什么是社会主义，怎样建设社会主义”这一中国特色社会主义政治经济学重大命题的过程中，鲜明地提出社会主义的本质是解放生产力和发展生产力，把党和国家工作中心转移到经济建设上来，并相继提出发展是硬道理、科学发展观、建设创新型国家、科技创新驱动发展战略等重大论断。党的十八大以来，中国经济社会发展进入新常态，面对新形势、新情况，习近平总书记坚持解放和发展生产力重大原则，明确提出“创新、协调、绿色、开放、共享”五大发展理念，对“实现什么样的发展、怎样发展”这一重大战略问题做出了新的回答，这“使中国特色社会主义政治经济学的主题更加明确、体系更加完整，标志着党对经济社会发展规律认识的进一步深化，为夺取全面建成小康社会决战阶段的伟大胜利，不断开拓发展新境界，提供了强大思想武器”。②

在中国特色社会主义政治经济学建构过程中，为了贯彻解放和发展社会生产力原则，首先需要在马克思主义政治经济学的理论宝库中挖掘系统的发展生产力理论，使其成为经济发展理论话语体系建构的指导思想和方法论基础。马克思在《资本论》中阐述的劳动生产力要素的规定、经济发展方式的区分、科学技术的作用、社会再生产的比例关系、人和自然的关系、生产和消费的关系等理论范畴和原理，构成中国特色经济发展理论的基本话语。要大力探索社会主义建设道路过程中在发展生产力方面已经提出的独创性观点，特别是深入理解邓小平同志“科技是第一生产力”的观点、江泽民同志“三个代表”重要思想、胡锦涛同志的“科学发展观”、习近平同志的“四个全面”重要思想等，在此基础上，开拓中国特色社会主义政治经济学的境界。

其次，要借鉴西方经济学的有益成分。以发展中国家的发展为对象的发展经济学，以增长为对象的增长经济学等经济学理论也有很多积极的成果值得借鉴。

---

① 习近平：《习近平与中国特色社会主义政治经济学》，中国新闻网，http://www.ce.cn/xwzx/gnsz/szyw/201512/23/t20151223_7774224.shtml，最后访问日期：2016 年 9 月 11 日。

② 刘月、宋屹、党建伟：《科学认识中国特色社会主义政治经济学的重大原则》，《光明日报》2016 年 4 月 17 日，第 6 版。

（三）共同富裕原则

改革开放以来，党坚持把共同富裕作为社会主义的本质要求、根本原则和最终目标。同时，在准确把握社会主义初级阶段基本国情的基础上，党对于共同富裕的认识也超越了传统的“均富”“同富”思想，即以“先富”带动“共富”，提出通过一部分人先富起来，带动和帮助其他的人达到共同富裕，使全面建成小康社会“一个都不能少”，“深入实施精准扶贫、精准脱贫攻坚战，中国特色社会主义政治经济学必须坚持共同富裕原则，使其成为其价值追求和原则导向”。①

坚持共同富裕原则的制度前提是坚持公有制。

一方面以公有制为主体，才能促进社会生产力的发展，为实现共同富裕提供制度保障。在科技生产力时代，经济发展开始从“资本经济”向“人本经济”转化，为此需要一个能够调动劳动者各方面积极性的所有制制度，而这种制度只能是社会主义公有制。根据生产关系原理，所有制关系决定分配关系。只有在公有制条件下，才决定了生产的财富属于全体人民，不是少数人占有，才能充分体现社会主义本质。在社会主义公有制下，能够实现效率与公平的内在统一，最终达到共同富裕。

另一方面以公有制为主体，才能实现“精神共享”——创造共同富裕的必要条件。实践证明，公有制经济壮大了，能够为精神文明提供正确的指导思想和强大的精神动力。能够为人们提供正确的价值观念，创造良好的社会氛围，实现“精神共享”。反之，加强社会主义精神文明建设，为社会主义物质文明建设沿着正确的方向发展提供有力的思想保证，是创造共同富裕的必要条件。

（四）发展社会主义市场经济原则

在马克思和恩格斯创立的经典共产主义理论中，社会主义社会意味着消灭商品生产，实行计划经济。但是，多年来的社会主义经济建设实践表明，社会主义初级阶段基本经济制度的实现形式采用市场机制的方式，更符合社会发展的现实。社会主义市场经济理论是党在改革开放实践中做出

---

① 刘月、宋屹、党建伟：《科学认识中国特色社会主义政治经济学的重大原则》，《光明日报》2016年4月17日，第6版。

的对马克思主义政治经济学的重大理论创新，它既继承和发扬了马克思主义政治经济学对人类文明的成果的继承和超越，又在中国改革开放的实践中发挥了巨大的理论威力。社会主义市场经济理论既是对西方主流经济理论的质的升华，又牢牢把握住了社会主义的本质，是对中国特色社会主义理论的突出贡献。

改革开放以来，在建设中国特色社会主义经济的过程中，我们发现发展社会主义市场经济主要有三个原则："其一，使市场在资源配置中起决定性作用；其二，将市场经济与社会主义基本制度结合起来；其三，社会主义国家要从宏观层次上对市场经济进行调控，以减少市场的盲目性和自发性，要用看得见的手引导看不见的手"。[①] 事实证明，这些关于发展市场经济的重大论断、重大理论创新，切合中国经济社会发展实际，符合经济社会发展规律，是中国特色社会主义政治经济学和经济建设实践必须长期坚持的重大原则[②]。

（五）以公有制为主体、多种所有制经济共同发展原则

马克思主义政治经济学认为，基本经济制度即生产资料所有制结构是一个社会经济制度的基础，是决定一个社会基本性质和发展方向的根本因素。以公有制为主体、多种所有制经济共同发展的基本经济制度，是中国特色社会主义制度的基础，也是社会主义市场经济体制最基本的特色。在发展公有制经济的同时，在社会主义初级阶段，还要推动各种所有制取长补短、相互促进、共同发展。坚持以公有制为主体、多种所有制经济共同发展是中国特色社会主义政治经济学必须长期坚持的重大原则。

（六）独立自主同扩大开放、参与经济全球化相结合原则

当今世界是开放的世界，经济联系和国际交往愈加紧密，相互依赖、相互合作的国际经济格局早已形成。改革开放以来，党始终把扩大对外开放，利用好两个市场、两种资源作为改革开放事业的关键点和中国特色社会主义经济建设的重大课题。坚持对外开放基本国策，是由中国生产力发

---

① 习近平：《中国特色社会主义政治经济学》，中国新闻网，http://news. china. com/domestic/945/20151223/21000600. htm，最后访问日期：2016 年 9 月 11 日。

② 刘月、宋屹、党建伟：《科学认识中国特色社会主义政治经济学的重大原则》，《光明日报》2016 年 4 月 17 日，第 6 版。

展，特别是科技生产力发展特点决定的。其主要内容包括要坚持“引进来”和“走出去”相结合，充分利用国际国内两个市场，优化资源配置等。

近年来，在对外开放方面，中国又相继提出和推动“人类命运共同体”“一带一路”“自由贸易区战略”等构想，“不仅把我国的对外开放事业推向新的更高水平，也大大增强了我国在国际经贸合作中的话语权，不断推动国际经济秩序朝着更加公正合理的方向发展。独立自主同扩大开放、参与经济全球化相结合原则也是中国特色社会主义政治经济学必须长期坚持的重大原则”。①

（七）人民主体原则

马克思主义的唯物史观为中国特色社会主义政治经济学的确立提供了科学的世界观和方法论。唯物史观认为，人民群众是历史的创造者，既是构成社会存在的主体、也是推动历史发展的主体。人是全部社会活动的发动者、组织者和担当者，社会通过人的创造性的实践活动而存在和发展，人也通过自己的实践活动而确证自己的主体地位。

因此，社会主义政治经济学的建立必须彰显人民主体原则。笔者认为，坚持人民主体原则的基本要求有两个方面。

一方面，人民作为实现“社会主义政治经济学”的实践主体，要体现在改造自然和改造社会的主体性地位上。另一方面，坚持人民主体性原则，不仅体现在人民在改造自然和改造社会中的主体性地位上，更应该体现在人民对改造自然、改造社会的成果的享有上。毋庸置疑，中国特色社会主义的建设过程也是人民生活水平不断提高的过程，同时也要求不仅是人民的生活水平提高了，人民的精神财富丰富也是实现社会主义政治经济学的重要内容。关键在于如何充分挖掘这些资源，激发人民群众的创造性，不断进行文化创新。

在科技成为第一生产力和科技创新驱动发展的时代背景下，改造自然和改造社会的主体性体现为两层内容。第一，通过创新驱动使主导生产要素回归民本性，增强创新动力。在人类历史上生产力发展的相当长时期内，

① 刘月、宋屹、党建伟：《科学认识中国特色社会主义政治经济学的重大原则》，《光明日报》2016 年 4 月 17 日，第 6 版。

生产资料是主导生产要素，这造成了劳动资料和劳动者相分离，并导致劳动过程的异化。在科学技术成为第一生产力的今天，创新驱动的出现，使劳动资料和劳动主体分离的趋势得以克服，同时也加快了主导生产要素向劳动者回归的进程，极大地提高了劳动者主体功能，形成了以知为本的机制，或称知本主义。创新驱动模式能够使当代科技生产力的民本性功能充分发挥，使创新动力获得极大增强，推动大众创业、万众创新。

第二，通过创新驱动能使劳动者在劳动中获得解放和自由发展。在《共产党宣言》中，马克思宣告：代替资产阶级社会的将是这样一个联合体，在那里，每个人的自由发展是一切人的自由发展的条件①。按照马克思主义的观点，人类社会的产生和发展的基础是生产方式，其中劳动起了决定性作用，因而人类的真正解放和自由将是在劳动中的解放和自由。创新驱动的主体是人，创新团队是形成马克思党的自由人联合体的雏形，在创新驱动活动中，人类通过在劳动中的解放和自由发展，推动自然界演化和发展，进而实现了人的本质。

① 《马克思恩格斯文集》，人民出版社，2009，第53页。

第二章　政治经济学视域下生产力与生产关系探析

马克思主义政治经济学的主要研究对象是资本主义生产方式，并在此基础上揭示资本主义被社会主义替代的客观规律。但是研究资本主义生产关系不能脱离资本主义生产力进行。因此，生产力和生产关系的矛盾分析，是马克思主义政治经济学的基本方法论，也可以说是马克思主义经济学的基本范式。

中国特色社会主义政治经济学的一个重大突破就是明确中国还处于社会主义初级阶段，在这个阶段社会主义的本质就是解放和发展生产力，消灭剥削，消除两极分化，逐步达到共同富裕。① 中国特色社会主义的实践不只是生产关系改革和调整的实践，还是发展生产力的成功实践。中国特色社会主义政治经济学应坚持这个范式。中国特色社会主义政治经济学理论体系的突破从生产力成为研究对象开始。②

第一节　政治经济学的研究对象

马克思主义政治经济学是联系生产力研究生产关系，还是把生产关系和生产力当作一个矛盾统一体来研究，这历来是经济学界争论的一个重要问题。实践证明，在社会主义条件下，政治经济学的研究对象只是限于生产关系，而不进入生产力领域，会使政治经济学研究的范围和领域越来越

① 《邓小平文选》第3卷，人民出版社，1993，第111页。

② 洪银兴：《构建解放、发展和保护生产力的系统性经济学说》，《经济学家》2016年第3期，第7～9页。

窄，对中国经济的解释能力及指导作用越来越小。1977 年于光远将自己的讲话整理成一篇文章——《我承认自己是“唯生产力论”者》并说道：“在哲学中，承认意识是第一性的，我们叫它做‘唯心论’；承认物质是第一性的，我们称它做‘唯物论’。承认在社会生活中，在社会发展中，生产力的发展起决定作用，是第一性的，理所当然地可以称之为‘唯生产力论’。‘唯生产力论’是马克思主义的历史唯物主义中的一个重要观点，这本来就不错。”[①]这表明，处于社会主义初级阶段的中国特色社会主义政治经济学为了更好地研究生产关系，必须把对生产力的研究放在重要位置。生产力同生产关系及其相互作用一起成为中国特色社会主义政治经济学的研究对象，上述研究方法的运用会带来中国特色社会主义政治经济学理论体系的一系列重大突破。

政治经济学的对象是从生产关系的角度研究各种社会形态中的生产关系和生产力的矛盾、上层建筑和经济基础的矛盾，是在基本矛盾的运动中研究各种社会形态的更迭。政治经济学只有抓住中间（即生产关系，它是政治经济学的立脚点和基础）、联系两头（即生产力和上层建筑），才是在“上层建筑—生产关系—生产力”的活生生的矛盾运动中研究生产关系的辩证运动，才能揭示生产关系运动的规律性。[②] 这一方面表明生产关系并不是离开生产力的社会物质条件而存在发展的，另一方面也表明生产力只是在特定的生产关系下才有可能发展的。[③]

研究生产关系之所以要联系生产力，首先是由生产关系一定要适合生产力性质这一规律决定的。第一，任何社会生产都是生产力与生产关系的统一。生产力是生产的物质内容，生产关系则是生产的社会形式，它们是紧密结合的[④]。没有无生产力的生产关系，也没有无生产关系的生产力；第二，生产力是生产方式中最活跃、最革命的力量，而生产关系则是相对稳

① 韩钢：《于光远：思想解放运动的先驱》，《湘潮（上半月）》2014 年第 2 期，第 26 ~ 28 页。

② 田光：《从马克思列宁主义政治经济学史来看政治经济学的对象》，《经济研究》1961 年第 4 期，第 23 ~ 31 页。

③ 王亚南：《关于应用〈资本论〉体系来研究政治经济学社会主义部分的问题》，《经济研究》1961 年第 5 期，第 8 ~ 17 页。

④ 杨长福：《政治经济学要重视联系生产力研究生产关系》，《社会科学研究》1979 年第 3 期，第 10 ~ 15 页。

定、相对落后的东西；第三，生产力决定生产关系（居于主导地位），生产关系对生产力又具有强大的反作用。离开生产力，生产关系失去基础。[①]

20世纪50年代末，有学者明确提出：政治经济学不仅要研究生产关系，也要研究生产力。他说，政治经济学不仅是研究社会生产关系的科学，还需要研究社会生产力的变化与发展规律，研究各个历史阶段的生产力性质、特点、变化和发展，研究它和生产关系的内在矛盾和交叉作用。[②] 物质资料的生产正是人类社会区别于动物界的最本质的特征，是人类社会最基本的实践活动。因此，生产力是社会科学的范畴，而不是自然科学的范畴。事实上，在自然科学和技术科学中，根本就没有生产力这个范畴，[③] 至多只是生产力的物质技术方面个别构成要素的自然属性和技术属性。即使是同一个东西，政治经济学与自然科学、技术科学也可从不同角度去研究，从而有着不同的内容。通过生产力的研究，可以更好地促进生产关系的变革，更好地为社会主义建设服务，难道这不是党性吗？[④] 20世纪60年代末，张闻天也在他的生产关系两重性学说里指出政治经济学要研究生产力。他指出："有生产力就有生产关系，有生产关系就有生产力，两者是有机地结合在一起的，不能分离。生产力和生产关系的矛盾不存在于生产关系的外部，而存在于生产关系的内部。""政治经济学研究的生产关系，不是脱离生产力而单纯地研究生产关系，而是要在研究生产关系中研究生产力和生产关系的内在矛盾，即两者的对立统一关系。"[⑤]

政治经济学既然要研究生产力和生产关系的矛盾运动规律，就必须考察生产力的性质、发展水平程度、阶段、状况；既然要研究生产的社会形式，就要研究生产的物质内容，政治经济学中带有生产力、生产关系两重性的概念与范畴，如劳动、生产、再生产、分工、协作、企业管理、劳动组织等，都需要从生产力与生产关系两方面统一起来研究，才能真正了解

① 蒋绍进、李旭蔼：《〈资本论〉研究论综述》（上），福建人民出版社，1984，第12页。

② 方文：《政治经济学的对象是社会生产方式》，《经济研究》1961年第7期，第42～53页。

③ 卓元、启源：《对于生产力问题的几点认识——就政治经济学对象是否包括生产力的问题与方文同志商榷》，《经济研究》1962年第3期，第26～34页。

④ 方文：《政治经济学的对象是社会生产方式》，《经济研究》1961年第7期，第42～53页。

⑤ 王圣学：《建国以来我国经济学界对于政治经济学对象问题的讨论》，《中国社会科学》1983年第3期，第101～112页。

它们的含义。

第二节 生产力与生产关系论

一 生产力

（一）生产力的内涵

生产力是马克思在描述社会生产活动总体概况时所使用和创造的一个概念。经典定义认为生产力是“人类改造自然的能力”，是在物质生产过程中形成的人们改造自然并使之适应社会需要的物质力量，生产力是以人为主体的具有复杂结构的动态系统。[①] 也有笔者认为生产力是人类运用各类专业科学、工程技术，制造和创造物质文明和精神文明产品以满足人类自身生存和生活的能力。[②]

一般认为，生产力概念是个动态的概念，随着科学技术的发展和经济的增长，其要素和构成也是有差异的。生产力的发展越来越体现在人类对科学技术的应用上，从生命基因存在的本原状态到科技日益发达的今天，人类改造自然的能力大大提高。科学技术的应用，工业社会的发展，社会化大生产的实现，后工业时代的到来，人类自身思想认识水平的提高，人类精神文化的发展，使人类拥有了通过生产力按本身意愿来改变自然生存环境的能力，[③] 同时表明科学技术成为生产力的重要构成要素，在生产力结构中发挥着重要功能作用。

（二）生产力的构成

关于生产力构成，有人认为，生产力是“用来生产物质资料的生产工具，以及有一定的生产经验和劳动技能来使用生产工具、实现物质资料生产的人，以及所有这些因素共同构成社会的生产力”。[④] 这个定义明确提出生产力有两个要素即劳动者和生产工具。毛泽东同志及很多无产阶级革命

---

① 马克思：《资本论》第1卷，人民出版社，1972，第202页。

② 翟美荣：《科技生产关系与产学研合作本质探究》，博士学位论文，东北大学，2013。

③ 雷毅：《论人工物的社会化》，《晋阳学刊》2005年第6期，第62～65页。

④ 《斯大林选集》下卷，人民出版社，1979，第442页。

家都赞同这个定义，都认为生产力要素包括人和工具，于是形成了“生产力两要素说”。后来生产力又发展为三要素说即包括劳动者、劳动工具、劳动对象，即劳动者、劳动工具和劳动对象构成了生产力的核心要素。

1. 劳动者

劳动者是指能够运用劳动资料作用于劳动对象（具有一定劳动能力并且从事实践活动）的人。作为生产力基本要素的劳动者，不仅包括体力劳动者，也包括直接参与生产过程的脑力劳动者。劳动者作为生产过程的主体性要素，作为知识、技能和经验的载体，在生产过程中发挥着主导作用。其主导地位体现在三个方面；第一，人是生产的主体。劳动者是生产资料的主体，因为任何先进的机械设备都是由劳动者来控制的。只有作为主体的劳动者与载体相互协调配合，才能发挥机械设备的功能，调动其中包含的间接劳动。劳动者是劳动对象的主体，因为任何劳动对象都需要劳动者的参与才能变自然属性为使用价值，创造出劳动产品。第二，人具有主观能动性。人不但能主动认识自然，而且能积极改造它们，在认识和改造自然的过程中，又不断提高自觉的能动性。第三，人是生产力系统中诸要素的协调者。① 生产力诸要素靠劳动者组织、协调运行，离开劳动者，生产力诸要素就无法运转。生产力中劳动者的创造能力、协调能力，又能随科技进步而不断提高。②

2. 劳动工具

劳动工具是劳动者把它放在自己与劳动对象之间，用来把自己的活动传导到劳动对象上去的物品或一些物品的综合体。③ “没有生产工具，哪怕这种生产工具不过是手，任何生产都不可能。没有过去的、积累的劳动，哪怕这种劳动不过是由于反复操作而累计在野蛮人手上的技巧，任何生产都不可能。”④

劳动工具是生产力系统中的重要实体性要素，也是生产资料中最重要的组成部分。劳动工具是人类身体器官的延伸，劳动工具的发明和使用解

---

① 翟美荣：《科技生产关系与产学研合作本质探究》，博士学位论文，东北大学，2013。

② 李庆臻、安维复：《科技生产力论》，山东大学出版社，1998，第 99 页。

③ 《马克思恩格斯选集》第 2 卷，人民出版社，1995，第 3 页。

④ 《马克思恩格斯全集》第 12 卷，人民出版社，1965，第 452 页。

放了人的体力和脑力。劳动工具是技术的物化，是一个时代生产力发展水平的标志，石器、青铜器、铁器等甚至构成了一个社会的标志。马克思认为："各种经济时代的区别，不在于生产什么，而是在于用什么劳动资料生产，劳动资料不仅是人类劳动力发展的测量器，而且是劳动借以进行的社会关系的指示器。"① 劳动工具的发展也是动态的，从低级到高级，由简单到复杂，由手工操作到自动化操作。

在原始社会，人类最早制造出来的劳动工具是用石头打磨而成的石器，这标志着人类进入了石器时代。在奴隶社会，人类社会进入青铜器时代。到了封建社会，随着铁制品的普遍使用，人类进入了铁器时代。

近代进入了机器大工业时期，蒸汽机的改良引起了第一次产业革命。恩格斯指出，产业革命"是现代英国各种关系的基础，是整个社会的运动的动力"，② 机器生产取代手工生产标志着人对自然力的更强大的征服和利用，标志着人类开始由支配直接劳动转向支配间接劳动，这是工业产业出现的必然结果。马克思认为："大生产——应用机器的大规模协作——第一次使自然力，即风、水、蒸汽、电大规模地从事于直接的生产过程，使自然力变成社会劳动的因素。"③ 这也就是说，在前资本主义的生产形式中，人类劳动不过是其"所不能控制的自然过程的助手"，而在大机器生产时期，人类通过使用机器而取得了对自然力的控制。④

与工场手工业的基础是支配直接劳动不同，工业社会的基本生产方式就是依靠机器进行社会化大生产，既支配直接劳动更支配间接劳动。"因此，大工业必须掌握它特有的生产资料，即机器本身，必须用机器来生产机器。这样，大工业才建立起与自己相适应的技术基础，才得以自立。"⑤ 机器取代手工工具成为劳动资料的物质存在方式，不仅要求"以自然力代替人力"，而且要求"以自觉应用自然科学来代替从经验中得出的成规"。⑥

---

① 《马克思恩格斯全集》第47卷，人民出版社，1979，第215页。

② 《马克思恩格斯选集》第47卷，人民出版社，1979，第569页。

③ 马克思：《资本论》第1卷，人民出版社，1975，第423页。

④ 孙海芳：《信息生产力：一种先进的生产力形态》，《江汉论坛》2008年第1期，第47～50页。

⑤ 《马克思恩格斯全集》第44卷，人民出版社，2001，第441页。

⑥ 马克思：《雇佣劳动与资本》，生活·读书·新知三联书店，1953，第21页。

以现代自然科学知识为基础的机器是工业产业形成的重要标志。

在后工业时代，科学技术作为第一生产力，对劳动工具的变革具有直接的驱动作用。20 世纪 50 年代，信息技术的广泛而深入的发展引发了一场深刻的“信息革命”，从而为信息生产力的产生奠定了充分的资源基础、智力基础、技术基础以及产业基础。信息技术作为新型劳动工具其作用如下：首先，信息技术的发展加速了信息的传播、扩大了信息的获取渠道，丰富了信息的存在形式与方式，从而极大地促进了信息在人类社会经济发展中的地位与作用；其次，信息技术的深入发展使人们的智慧与思考突破了个体的狭隘性与生命的有限性，[①] 如计算机与互联网使人们能够轻易地获取各方面的资料、知识与信息，也能够快速而轻易地将各种信息、知识以声音、图像等形式进行存储并传递到互联网上，方便网上所有用户的阅读、欣赏、学习与下载。同时，人们获取信息的便捷，以及计算机等信息技术对人类部分大脑活动的解放，使人类能够更专注于一些创造性及综合评价性的活动，从而极大地提高了人类整体素质与智力水平。再者，信息技术的高速发展及其应用，逐步形成一批信息产业，如计算机产业、软件产业、信息服务业、集成电路产业等，从而将信息技术迅速转化为现实的生产力，即信息生产力。[②]

3. 劳动对象

劳动对象是指人们在劳动过程中劳动作用的客体。人们的劳动借助于劳动工具，对劳动对象进行加工施加目的性，使对象的自然属性拥有或具备使用价值，成为能够满足人们某种需要的产品，特别是制造物。

劳动对象也是生产力系统中重要的实体性要素，劳动对象是生产力运行的基础，没有劳动对象就没有效果，更无效益，劳动者的劳动作业就不存在意义，劳动工具也无用武之地。劳动对象的质量高低对劳动产品的质量影响很大。[③]

随着人类社会生产力的不断发展，生产力要素构成内容在扩大，教育、

---

① 孙海芳：《信息生产力的特征及意义分析》，《科学社会主义》2007 年第 1 期，第 132～134 页。

② 廖盖隆、孙连成、陈有进：《马克思主义百科要览》，人民日报出版社，1993，第 329 页。

③ 《马克思恩格斯选集》第 2 卷，人民出版社，2012，第 172 页。

管理、科学技术和信息等要素被不断纳入进来。生产力各要素通过系统性结合发挥整体性作用。

二 生产关系

（一）生产关系的内涵

生产力与生产关系是不可分割地相互联系着的。马克思指出："为了进行生产，人们相互之间便发生一定的联系和关系；只有在这些社会联系和社会关系的范围内，才会有他们对自然界的影响，才会有生产。"[①] 生产关系是社会关系中最基本的关系，决定了政治关系、经济关系等其他社会关系。依据生产关系中生产资料所有制关系的性质将生产关系区分为两种基本类型。历史上存在的生产关系可分为两类：一种是以生产资料公有制为基础的生产关系，其根本特征是：生产资料被劳动者共同占有，人们在生产过程中处于平等地位，产品分配上不存在剥削。另一种是以生产资料私有制为基础的生产关系，其根本特征是："生产资料归少数非劳动者占有，劳动者占有很少或根本没有生产资料并在生产中处于被支配地位"，人与人的关系包含剥削关系。生产关系在生产发展的不同阶段，具有不同的性质和具体表现形式。人类历史上从低级到高级依次经历原始共产主义的、奴隶制的、封建制的、资本主义的和共产主义的五种生产关系。[②]

（二）生产关系的构成

生产关系是一个多层次的复杂经济结构，是内部各环节或各方面相互联系、相互制约的有机统一体。它包括三个基本要素。

第一，生产资料的所有制关系。一切生产实践的进行必须以生产资料与劳动者的结合为前提，生产资料与劳动者的不同结合方式就构成了生产资料的所有制关系。在生产资料所有制关系中，最核心的就是生产资料归谁所有以及谁支配的问题。生产资料所有制关系是整个生产关系的基础，因为它决定着劳动者与生产资料结合的方式。而正是不同的结合方式，才形成了不同的生产关系的类型，也从根本上锁定了生产关系的性质。因此，

① 《马克思恩格斯选集》第1卷，人民出版社，1995，第344页。

② 余斌：《准确表达马克思主义基本原理》，《学术评论》2014年第6期，第13～19页。

历史上产生了两种根本对立的生产关系类型，即生产者与自己拥有的生产资料相结合构成的生产关系与生产者与别人拥有的生产资料而结合成的生产关系。前者被称为公有制社会生产方式，后者被称为私有制社会生产方式。生产资料所有制关系也因此成为区分社会经济结构或经济形态的基本标志。它决定生产关系的其他环节或方面。

第二，人们在生产中的地位和交换关系。不论在何种社会，生产都不可能孤立地进行，人们只有以一定的方式结合起来共同活动并互相交换其活动才能使生产顺利进行。在现代社会中，互相交换活动的关系不但存在于一个企业或一个生产部门内，而且存在于各个企业或各个生产部门之间、各个领域和区域之间、体力劳动者和脑力劳动者之间等，构成一个相互交叉、相互影响的复杂系统，人们的这种交换关系的性质是由生产资料所有制关系决定的。[①] 这种关系也可分为两类：当一部分人为别人提供自己的劳动而不能换取等量劳动产品的时候，他们之间就形成了支配与被支配、剥削与被剥削的关系。如果等量劳动能够换取等量报酬，他们就形成了平等的关系。

第三，产品的分配关系。在社会生产过程中，分配关系也是生产关系的重要内容之一，是指生产的成品如何进行分配，即按什么原则和标准进行分配，它反映出人与人之间是剥削与被剥削的关系，还是平均主义、按劳分配以及按需要分配的关系。产品的分配方式直接由生产资料所有制决定，体现了生产资料和劳动者之间的关系，是整个社会关系的直接表现。

生产资料归谁所有是整个生产关系的基础，它决定着人们在生产中的地位、交换关系以及产品的分配关系。另外，生产关系的其他方面对生产资料所有制关系起重大影响作用，从不同的角度和程度表现生产资料所有制关系。因此，绝不能把几个方面组成一个有机整体的生产关系割裂开来。生产关系有两个基本特点。首先是客观性。这种客观性首先体现在生产关系是由生产力水平决定的，并不以人的意志为转移；同时，也体现在社会生活中，不管人们喜欢不喜欢，愿意不愿意，每一个人生下来就得接受现成的生产关系，作为自己的生活的起点。其次是相对稳定性。这种相对稳

① 《马克思恩格斯全集》第 3 卷，人民出版社，1960，第 344 页。

定性也有两层含义：其一，一种新的生产关系在建立以及在它取得统治地位以后的一段时期内是基本适合生产力发展状况的，这时必须要求保持生产关系的相对稳定性，因为如果过早地破坏这种稳定，势必会阻碍或者破坏生产力的发展；其二，随着生产力的进步，当生产关系成为生产力发展的障碍时，反动阶级为了维护其既得利益，总会尽力甚至拼死维护这种反动的生产关系，极力阻碍生产关系的变革。

对于生产、交换、分配、消费四个环节和生产关系的三个方面，有学者认为这两种提法是一致的。生产、交换、分配、消费是生产和再生产过程中的四个环节，把这四个环节作为政治经济学的研究对象，是从生产和再生产运动过程中，来揭示生产关系的本质及其运动规律。而生产关系的三个方面，则是对生产关系本身的内容所做的剖析，从而强调生产资料所有制形式决定生产关系的性质。这种提法不是互相排斥、互相对立的，而是相互补充、相互统一的①。原因在于在生产、交换、分配、消费四个环节中，生产起着决定作用，而生产过程中涉及劳动者和生产资料的结合方式问题，也就是生产资料所有制关系决定和制约这四个环节。

三　主导生产要素及其人格化机制

为了更加深入具体地研究生产力与生产关系的相互作用，需要引入主导生产要素的概念，以此揭示不同社会发展阶段生产力之间的区别以及其对生产关系的决定性作用。

（一）主导生产要素

人类社会的生产实践推动了自身的发展和进步，但不管构成生产力的要素如何变化，在社会生产力发展的一定条件下，在构成生产力诸要素中必然有一种要素在生产中起着主导支配的作用，这种生产要素可被称为主导生产要素。其他处于次要地位生产要素可被称为非主导生产要素。在生产实践中，必须实现主导生产要素与其他生产要素的有机结合，这样才能够实现资源的有效配置，调动劳动者的生产积极性，整个社会的经济处于

① 辽宁师范学院政治系政治经济学教研室：《政治经济学答疑》，1981，第12页。

快速发展阶段，社会处于上升时期。[①]

（二）主导生产要素的人格化机制

生产力与生产关系相互作用的机理首先体现在生产要素的人格化机制建立上。随着生产力的发展和主导生产要素的转变，与主导生产要素相适应的人格化机制也会与之协同转变。因为生产力与生产关系的相互作用是通过社会生产劳动实现的，而社会进步的标志就是生产劳动效率的提升，故称这种在生产过程中形成的标志生产要素归属及其在生产中处于决定性地位的机制为人格化机制。生产要素的人格化机制显然是决定于生产力水平的，它的建立有助于实现生产要素的有效配置，推动社会生产的发展。这种机制内在地包含三个必然性要求：其一，有一个特定的政治或经济集团，形成了对生产要素的主导控制权；其二，掌握着一定的“权力”，能够实现对社会资源的有效调配；其三，建立起相对稳定的经济、政治关系（或“统治”秩序），借此实现对生产劳动成果的支配或索取。

要使生产要素，特别是主导生产要素发挥作用，从制度创新角度来说，则必须使之人格化，或形成生产要素的人格化机制。这就是说，为了达到对生产力要素的有效配置，必须在人类社会中形成这样一些集团，使得生产力要素的有效配置和合理使用的利益同该集团的利益息息相关，即生产力要素合理使用之所得即为该集团之所得，生产力要素不合理使用之所失即为该集团之所失，这样形成的机制就是生产力要素的人格化机制。[②]

1. 人格化机制与所有制关系的构建

所有制关系在人格化机制的构建中起到了重要作用。所有制关系寓于人的生产劳动之中，主要表现为对劳动资料、特别是对劳动工具的占用关系，[③] 能够保障生产力要素合理使用之所得即为该集团之所得，生产力要素不合理使用之所失即为该集团之所失，以此形成了对生产要素的人格化机

---

① 刘贵访：《论社会生产力》，人民出版社，1988，第111页。

② 郑文范、娄成武：《论科技型企业以知为本的发展模式》，《中国软科学》1999年第3期，第84~86页。

③ 郑文范、周彦霞：《论马克思自然观与自然辩证法及历史唯物主义原理》，《2012年全国科学理论与学科建设暨科学技术学两委联合年会论文集》，2012。

制，保证了对主导生产要素的合理利用，推动了人类历史的发展。①

2. 人格化机制与交换劳动关系的形成

马克思认为，劳动和交往作为人类最基本的活动方式，寓于同一个人类活动之中，因此交换劳动关系与人格化机制的构建是密切联系在一起的，并随着人类自身活动的发展而发展。

劳动和交换是相互制约和相互促进的。交往作为人的存在的本质的表达，是在人的劳动中形成的。每一次生产的重大发展都必然会带来人类交往范围的扩大。生产的发展不但促进交往的发展，而且也为交往创造条件。② 二者相互促进、相互影响，保证了对主导生产要素的合理利用，共同推动人类历史的发展进程。

3. 人格化机制与分配关系的确定

生产关系中分配关系的形成，同样促进人格化机制的构建，并保证了对主导生产要素的合理利用，共同推动人类历史的发展进程。

四 生产力与生产关系矛盾运动规律

生产力发展的动力，应在生产力和生产关系对立统一的矛盾运动中去寻找。有学者认为生产力与生产关系矛盾运动规律体现在以下几个方面。第一，生产力是由在发展过程中不断变化的各要素构成的有机整体，生产力诸要素间存在相互制约、相互促进的关系，生产力在总体上呈现出延续性、顺序性和加速发展的必然趋势，是由于生产力诸要素之间存在不断产生又不断解决的矛盾，这个矛盾决定着生产力进一步发展的客观要求，不能只从生产关系的反作用去寻找原因。第二，不能撇开生产关系，单独地把生产力诸要素间的矛盾当作生产力发展的动力，特别不能同意生产力可以自行增值的观点，理由是生产力和生产关系是内容和形式的关系，形式依赖于内容，内容也离不开一定的形式，③ 生产力诸要素只有在一定的生产

① 郑文范、娄成武：《论科技型企业以知为本的发展模式》，《中国软科学》1999 年第 3 期，第 84 ~ 86 页。

② 斯大林：《列宁主义问题》，人民出版社，1964，第 650 页。

③ 余少波、项启源：《试论生产力发展的动力——兼与蒋学楷同志商榷》，《中国经济问题》1979 年第 4 期，第 2 ~ 28 页。

关系下才能结合，构成现实的生产力，正如马克思所说：“不论生产的社会形式如何，劳动者和生产资料始终是生产的因素。但是，二者在彼此分离的情况下只在可能性上是生产要素。凡要进行生产，就必须使它们结合起来”，离开一定的生产关系，生产力诸要素之间的矛盾不可能自行解决，生产力进一步发展的客观要求也就无从实现。[①]

生产力由量变到质变的过程，往往同生产关系的变革相适应；但是新的生产关系只能在生产力增长所容许的限度内对社会生产起促进作用，它不能逾越生产力发展的历史水平和物质条件，自行无限扩展。

第三节　生产力与生产关系发展的历史分期

在《政治经济学批判（1857－1858 年手稿）》中，马克思提出了“三大社会形态”理论，其表述是“人的依赖关系（起初完全是自然发生的），是第一大社会形态，在这种形态下，人的生产能力只是在狭窄的范围内和孤立的地点上发展着。以物的依赖性为基础的人的独立性，是第二大社会形态，在这种形态下，才形成普遍的社会物质变换，全面的关系、多方面的需求以及全面的能力的体系。建立在个人全面发展和他们共同的社会生产能力成为他们的社会财富这一基础上的自由个性，是第三大社会形态阶段”。简言之，马克思三大形态的人与人的关系依次是“人的依赖关系”、“以物的依赖关系为基础的个人的独立性”和“自由个性”。

在第一大社会形态中，人与人的关系尚未发生分化而直接处于自然界的原初统一体中；在第二大社会形态中，人与人的关系主要表现为人们在物化社会关系支配下的社会关系和外部关系，人与人的关系由于和劳动条件的彻底分离而分裂为“原子式的碎片”，并使这些“碎片”处于彼此对立的外在关系当中，人们对社会关系的高度依赖和社会关系的异己性，使人与人的关系成为一种统治人的外在的异己力量；[②] 在第三大社会形态中，人与自然界的关系处于重新统一中，这意味着人真正形成了“自由人联合

① 蒋绍进、李旭蔼：《〈资本论〉研究综述》（上），福建人民出版社，1984，第 366 页。

② 陈昌曙：《自然辩证法概论》，东北大学出版社，2001，第 160 页。

体”。换言之，只有在以抽象劳动为基础的生产，特别是支配间接劳动完成了它的历史使命，而代之以“真正的自由劳动”“支配一切人类劳动的那种劳动”，这种情况才有可能。

此外，马克思是在《〈政治经济学批判〉序言》中提出人类社会发展依次经历五种社会形态的学说的。马克思说：“大体说来，亚细亚的、古代的、封建的和现代资产阶级的生产方式可以看作是经济的社会形态演进的几个时代。资产阶级的生产关系是社会生产过程的最后一个对抗形式，这里所说的对抗，不是指个人的对抗，而是指从个人的社会生活条件中生长出来的对抗；但是，在资产阶级社会的胎胞里发展的生产力，同时又创造着解决这种对抗的物质条件。因此，人类社会的史前时期就以这种社会形态而告终。”① 斯大林根据马克思的思想，在苏联哲学教科书中提出“历史上有五种基本类型的生产关系”的经典表述，并认为社会形态是指同生产力发展的一定阶段相适应的经济基础和上层建筑的统一体。在每一个社会形态中，都有一种生产关系占主导地位，规定着这个社会的经济基础的主要特征。人类社会可以划分为五种社会形态，即原始社会、奴隶社会、封建社会、资本主义社会、共产主义社会（社会主义社会是共产主义社会的低级阶段）。

长期以来，人类社会发展的“五大社会形态”理论被中国理论界的哲学、政治经济学、科学社会主义教科书当作马克思主义关于人类社会发展的普遍规律的经典表述。然而，随着对马克思“三大社会形态”理论的深入考察，中国学术界出现了理解上的分歧。本书通过对马克思自然观的整合，深化了对马克思主义整体性的认识，特别是依据马克思主义“三大社会形态”理论，提出了农业产业自然、工业产业自然和后工业产业自然的分法，同时兼顾对“五大社会形态”的关系认识。

一 农业社会中的生产力与生产关系

农业社会主要涵盖原始社会、奴隶社会与封建社会，其对应的产业主要是农业产业自然。那时候，人类通过社会生产以获得现成的自然物为

① 《马克思恩格斯选集》第2卷，人民出版社，1995，第83页。

主，人类所制造的主要是获取自然物的工具，主要依靠采集植物果实来维持生活。后来，人类还学会驯养动物和栽培植物，出现了原始畜牧业和原始农业。那时候，人类社会生产从主要是获得现成的自然物，发展到由人们来生产自然物。因此，在这个时期，形成农业社会的普遍物是狩猎和采集发展到畜牧业和农业的产物。农业社会中生产力与生产关系情况表现为以下几点①。

（一）农业社会中的生产力

1. 劳动者

为了获得社会生存和发展的产品，在原始社会里，需要凡是有劳动能力的人，都参加共同劳动。只有全部落的共同劳动，才能获得食物和其他生活资料，勉强维持生活。此时，有劳动能力，参加共同劳动的人就是原始社会的劳动者。在奴隶社会中，奴隶成为这一时期的主要劳动者。在封建社会中，农民和手工业者是创造财富和文化的基本的劳动者。

2. 劳动工具

在农业社会时期，人类最早制造出来的劳动工具是用石头打磨而成的石器，石器制造标志着人类掌握了第一种生产工具的制造技术，同时标志着人类进入了征服自然的第一个时代——石器时代。石器时代之后，人类社会进入青铜器时代。石器加工只是就地取材，石料粗糙且硬度差；青铜却可以按需求加工，通过各种各样的模具制成不同种类的武器和生产工具。随着青铜冶炼的发展，人类又学会了炼铁。由于铁矿资源丰富，铁器又比青铜器更加坚固、耐用，所以人类一旦掌握炼铁技术后，铁器便迅速普及，人类进入了铁器时代。

青铜器或铁器工具从使用性能上优于石器，有助于促进手工业的发展。

在农业发展史上，农业发展的每个阶段同生产工具的材质和农耕动力应用都有着极为密切的关系。一般认为，同原始农业相对应的生产工具是木、石、骨制工具，其农耕动力是人力。同传统农业相对应的生产工具是铁制工具，其农耕动力是畜力。有学者认为，铁器的普及不仅促进了农业

---

① 张卓群：《马克思人与自然关系理论视域下中国社会主义实践的理论思考》，博士学位论文，东北大学，2012。

集约化，推动了农业农奴制的发展，同时，也促使手工业部门发展为封建制手工业部门。这样，农奴制与封建制基本上在同一时期成立了。

日本学者大西広考察和对比了中国和欧洲铁器工具的使用和改进对农业生产力发展的促进作用。以中国为例，中国在战国时期就已制成生铁、铸铁和渗碳钢，汉代冶铁和炼钢技术有了重大改进，铁制工具基本上代替了青铜器。铁制工具的推广有利于垦荒和水利工程，历代有为的封建王朝都十分重视这两项事业，出现了南北大运河和都江堰等诸多著名的水利设施，直至现在，人们仍受其利。以铁犁牛耕为特征的中国传统农业，在战国以至秦汉时代逐步进入成型期。汉代时期，耕犁的制造得以不断改进，并最早创用犁壁。至唐代，出现了由 11 个部件组成的，轻巧灵活的曲辕犁，完成了由二牛三人向一牛一人犁耕方式的过渡，这大大提高了劳动生产率。收割、排灌、加工等农具，也都有长足的发展。自战国至秦、汉以后，中国农业已由休耕制逐步转向连作制，加强了土地利用。在同时期的选种、施肥、水稻移栽、桑种改良上，都有显著成绩，尤其是创新复种技术，使农业日趋集约化，有利于提高单位面积产量。

欧洲生铁和铸铁的发明较晚，在一定程度上限制了铁制工具的应用。10 ~ 11 世纪，铁制工具才逐渐被广泛用于农业，犁耕代替锄耕，二牛的无轮犁和多牛的有轮重犁开始被使用。11 世纪时已有犁壁的记载。14 世纪采矿业和冶铁业有了较大发展，开始炼制生铁和熟铁。16 ~ 17 世纪的西欧已逐步过渡到资本主义生产方式。①

3. 劳动对象

在原始社会，未经改造过的自然物是原始部落的主要劳动对象。在奴隶社会，奴隶作为主要劳动者，其加工和改造过的自然物范围大大扩展，已经从原始的狩猎和采集现成的自然物过渡到森林、矿石等多项内容。进入封建社会，以土地等自然资源成为改造和利用的客体，农业成为重要的传统产业。

---

① 大西広、孙世强：《马克思经济学：基于最优经济增长理论与模型视角》，中国经济出版社，2014，第 193 页。

（二）农业社会中的生产关系

1. 所有制关系

原始社会以生产资料共同占有为主。在原始社会，“公共的劳动导致生产资料和产品的公有制”。[①] 人们共同占有和使用生产资料，是适应当时生产力缓慢发展的要求的。

奴隶社会生产力的发展达到了人们的劳动能够生产剩余产品的水平；另外，私有制的发展使人们的财产占有量出现一定程度的不平等。这加剧了各个家庭之间在经济上的不平等，富裕的家庭拥有大量土地、牲畜、工具和生活资料，它们也就有了利用奴隶劳动的可能。

封建土地所有制形成的过程，新兴地主阶级占有土地等生产资料，农民和生产资料的结合方式主要依附于地主。封建土地的生产关系的基础，是地主阶级占有土地，农民要租种地主的土地，并且还要为地主阶级和封建国家负担沉重的劳役。

2. 劳动关系

原始社会共同劳动，简单协作。在原始社会，凡是有劳动能力的人，都参加共同劳动。只有共同劳动，才能获得食物和其他生活资料，勉强维持生活。奴隶社会的生产关系的基础，是奴隶主占有土地及其他一切生产资料，并占有生产劳动者——奴隶。地主作为剥削阶级，剥削农业生产劳动者——农民。地主与农民的关系同样是剥削与被剥削的关系。

3. 分配关系

在原始社会，劳动产品平均分配。由于生产资料是公有的，大家又都共同参加劳动，劳动产品自然就归大家共同消费。

奴隶社会在发生了畜牧业和农业的第一次社会大分工，特别是金属工具的发明和使用以后，劳动生产率提高了，人们的劳动产品除了维持本人的生存以外，开始有了剩余，这样就使剥削成为可能，使用奴隶劳动成为有利可图的事情。奴隶主阶级无偿占有奴隶劳动，将奴隶视为会说话的工具。

封建社会中地主阶级占有土地，通过收取地租、放高利贷等方式剥削

① 陈昌曙：《技术哲学文集》，东北大学出版社，2002，第149页。

农民。在封建社会中农民阶级经常采取农民起义和暴动的方式反抗地主阶级的残酷剥削和压迫。

二　工业社会中的生产力与生产关系

工业社会的典型是资本主义社会，而资本主义社会是完全满足资本属性发展的社会。在产业革命后的社会中，机器成为社会的主角，是以单一的增殖为目的不断运作的。并且，在许多时候，“机器”与“资本”同义，“机器增殖为自我目的一样运作的社会”就是“资本增殖为自我目的一样运作的社会”。因此，产业革命后的社会被称作资本主义社会，也称为资本制社会，这种社会形态是资本最重要的社会，且是完全满足资本属性发展的社会[①]。当时社会的生产力在机器的发明和广泛使用的条件下迅速发展，受资本支配的机械化生产成为那时的主导生产方式。在社会不断地与自然之间的物质进行变换的同时，劳动指挥权下的雇佣劳动和剥削也在进行，且体现出劳动强度和剥削程度的“双升”特征。这在资本主义社会表现为普遍特征。

（一）工业社会中的生产力

1. 劳动者

在工业社会，劳动者作为生产过程的主体性要素，在产业活动中发挥着越来越重要的作用。工业化社会的科学，在基于应用科学发展起来的现代大生产中，直接生产过程中的脑力劳动——包括科学劳动和体力劳动被分配给了整体工人中的不同成员，过去结合在一个人身上的脑力劳动和体力劳动，现在分别由不同的劳动者来承担。这就是说，劳动者的智力因素在大生产中不仅取得了科学的形态，而且从直接劳动者身上分离了出来，成了大生产体系中的独立因素。

在以机器为基础的大生产中，科学劳动者同直接生产过程中的各类管理人员、技术人员一样，作为总体工人的一部分——间接工人而参与产品

---

① 大西広、孙世强：《马克思经济学：基于最优经济增长理论与模型视角》，中国经济出版社，2014，第90页。

的生产过程。[①]

这是人类历史上发生的第二次脑体劳动分工，是新的历史进步。第一次脑体劳动分工的基础是生产力水平提高到能替代足够的剩余劳动，以便使整个社会能给一部分社会成员（主要是统治阶段成员）可以从事脱离直接生产劳动之外的活动条件。因此，在那种历史条件下，脑体劳动的分工是在直接生产过程之外发生的，是建立在阶级对立的基础上的。第二次脑体劳动的分工是在生产力高度发达的基础上发生的，是在直接生产过程中的直接劳动者本人身上发生的，也就是说这是劳动者本人的脑和手的分离。造成这次新分工的根本原因是现代大生产——生产力本身发展的需要。因为在机器大生产开始时期，只有这种新的社会分工才能产生使直接生产过程得以进行的基本前提。

大工业使传统的小生产变成社会化的大生产，使产品从个体生产者的直接产品变为总体工人的社会产品。在个体生产中，同一个劳动者是把后来彼此分离开来的脑力劳动和体力劳动结合在一起的，并且由个人完成全部生产过程；在大生产中，生产中的体力劳动和脑力劳动分配给了总体工人中的不同成员，产品是这些人——直接工人和间接工人共同劳动的产物。[②] 科学劳动者作为总体工人的一部分参与产品的生产过程，所以，在这个阶段上，作为生产力的科学是被纳入直接生产过程，并且与产品直接结合在一起的。科学是生产过程的独立因素，但还不是直接生产过程之外的独立产业。随着生产力的进步，劳动者越来越成为生产发展的载体和基础，成为实现经济增长和产业升级的重要支柱。与之相适应，劳动者也需要提升自身素质以适应工业社会产业变化的要求。

2. 劳动工具

在工业产业自然时期，劳动工具的变革具有跨越性。进入蒸汽机时代，工业文明或工业社会的基本生产方式就是依靠机器进行社会化大生产。其中，蒸汽动力技术的产生及广泛应用起到了关键性作用。在劳动工具变革方面，机器取代手工工具不仅要求“以自然力代替人力”，而且要求“以自

① 陈敬燮：《科学产业的形成及其主要标志》，《科学学研究》1986 年第 2 期，第 72 ~ 77 页。

② 陈敬燮：《科学产业的形成及其主要标志》，《科学学研究》1986 年第 2 期，第 72 ~ 77 页。

觉应用自然科学来代替从经验中得出的成规”。[①] 以现代自然科学知识为基础的机器是工业产业自然形成的重要标志。机器生产取代手工生产标志着人对自然力的更强大的征服和利用，是资本由支配直接劳动为主转向支配间接劳动为主的必然结果。马克思认为：“大生产——应用机器的大规模协作——第一次使自然力，即风、水、蒸汽、电大规模地从事于直接的生产过程，使自然力变成社会劳动的因素。”[②] 这也就是说，在前资本主义的生产形式中，人类劳动不过是其“所不能控制的自然过程的助手”，而在大机器生产时期，人类通过使用机器而取得了对自然力的控制。[③]

3. 劳动对象

工业产业自然的劳动对象是以物质为基础的产业，也叫作物质产业。在此基础上，不断向非物质产业部门扩展。

生产不断科学化的趋势，形成了现代大工业生产体系，人类物质生产的各个主要部门从最初的纺织机、蒸汽机到车床、铁路、轮船、化学工业、内燃机、电力的应用等，在短短的一个多世纪里，都转移到了大工业生产的新基础上来；20 世纪以后，在大工业生产进一步发展的基础上，科学又迅速向农业、牧业、渔业、林业、养殖业以及信息、交通、商业、服务等各行各业扩展，整个社会生产、流通、交往和生活方式都发生了深刻的变化。

4. 生产力进步的表现

科学技术革命和生产力的进步，是资本主义变化的根本推动力量。第二次世界大战之后，世界兴起了第三次科技革命浪潮，极大地促进了生产力的发展，也促进了西方主要资本主义国家劳动生产率提高，产业结构改善，经济快速发展。1951 ~ 1975 年，西方主要国家的劳动生产率年平均增长：日本为 8.8%、联邦德国为 4.4%、法国为 4.3%、美国为 3.2%、英国为 2.6%，进入 20 世纪 90 年代以后，主要资本主义国家的劳动生产率提高了20% ~30%。由于科学技术的发展，西方发达国家的第一产业、第二产业

---

① 马克思：《雇佣劳动和资本》，生活·读书·新知三联书店，1953，第 21 页。

② 马克思：《资本论》第 1 卷，人民出版社，1975，第 423 页。

③ 孙海芳：《信息生产力：一种先进的生产力形态》，《江汉论坛》2008 年第 1 期，第 47 ~ 50 页。

的产值在国内生产总值中的比重大大下降，第三产业产值所占比重迅速上升。1999 年第三产业的比重：美国为 60%、英国超过 70%、德国为 63.8%、法国为 71.5%。[①] 在第三产业中，高技术产业异军突起，1971～1986 年，西欧高技术产业产值增长 40 倍，美国增长 45.5 倍，日本增长 106.7 倍。科学技术的发展推动了经济的发展，1980 年的国内生产总值与 1950 年和 1938 年相比，美国分别增长 1.7 倍和 4 倍，联邦德国分别增长 3.5 倍和 3.3 倍，日本分别增长 9.2 倍和 6.4 倍。[②]

（二）生产关系

产业革命之后，机器设备等生产工具成为主导生产要素，于是以资本家占有生产资料和无偿占有工人剩余价值为特征的生产力要素的人格化机制应运而生，并产生了工厂制度。其决定的生产关系情况体现在以下几点。

1. 所有制关系

和奴隶社会和封建社会一样，资本主义社会的社会制度也是生产资料私有制。但在资本主义社会里，占有生产资料的是资本家；剥削的对象是雇佣工人。工人被剥夺了生产资料和生活资料，一贫如洗。在这里，生产资料和货币采取了资本的形式，生产资料的所有者成为资本人格化的资本家，资本家凭借对生产资料的占有，充分利用资本的价值，同时在等价交换原则的掩盖下，雇佣工人从事劳动，占有雇佣工人的剩余价值，这就是资本主义所有制的实质。[③]

资本主义所有制，揭示了劳动过程中资本家与雇佣劳动者的关系：一是资本家购买劳动力，劳动者的劳动力在一定期间内归资本家支配。二是劳动生产物也属于资本家，而不为直接生产劳动者所有。因此，资本主义劳动过程中的关系，就是资本家占有劳动及劳动生产物与劳动者同自己的劳动及劳动生产物相分离的关系。“资本家和雇佣工人，本身不过是资本和

① 《加快发展休闲产业　打造人间休闲天堂》，http：//www.plswdx.cn/shounewsdo.asp？big＝3，最后访问日期：2017 年 4 月 10 日。

② 马克思主义基本原理复习资料（第四、五、六、七章），百度文库，http://wenku.baidu.c，最后访问日期：2012 年 9 月 16 日。

③ 本书编写组：《马克思主义基本原理概论》（2010 年修订版），高等教育出版社，2010，第 156 页。

雇佣劳动的体现者，人格化，是由社会生产过程加在个人身上的一定的社会性质，是这些一定的社会生产关系的产物。”①

从历史发展的进程来看，资本主义生产资料所有制也是不断演进和变革的过程。在资本主义发展的初期，生产资料在经济上的所有权与经营权统一于资本家自身，雇佣劳动者处于资本家的直接支配和监督下。19 世纪末 20 世纪初，股份公司成为主要的企业组织形式，资本所有权与控制权逐渐分离。

第二次世界大战后，资本主义所有制发生了新的变化，这就是国家资本所有制形成并发挥重要作用；法人资本所有制崛起并成为居主导地位的资本所有制形式。国有制在整个资本主义经济中所占的比重并不大，但是由于其主要存在于基础设施和公共事业部门，所以对整个社会经济的发展有着重要的影响。国家资本所有制就其性质而言，仍然是资本主义形式，体现着总资本家剥削雇佣劳动者的关系。②

2. 劳动关系

随着生产力的发展，资本主义社会中的机器化大生产逐渐终结了手工作坊条件下的师徒制，现代工厂制度逐步确立。资本主义私有制下的雇佣劳动制度体现为这时的劳动者就如同电扇等工具，如何工作、工作多少取决于资本家，资本家定到什么模式或定时多少时间，工人就会以不同的效率运转到什么时间。③

可见，在资本主义条件下，劳动从进入生产过程开始，就已经隶属于资本，在表面平等的交换关系背后，是资本对劳动的实际支配和控制。资本主义发展的初期，在资本家指挥下的劳动只是形式上隶属于资本，随着机器大工业生产体系的建立，生产工具使用的社会化程度提高，劳动者个人的技能不再对生产过程和结果具有决定意义了，劳动对资本的隶属就成为实质上的隶属，在这样的条件下，资本家对工人的控制更加严格，剥削

---

① 《马克思恩格斯文集》第 7 卷，人民出版社，2009，第 996 ~ 997 页。

② 本书编写组：《马克思主义基本原理概论》（2010 年修订版），高等教育出版社，2010，第 198 ~ 199 页。

③ 孙世强、大西広：《资本的另一层含义与榨取理论的拓展》，《当代经济研究》2015 年第 5 期，第 5 ~ 12 页。

方式也更加巧妙和残酷。在这方面，作为血汗工资制的"泰罗制"和"福特制"是非常典型的。[①]

随着社会生产力的发展和工人阶级反抗力量的不断壮大，资本家及其代理人开始在缓和劳资关系方面进行改革，其办法有：第一，职工参与决策。按照这种制度，在企业的监事会中，劳资双方各占一半席位，对企业重大问题共同进行决策，以充分反映劳资双方利益。第二，职工持股。通过使职工持有一部分本公司的股份的方式使工人产生归属感，使工人命运和企业命运相联系，以增加剩余价值生产。

3. 分配关系

资本生产方式及其生产关系决定了资本主义的分配关系。认识资本主义经济制度分配关系的本质可以从资本的有机构成入手。随着机器的普及，劳动生产率和社会生产力不断提升。由于生产力高低并不依存于工人的熟练度，而是依存于机器的技术性能决定的质与量，所以，机器及其技术特质最重要。正因如此，资本家阶级将社会财富几乎都分配给"机器"而不是劳动者，整个社会都会按照资本属性对应的自身增殖机制安排资本主义社会体系，尤其是分配体系。[②]

第二次世界大战后，随着经济的恢复和发展，发达资本主义国家为了避免社会的激烈动荡，建立普及化、全民化的社会福利制度，工人工资水平也都有所提高，但共同劳动生产的社会化产品，本应由劳动者共同占有，并用于满足全体成员的需要，却被少数资本家私人占有和支配的状况并没有得到根本的改善。

（三）独享经济与工业社会

在资本主义发展历程中，独享经济始终扮演着重要的角色。西方经济学家的共识是：产权和私有制是整个资本主义社会有效运行的基础。新制度经济学的鼻祖科斯认为："经济分析的首要任务是界定产权，一个能保证

① 本书编写组：《马克思主义基本原理概论》（2010 年修订版），高等教育出版社，2010，第 168 页。

② 大西広、孙世强：《马克思经济学：基于最优经济增长理论与模型视角》，中国经济出版社，2014，第 90 页。

经济高效运行的产权制度应该是具有明确性和专有性的。”①

1. 独享经济创造的辉煌

在资本主义社会中，过去的数百年里独享经济发挥过重要的作用。独享经济让很多的私有产权和资源占有者牢牢把握着一些生产发明技术和社会资源，借助于独享，很多的企业的利润快速增长。这就为行业传承和百年品牌的屹立不倒奠定了良好的基础。同时，独享经济所产生的优胜劣汰也为经济的发展创造了良好的条件。资源拥有者凭借自己的努力建立起具有一定规模的产业，通过独享将其他的竞争者排除在外，这一过程实际上是一种市场优胜劣汰的过程，在竞争中将一部分不具有经营资格或者能力较差的人排除在外，这在一定程度上就极大地减少了市场上的无序竞争和社会资源的浪费。除此之外，独享更大效能地发挥了人们的主观能动性和生产的积极性，谁也不愿意在生活水平上落后于其他人，每个人都拼尽全力，竭尽所能地创造属于自己的财产和劳动成果，进而推动了整个社会的进步。②

2. 独享经济的弊端

独享经济，为传统行业的发展创造了条件，同时也存在着一些弊端，比如资源浪费，以出行工具为例。一方面，城市道路拥堵、雾霾、出租服务差、拒载、专车昂贵等状况在大城市始终存在，使得人们每天抱怨交通出行不便；另一方面，满街空跑的私家车既是造成道路拥堵的原因，同时也是很大一部分闲置的交通资源。③

对于传统制造企业来说，单纯地借助独享经济来长期发展并非长久之计。一旦传统企业的消费者茅塞顿开，领悟到资源共享能够带给自己额外的经济效益，将手中闲置资源面向大众进行共享时，这些习惯于用销售数量说话、立足的企业将会难以维系。④

（四）资本主义社会生产力与生产关系矛盾

首先，从私人劳动和社会劳动的角度来看，资本主义社会基本矛盾表

---

① 李光斗：《分享经济》，机械工业出版社，2016，第68页。

② 《传统行业的独享经济》，http://blog.sina.com。

③ 李光斗：《分享经济》，机械工业出版社，2016，第69~73页。

④ 李光斗：《分享经济》，机械工业出版社，2016，第74页。

现为个别企业生产的有组织性和整个社会生产的无政府状态之间的矛盾，其突出表现就是资本主义经济危机。经济危机至少证明："一方面，资本主义生产方式暴露出自己无法继续驾驭这种生产力。另一方面，这种生产力本身以日益增长的威力要求消除这种矛盾，要求摆脱它作为资本的那种属性，要求在事实上承认它作为社会生产力的那种性质。"①

其次，从资本主义积累过程来看，资本积累加剧了资本主义社会的基本矛盾。资本的不断积累使社会生产的规模不断扩大，资本支配的领域或范围也扩展了。总之，当资本主义基本矛盾及其派生的各种矛盾在资本积累中不断发展、激化到资本无法支配全社会劳动时，公有制取代私有制、社会主义取代资本主义就将成为不可避免的结果。

最后，资本主义基本矛盾表现在阶级关系上是无产阶级和资产阶级的对立。随着资本主义经济的发展，资产阶级由生产力的解放者变成阻碍者，资本主义在促进社会化大生产的同时，也催生了代表机器大工业生产力的无产阶级。无产阶级在经济上所处的被剥削的地位使无产阶级具有彻底的革命性的斗争精神；社会化大生产使无产阶级成为最有组织性的革命力量。无产阶级是现代大工业的产物，是真正革命的阶级，随着生产社会化水平的不断提高和无产阶级队伍的不断壮大，无产阶级必将彻底推翻资本主义和资产阶级的统治，逐步建立消灭一切阶级确保人人得以自由发展的联合体。资产阶级的灭亡和无产阶级的胜利是同样不可避免的。②

三　后工业产业自然与社会主义的生产力与生产关系

后工业产业自然的典型应当是社会主义社会。在后工业产业自然中生产力与生产关系研究的主要是社会主义的生产力与生产关系。

（一）后工业产业自然的生产力——科技生产力

1. 科技生产力的内涵

科技生产力是当代先进生产力的集中体现和主要标志。本书在前人研

① 《马克思恩格斯选集》第3卷，人民出版社，1995，第751页。

② 本书编写组：《马克思主义基本原理概论》（2010年修订版），高等教育出版社，2010，第183页。

究的基础上，试着给科技生产力下了这样的定义：科技生产力是高素质的科技劳动者利用先进的工具和高新科技、科技生产资料、科技手段，在高水平的科学管理下，有计划、有组织地协调和控制生产科技产品以满足人们日益增长的物质和精神需求的能力，是为社会创造增加值的核心力量，[①]它是传统生产力即人们改造自然征服自然能力的深化与生产力发展的当代表现形态。邓小平同志提出“科学技术是第一生产力”的理论命理，近年来，现代科学技术的进步已经成为生产力发展的关键性因素，国家的强弱、贫富不再单纯取决于拥有的资源，更多取决于人的智力和科学技术作用于自然的发展，取决于人类如何将掌握和发明的科学技术转化为现实的生产力，因此，产学研合作创新必须积极面对解决科技成果“转化”中的一系列复杂问题。

2. 科技生产力的二重性

（1）科技生产力的共性——科技生产力的要素构成

从静态上分析，科技生产力具有其共性即科技生产力的要素构成。科学、技术作为一种潜在的生产力，从生产力诞生的那一刻起，就蕴含科学、技术的萌芽，科学、技术在生产力的前期可以被看作是一种人类征服和改造自然的精神力量，在进入生产过程被劳动者掌握后，就能提高劳动者的劳动技能和管理水平，通过劳动者的肢体就能创造出效率更高的生产工具和其他劳动资料。当代世界上生产力的巨大发展，都是由科学技术要素的发展推动的，并且科学技术在生产力发展中所起的作用日益凸显。科技生产力也同样具有一般生产力具有的共性即科技生产力的三要素，包括具有一定科学知识、生产经验和劳动技能的科技劳动者；同一定的劳动资料相结合以科学技术为主的科技劳动工具；以科技信息资源及经过加工的原材料为主的科技劳动对象。其中，科技劳动者是三要素中最能动的要素，科技劳动者制造和改造劳动工具，掌握和使用生产资料，管理和支配劳动对象；而科技劳动工具依然是生产力发展水平的最重要的标志。[②]“科学技术

① 任盈盈、方思峰、方自耕：《科技生产力及其相关概念体系构建》，《科技进步与对策》2006 年第 2 期，第 120～122 页。

② 王乾坤：《科技生产力的特点及转化路径》，《武汉理工大学学报》2001 年第 8 期，第364～366 页。

是第一生产力”意味着在生产力中无论人的要素和物的要素，都与一定的科学技术紧密联系。劳动资料、劳动对象和劳动者是构成生产力的实体部分，在考察生产力的内容时，还必须特别重视科学、技术在生产力中的地位和作用。

首先，科技生产力与劳动者素质的提高。科技劳动者作为科技生产过程的主体性要素，作为知识、技能和经验的载体，越来越发挥着重要的作用。科技劳动者是科学技术的载体，是科技生产力思想的开拓者，又是工人阶级中最有知识和活力的一部分。只有作为主体的劳动者与载体相互协调配合，才能提高劳动生产率，逐步实现产业结构的升级。科技劳动者需要提升自身素质以适应产业结构的变化和产业结构升级的要求，提高劳动者素质的关键在于科技进步和科技教育，包括道德素质、文化素质、科技素质、管理素质，这是把经济建设转移到依靠科技进步和提高劳动者素质的轨道上来的关键措施，更是社会主义物质和精神文明建设的重要任务及实现经济增长方式转变的根本保证。随着科学技术的进一步发展，劳动者的科技素质和文化素质也将进一步提高。未来的劳动者是脑力劳动和体力劳动高度结合的劳动者，是知识分子化的劳动者，是熟练掌握高新技术又有创新能力的劳动者，这样的劳动者将使生产力几倍、几十倍地增长。

其次，科技生产力与劳动工具的改进。从科技劳动资料来看，劳动工具是随科学技术进步而不断变革和发展的，其本身就是科学技术的物化。现代的以高科技劳动工具为代表的机器体系比当年马克思设想的自动发动机的机器体系要更为复杂、更加自动和高级。在科技生产力中，劳动工具逐步科技化、信息化，不但解放和发展了生产力本身，还解放了人类。科学技术作为第一生产力，对先进工具的产生具有直接的驱动、推导作用。信息技术的深入发展使人们的智慧与思考突破了个体的狭隘性与生命的有限性，如计算机与互联网使人们能够轻易地获取各方面的资料、知识与信息，也能够快速而轻易地将各种信息以声音、图像等形式进行存储并传递到互联网上，方便网上所有用户的阅读、欣赏、学习与交流。20 世纪 50 年代，信息技术的广泛而深入的发展为信息生产力的产生奠定了技术基础以及产业基础。科技劳动工具的高速发展及其应用，逐步形成一批信息产业，如计算机产业、软件产业、信息服务业、集成电路产业等，这些都是科学技术渗透于劳动工具而产生的巨大威力的结果。①

最后，科技生产力与劳动对象的扩大。劳动对象也是随着科技进步而不断发展的，其本身也是科学技术物化的结果。劳动对象的科技化也是现代科技革命的重要标志，是科技生产力发展的重要因素，它主要是指信息传递、加工和处理的一整套技术包括微电子技术、电子计算机技术和光纤通信技术、纳米技术等。这些技术是科技生产力中劳动对象的重要组织部分，又具有自己的独特功能。② 随着科学技术的不断发展，劳动对象的范围会不断扩大，劳动对象的质量也不断提高，劳动对象是生产力发展状态的一种标志，劳动对象的质与量决定着生产力的发展水平。③ 在科技生产力中，劳动对象的发展趋势主要有两个：一方面，劳动对象不断丰富，不断有新的自然物被发现和利用，从而成为新的劳动对象；另一方面，未经过人类劳动加工的物质即原材料也在不断地被发现。后工业的社会生产将以科技、知识的加工与传播为主要内容，生产出的产品或劳动对象也主要表现为无形的精神财富和由无形的科学技术作用于劳动对象而产生极大丰富物质财富的结果。④

（2）科技生产力的特性——科技生产力的转化

从动态上分析，科技生产力需要在一定条件下向现实生产力转化。因此，可以认为现代科学技术应是科技生产力的一个至关重要的因素，它除了渗透于生产力的各个要素之外，还可以使生产力的各个环节转化为现实的生产力，从而生成巨大的社会物质力量。科学技术转化成现实生产力必须有一个转化过程，即科技生产力的“转化说”。其核心是科学、技术、工程、产业之间存在“内在逻辑”和“外在逻辑”的联系，既相互渗透又可以相互转化。科学技术形成生产力必须经过一个科学、技术、工程、产业之间的转化过程，这种转化过程实际就是科技知识的力量逐步社会化的过程。科学、技术是工程、产业的基础，而工程、产业则使科学、技术成为

---

① 陈昌曙：《技术哲学文集》，东北大学出版社，2002，第 149 页

② 朱丽兰：《科教兴国》，中共中央党校出版社，1995，第 143 页。

③ 陈先达：《马克思主义哲学原理》，中国人民大学出版社，2010，第 184 页。

④ 温家宝：《认真实施科技发展规划纲要　开创我国科技发展的新局面》，新华网，2006 年 1 月 9 日。

社会化的现实力量。[①] 科学、技术、工程、产业的四元论认为，应该通过对自然界辩证运动的动态研究，形成对科学、技术、工程、产业的本质认识。可以在科学创新中解决科学向技术的转化问题；在技术创新、工程创新中解决技术向工程的转化问题；在产业创新中解决技术、工程向产业的转化问题，从而发现科学、技术、工程、产业之间的“内在逻辑”，既坚持认为科学、技术、工程、产业是相对独立过程的四元论，更坚持认为它们是在自然界辩证运动统一过程的一元论，即同属于整个创新系统。[②] 从科学必须经过技术才能转化为生产力，推断出科学、技术需要通过工程才能转化为生产力；科学、技术、工程需要通过产业才能转化为现实的生产力。

3. 按照产业链部署创新链

为了实现科技生产力的转化，要按照产业链部署科学创新链，其核心是根据制造物的特点确定认识物，解决规律性和普遍性的矛盾；按照产业链部署技术创新链，其核心是根据制造物的特点确定技术人工物，解决目的性和普遍性的矛盾；按照产业链部署工程创新链，其核心是根据制造物的特点确定工程人造物，解决集成性和普遍性的矛盾；按照产业链部署产业创新链，其核心是根据制造物的特点。

(1) 按照产业链部署科学创新链——科学创新向生产力转化探究

习近平非常重视按照产业链部署科学创新链问题。在两院院士大会上，习近平总书记举了一个典型的例子：据专家研究，康熙皇帝非常重视学习西学，当时请了西方的传教士给他讲授西学。这时间非常早，内容也非常丰富，但是那时康熙皇帝把这个停留在一种坐而论道上面。1708 年，清政府还费了很大的力气，组织西方传教士绘制一个中国地图，但这样一个重大的科技创新成果清朝政府把它当作一个密件，这对当时的中国经济和社会的发展没有起什么作用。所以，习近平书记认为，“科学创新不仅仅是实验室里的研究，它必须同国家的发展和人民的要求以及社会的要求结合起来，才能真正实现它的价值”。[③]

① 万长松：《产业哲学导论》，东北大学出版社，2008，第 29 页。

② 万长松：《“四元论”与产业哲学》，《自然辩证法研究》2005 年第 10 期，第 43～46 页。

③《习近平指出科技创新的三大方向》，http://news.qq.com/a/20160602/020775.htm?qqcom_pgv_from=aio。

科学的本质是发现，科学创新活动是通过创新获取规律性、创立科学知识体系的过程。产业创新的目的是形成制造物，制造物的基本特点是普遍性，具体表现为规模性、盈利性、结构性、转化性、标准性等。习主席指出，“当今全球科技革命发展的主要特征是从‘科学’到‘技术’转化，基本要求是重大基础研究成果产业化”。①

通过科学创新向科技生产力转化主要体现在按照产业链部署科学创新链，解决规律性和普遍性的矛盾。按照产业链部署科学创新链首先是解决认识物规律性与制造物规模性的矛盾，在实际做法上，要按照创新链转化规律，必须解决实质问题，就是要解决从技术开发到试生产的规律性问题，还要进行小型实验和中间试验。其次是解决认识物规律性与制造物的盈利性矛盾，其关键是把经济增长建立在科学技术规律性基础上。再次是解决认识物规律性与制造物转化性的矛盾，其做法如习主席指出的那样，要高度重视原始性专业基础的理论突破，强化自主创新成果的源头供给。最后是解决认识物规律性与制造物结构性的矛盾，其做法是重要科技领域成为领跑者，新兴前沿交叉领域成为开拓者。

（2）按照产业链部署技术创新链——技术创新向生产力转化探究

技术的本质是发明，是人对自然的实践关系，由此可以把技术创新链定义为目的是形成技术人工物。技术创新向科技生产力转化必须按照产业链部署技术创新链，解决目的性和普遍性的矛盾，如习主席所说，满足我国人民过上美好生活的新期待，提高社会发展水平、改善人民生活、增强人民健康素质要求，想人民之所想、急人民之所急，使技术创新转化为产业创新。②

首先要解决人工物目的性与制造物规模性的矛盾，完成从产品原型到形成批量产品的转化过程。其次要解决人工物目的性与制造物盈利性的矛盾，使技术创新成果能够成为进入现实市场的商品。再次要解决人工物目的性与制造物结构性的矛盾，使技术人工物目的性随着人类需求的变动而变动。最后是解决人工物目的性与制造物转化性的矛盾，要建立健全优先

① 罗荔：《论加快城市创新发展的几个问题》，《石家庄经济学院学报》2015 年第 8 期，第 43～48 页。

② 习近平：《为建设世界科技强国而奋斗》，《中国科技产业》2016 年第 6 期，第 8～12 页。

使用自主创新成果购买制，通过实行优惠政策促进转化。

（3）按照产业链部署工程创新链——工程创新向科技生产力的转化

工程创新是为了创建人工自然，在特定的自然环境和社会情境中，有计划、有组织地建造某一特定人工物或对科学技术施加集成性的活动。[①] 工程创新的主要特点是集成创新。习主席指出，中国同发达国家的科技经济实力差距主要表现在集成创新能力上，[②] 工程创新使工程向科技生产力转化，主要体现在按照产业链部署工程创新链，解决工程人造物集成性与制造物普遍性之间存在的矛盾。

其一，解决集成性与规模性矛盾，通过工程活动使新开工建设的项目或进行的技术改造能够尽快进入产业化过程，成为扩大产业规模的必要条件。

其二，解决集成性与盈利性矛盾，工程创新活动中特别要考虑如何进行产业化集成，通过成本和效益的经济核算，确保其产业获得盈利性。

其三，解决集成性与转化性矛盾，在实际做法上如习主席指出那样，必须夯实自主创新的物质技术基础，以国家目标和战略需求为导向，瞄准国际科技前沿，布局一批学科交叉融合、综合集成的国家实验室。[③]

其四，解决集成性与标准性矛盾。科技计划主管部门要将技术标准战略贯穿在集成创新的全过程，科研项目研究成果有望形成重要技术标准的，应予以优先支持。

（4）按照产业链部署产业创新链——产业创新向生产力转化探究

产业创新向生产力转化实质是按照产业链部署产业创新链。产业创新链可以定义为重复乃至规模化地生产人工物形成制造物的过程，产业创新链具有施加规模性、盈利性、转化性、结构性等特点。习主席指出，历次产业革命都有一些共同特点：一是形成大量新的投资热点和就业岗位，这里指的是施加规模性；二是有新的科学理论为基础和相应的新生产工具出现，这里指的是施加转化性；三是要从产业链的低端和“微笑曲线”的底端

① 翟翠霞等：《论科技型小微企业发展模式探析》，《科技进步与对策》2013 年第 14 期，第 71 ~ 74 页。

② 柴之芳：《国家实验室应具备的主要特征》，《科技导报》2016 年第 8 期，第 1 页。

③ 李乃胜：《从“模仿式”进步到“颠覆性”创新》，《中国科学报》2016 年 4 月 22 日，第 7 版。

做起，逐渐达到附加值高的研发和销售端，这里指的是施加盈利性；四是发展以生产性服务业为重点的现代服务业，推动工业化和信息化深度融合，实现产业结构的优化，这里指的是施加结构性，如“十二五”期间，深圳7大战略性新兴产业年均增长近20%，占GDP比重从28.2%提高到40%，成为促进经济稳定增长的主引擎。①

4. 科技生产力的功能

有学者指出能否形成新的生产力基础影响一个社会的兴衰。人类社会发展史这方面有不少启示。罗马帝国、波斯帝国、阿拉伯帝国、奥斯曼帝国等古代大帝国最终走向衰败和解体，除了政治、军事、地缘上的原因外，创新不足和技术停滞导致没有实现生产力基础转换是最重要的原因。回顾近代中国历史也可以发现，我们经常被一些经济规模不如我们的国家打败，并不是输在经济规模上，而是输在科技落后上。其原因是中国封建社会的生产力基础是铁器和手工生产力，始终没有转移到机器大工业生产力上来，导致经济和社会的落后。17～18世纪以来科学技术的突破形成了机器大工业生产力，有些国家如英国抓住第一次产业革命的机遇成了欧洲最发达的国家之一。

（二）科技生产关系

在当代，由于生产力的发展，首先是管理，接着科学技术成了第一生产力，即成了主导生产要素。为了使科学技术这种新的主导生产要素发挥作用，同样应形成相应的生产力要素的人格化机制。这个机制就是科技生产关系。

1. 科技生产关系的内涵与特点

自第二次世界大战后新科技浪潮兴起以来，科技生产力越来越成为当代先进生产力的集中体现和主要标志，而科技生产力的发展离不开持续的科技创新。“在当代科学技术成了主导生产要素，为了使科学技术这种新的主导生产要素发挥作用，同样应形成相应的生产关系形式”，② 这个形式就

① 《中国经济分化中孕育着新动力》，http://news.xinhuanet.com/politics/2016-10/13/c_1119707979.htm。

② 郑文范、娄成武：《论科技型企业以知为本的发展模式》，《中国软科学》1999年第3期，第84～86页。

是科技生产关系。科技生产关系如同一般生产关系一样也由三部分构成，即科技劳动资料的所有制形式、科技劳动者的活动形式、科技劳动成果的分配形式。因此，科技生产关系的调整主要包括打造知识产权关系、协作创新关系、科技成果分配关系，以此激励科技生产力的发展，从根本上解决创新动力问题。

2. 科技生产关系的二重性

（1）科技生产关系的共性——内容构成

同一般生产关系一样，科技生产关系中生产资料的所有制形式构成全部科技生产关系的基础；它决定了科技劳动者的活动形式和科技劳动成果的分配形式。根据生产关系对生产力具有反作用的原理，科技生产关系和一般生产关系一样，其主要功能是对人们的科技创新活动具有激励作用或约束作用。

首先，科技生产资料的所有制形式。根据唯物史观的基本原理，所有制关系是在人类的社会劳动中形成的，即人作为活动主体的自我设定表现为一个现实的过程，主要体现在对生产资料的占有关系。科技生产资料的所有制关系主要表现为对生产资料的占用和所属关系。随着当代科技生产力的发展，科学技术成了第一生产力，同样有新的主体所有制形式的出现，[①] 这种所有制形式突出表现为科技成果的知识产权制度，这是由智力劳动者对其成果依法享有的一种权利。知识产权最终如何归属直接决定合作各方的利益格局，影响科技成果的市场化运用，制约合作创新的成败与绩效。[②] 可见，知识产权制度能够形成有效的产权激励，因为知识产权是一种无形财产权，智力劳动者对其成果能够依法享有，它能够对创新活动产生强大激励。其重要作用在于，知识产权保护作为一种利益载体，贯穿在基础研发、批量生产、市场化运营的始终，应当被纳入合作组织及各合作主

① 孙家成：《人工自然论视域下政府科技创新投入绩效评估探析》，博士学位论文，东北大学，2014。

② 赵达薇：《论产学研联合中的知识产权保护与分配制度创新》，《中国党政干部论坛》2004年第8期，第54～55页。

体的基础性管理工作。[①] 由于科学技术知识成了主导生产要素，产生了与一般劳动关系的最大区别，科技劳动开始具有了雇佣资本的力量，逐渐形成“知识雇佣资本”的新机制，对传统的资本雇佣知识进行了“扬弃”。

其次，科技劳动者的活动形式。在当代科技生产力发挥作用的过程中，科技劳动者的活动形式具有协同创新、柔性管理等特点。生产关系中还包括劳动者在生产中的地位和活动形式，同样科技生产过程中科技劳动自身的特点决定了其自身资源的有限性，科技劳动者要充分利用各种资源，因为，“科技劳动者不可能将所需资源集于一身，必须协同创新，方可以在充分挖掘内部资源的基础上获取互补性的外部资源，做到同质共享、异质互补，从而提高创新成果转化率”。[②] 19 世纪中叶以后特别是近现代，科学研究日益集中于各种工业实验室、高校及科研院所，科学探索的课题越来越多且越来越复杂、精细，多方参与协作的共同劳动便成为现代科技生产活动的条件之一。现代的、大规模的科学劳动，其综合性的实验研究和大型的应用研究的整体性比较强，更需要集体的分工与合作。[③] 为此，采取协同创新的形式是社会进步和科技创新的现实需要。在科技生产力发挥作用过程中，科技型企业应该采用“柔性管理系统”。领导者的地位也不以其职位为标准，而是以其在合作组织中的贡献和作用为标准。

最后，科技劳动成果的分配形式。生产关系中还包括劳动产品分配关系，同样在科技生产关系中指的是科技劳动成果的分配形式。以社会分工作为生产的前提和条件的形式决定了生产资料及产品的分配形式，在知识支配资本、以知为本的发展模式下，科技生产关系的分配形式主要是知识支配资本的分配模式。习近平指出，“要强化激励，用好人才，使发明者、创新者能够合理分享创新收益。”[④]其具体的激励模式为：第一，对资本要素进行细分，分离出出资者和企业家，并特别强调企业家在当代企业经营和

---

① 翟美荣：《产学研合作创新的知识产权保护再探》，《中国科技纵横》2012 年第 3 期，第 266 ~ 267 页。

② 翟翠霞等：《论科技型小微企业发展模式探析》，《科技进步与对策》2013 年第 14 期，第 71 ~ 74 页。

③ 陈昌曙：《技术哲学文集》，东北大学出版社，2002。

④ 《中央经济工作会议在北京举行，提出明年经济工作六大任务》，中国经济网，http://www.ce.cn/xwzx/gnsz/szyw/2013/12/13/t20131213_1917363.shtml.

管理活动中的重要作用，并赋予其相应的管理要素所有权；第二，对劳动要素进行细分，分离出劳动要素和知识要素，突出知识劳动在创造科技价值中的特殊作用，也赋予其相应的“知本”要素分配形式。[①]

(2) 科技生产关系的特性

在科技已经成为第一生产力的时代背景下，科技生产关系继承了马克思主义的生产关系，但同时又发展了马克思主义关于生产关系的概念，科技生产关系是科技劳动者在科技实践活动中结成的一种特殊的生产关系，科技创新的劳动是社会总劳动中一个特殊的构成。科学的发现和技术的发明、科学技术的集成化与产业化，以物质生产条件为前提并接受生产实践的检验，[②] 却又以社会生产资料的极大丰富和社会经济利益的最大化为最终目标，另外，在整个产学研合作创新过程中实现的科学创新成果、技术创新成果、工程创新成果及产业创新科技成果都可以通过科学技术转化为现实的生产力，这凸显了科技生产关系的特性，即科技生产关系的功能构成。

首先，科技生产关系是促进科学成果转化的生产关系形式。科学是系统化、理论化的知识体系，同时也是获得这种知识体系的认识活动。STS 研究明确科学创新活动是把天然自然转化为人化自然形成认识之物的过程，是人对自然界的理论关系。

其次，科技生产关系是促进技术成果转化的生产关系形式。技术是创建“人工自然”的手段，是人对自然的实践关系，STS 研究能够明确促进技术成果转化的科技生产关系具有使科学的因果性向技术目的性的转化功能，这种转化功能具体体现在使原理对象化、使智能合理化以及使系统匹配化上。

再次，科技生产关系是促进工程成果转化的生产关系形式。工程是为了创建人工自然，在特定的自然环境和社会情境中有计划、有组织地建造某一特定人工物或对技术施加综合性的活动，[③] 在演化论视域下，STS 研究能够明确促进转化工程成果的生产关系必须具有使科学知识向工程知识的

① 翟翠霞等：《论科技型小微企业发展模式探析》，《科技进步与对策》2013 年第 14 期，第 71 ~ 74 页。

② 陈昌曙：《技术哲学文集》，东北大学出版社，2002，第 2 页。

③ 翟翠霞等：《论科技型小微企业发展模式探析》，《科技进步与对策》2013 年第 16 期，第 71 ~ 74 页。

转化功能、使技术发明向工程技术体系的转化功能、使与环境协调性和沟通的造物功能。

最后，科技生产关系是促进科技成果产业化的生产关系形式。产业是将人工物进行规模化生产的过程，将人工物转化为制造物生产的过程，STS研究能够明确促进科技成果产业化的科技生产关系的功能具体表现为使产业施加规模性即在产业创新过程中，科技生产关系要通过对工具、对象、方法施加规模性；施加盈利性即产业创新可以突破盈利平衡点，以最小的成本制造出来，解决盈利性矛盾；施加结构性即在产业创新的过程中，科技生产关系在改造传统产业和创建新兴产业上施加结构性；施加转化性即在产业创新的过程中科技生产关系通过科学技术本身和在科学技术发明上施加转化性，促使科技成果向社会产品及现实生产力的转化等。

3. 科技生产关系的功能

科技生产关系和一般生产关系一样，其最主要的功能是对人们的科技创新活动形成激励。

首先是科技劳动资料的所有制形式形成了有效的产权激励。因为知识产权是一种无形财产权，智力劳动者对其成果能够依法享有的这种权利，能够对创新活动产生强大激励。

其次是科技劳动者的活动形式形成的协作激励。习主席指出，当代随着科学技术的不断发展，多学科专业交叉群集，多领域技术融合集成的特征日益凸显，靠单打独斗很难有大的作为，必须紧紧依靠团队力量集智攻关。要搞好科研力量和资源整合，健全同高校、科研院所、企业、政府的协同创新机制，充分发挥各类创新主体作用，最大限度地发挥各方面优势，形成推进科技创新整体合力。①

最后是科技劳动成果的分配形式形成的分配激励。习近平指出，“要强化激励，用好人才，使发明者、创新者能够合理分享创新收益”。② 要激励人们在创新活动中通过努力工作，积累获得财富，创造更多的价值。

---

① 习近平：《深入贯彻落实党在新形势下的强军目标，加快建设具有我军特色的世界一流大学》，《人民日报》2013年11月7日，第1版。

② 《中央经济工作会议在北京举行，提出明年经济工作六大任务》，http://www.ce.cn/xwzx/gnsz/szyw/201312/13/t20131213_1917363.shtml，最后访问日期：2016年12月10日。

第四节　社会主义生产力论

一　社会主义的生产力原理

1. 马克思的理论空间

马克思指出："各种经济时代的区别，不在于生产什么，而在于怎样生产，用什么劳动资料生产。"[①] 这段话表明，任何社会有自身不同于其他社会的特殊的生产力，也就是说，任何社会都有自身的生产力基础。从前面的分析看到，原始社会的生产力基础是以石器工具为代表的石器生产力；奴隶社会的生产力基础是以青铜工具为代表的铜器生产力；封建社会的生产力基础是以铁制工具为代表的铁器生产力；资本主义社会的生产力基础是以机器体系为代表的机器大工业生产力。社会主义是一种新的社会制度，当然应该有自己的生产力基础。但对于社会主义的生产力基础究竟是什么，由于历史和时代的限制，马克思没有给予明确的回答，但给出了以下一些重要的研究思路和原则。

第一，非社会化生产力不是社会主义的物质基础。在马克思看来，非社会化生产力，如手工业和农牧业生产力，是比资本主义生产力还要落后的旧生产力。因此非社会化生产力不是社会主义的物质基础。

第二，社会化大生产也不都是社会主义的物质基础。马克思认为，机器大工业生产力首先是资本主义的物质基础，因此也并不都是社会主义的生产力基础。

第三，作为社会主义生产力基础的，只能是某种特定的"新生产力"。这种"新生产力"的本质特征是为资本主义生产关系所无力容纳的生产力，而在社会主义生产关系下可以有力地促进其功能的发挥，创造出更高的劳动生产率。[②]

综上可见，社会主义生产力问题，是当代马克思主义面临的一个重要

① 《马克思恩格斯选集》第2卷，人民出版社，2012，第172页。

② 郑文范、张卓群：《论STS研究与社会主义理论体系建设的结合》，《长沙理工大学学报》（社会科学版）2011年第5期，第20～26页。

理论和现实问题，需要通过当代马克思主义者运用历史唯物主义原理，在对当代社会主义的生产力深入研究的基础上加以回答。

2. 苏联解体教训

毫无疑问，20 世纪社会主义苏联的崛起和最终失败是当代最重大的历史事件之一，但苏联社会主义的失败不能简单地归咎于个别领导人的失误，它有着深刻的政治、经济、社会等多方面的原因，是放弃了马克思的科学社会主义基本原则，特别是对社会主义的生产力基础问题的不正确解决所致。斯大林以后的苏联领导人赫鲁晓夫、勃列日涅夫、戈尔巴乔夫等人，对社会主义的生产力基础问题的回答是不成功的。虽然他们为改变以高度集中为特点的社会主义模式做了各种尝试，但对苏联的社会主义的生产力基础始终认为是机器大工业，没有认识到社会主义真正的生产力基础是以现代科技为代表的信息生产力。特别是戈尔巴乔夫领导的苏联改革，没有抓住新科技革命带来的历史性机遇，反而离开生产力的发展奢谈人道主义和社会民主，使得在 20 世纪 80 年代中期以后，苏联的经济增长速度不断下降，加剧了政治危机和民族危机，最终导致苏联走向解体，教训是惨痛的。①

3. 毛泽东思想的回答

以毛泽东同志为代表的中国共产党人，领导新民主主义革命胜利，成功实现了中国历史上最深刻、最伟大的社会变革，为新时期开创中国特色社会主义提供了宝贵经验、理论准备、物质基础。② 在新民主主义革命取得伟大胜利后，以毛泽东同志为主要代表的中国共产党第一代领导人，又开始了在中国领导社会主义建设的伟大历史征程。在这个过程中，对新的历史条件下中国如何建设社会主义，在理论和实践上进行了多方面新探索，积累了很多宝贵的经验和教训。

4. 邓小平理论的回答

改革开放以来，以邓小平同志为核心的中国共产党的第二代领导集体带领全党全国各族人民全面进行中国特色社会主义建设，在这个过程中，邓小

① 郑文范、张卓群：《论马克思主义的两个“理论空间”与中国特色社会主义理论》，《科技与社会（STS）研究》，2009。

② 习近平在十八届中共中央政治局第一次集体学习时的讲话。

平同志深刻总结了我国社会主义建设正反两方面经验，对中国特色社会主义理论进行了深入思考，在此基础上创立了邓小平理论。“科学技术是第一生产力”的论断是邓小平理论对当代科学技术在生产力发展中作用的高度概括。邓小平同志提出的“科学技术是第一生产力”的思想和社会主义本质论的思想结合在一起，表明现代科学技术已经成为社会主义的生产力基础，同时也表明邓小平理论对马克思社会主义生产力基础问题做出了正确回答。

5. “三个代表”重要思想的回答

以江泽民同志为主要代表的中国共产党第三代领导集体，在建设中国特色社会主义的伟大实践中，认真进行理论升华和总结，提出了“三个代表”重要思想。江泽民同志指出：“中国共产党必须始终代表中国先进生产力的发展要求，代表中国先进文化的前进方向，代表中国最广大人民的根本利益。”① 社会主义的生产力基础是“三个代表”重要思想提出的重要依据。“三个代表”重要思想所说的先进生产力，是指作为社会主义生产力基础的现代科技新生产力，中国共产党人在代表先进生产力的同时，也必然代表最广大人民群众的利益和先进文化的前进方向，“三个代表”思想也是对社会主义生产力基础的进一步正确回答。

6. 科学发展观的回答

以胡锦涛为总书记的领导集体高度重视社会主义政治经济学创新，根据中国特色社会主义建设新的发展要求，提出了全面的、协调的、可持续的、以人为本的“五个统筹”的科学发展观，在此基础上，又提出了建设创新型国家、增强自主创新能力等创新发展战略方针。科学发展观在更深入和具体的层次上回答了打造社会主义生产力基础的任务，是在新时期对社会主义生产力基础问题的进一步明确回答。

7. “中国梦”的回答

党的十八大以来，以习近平为总书记的党中央在新的历史条件下，提出了实现中华民族伟大复兴的“中国梦”。社会主义生产力基础的夯实，能够成功地在新的历史起点上坚持和发展中国特色社会主义，是“中国梦”

① 乔旺：《关于“发展先进文化，就是建设社会主义精神文明”的思考》，《内蒙古宣传》2001 年第 Z1 版。

实现的生产力保证和最重要的支撑条件。实现中华民族伟大复兴的“中国梦”目标，是和社会主义生产力基础的确立相一致的。

二 科技生产力是社会主义的生产力基础

马克思主义基本原理告诉我们，生产力决定生产关系，经济基础决定上层建筑，不同的社会形态是建立在不同的生产力基础之上的。在科学技术成为生产力，特别是已经成为第一生产力的条件下，以科学技术为代表的生产力已经成为社会主义社会的生产力基础。其原因有以下几点。

1. 社会主义生产力的信息性特点

首先，从劳动者来说，随着科学技术的进一步发展，现代生产力的发展趋势使劳动者的结构正在由以体力为主转向以脑力为主，劳动者的科技素质和文化素质将进一步提高，这样的劳动者将使劳动生产率大幅提升。其次，从劳动资料来看，劳动资料本身是科学技术的物化，运用当代信息化的现代化生产工具，可以大大提高劳动生产率。最后，从劳动对象来看，信息化能够促进自然资源的开发利用，使之都能够在遵循自然规律的前提下，实现物质和能量的有效循环和转化。

2. 社会主义生产力的循环性特点

当代科技生产力具有的循环性特点，使得人工自然的转化性和天然自然的循环性有机结合，实现自然界物质和能量的有效转化，为合理解决一直困扰人类社会的物质与能量短缺问题提供条件，通过科技转化能力的极大增强达到人类社会产品的极大丰富，这些都充分表明当代科技生产力已成为社会主义的生产力基础。

科技转化能力的极大增强突出表现在对能量守恒定律的充分利用上。热力学的第一定律是“守恒定律”，具体表述为能量既不会凭空产生，也不会凭空消失。宇宙中能量的总额自始至终都是一定的。它只能从一种形式转化为其他形式，或者从一个物体转移到另一个物体。① 如果想对热力学第一定律有一个直观的认识，我们不妨以一块燃烧的煤为例。在燃烧的过程中，

① 王小波：《论居住保障政策的可持续发展》，《安徽农业大学学报》（社会科学版）2013年第5期，第65～68页。

这块煤所蕴含的能量并没有消失。相反，它被转化为二氧化碳、二氧化硫和其他气体，排放到大气层中。尽管能量仍然存在，但我们不可能将这些分散在大气层中的能量重新还原成煤的形态并加以利用。德国科学家克劳修斯在1868年创造了一个术语“熵”，用以表示那些不可用的能量。[①]“为什么这些离散的能源不能被循环利用呢?”实际上，答案是可以的，但是在循环的过程中需要使用额外的能量。而一旦使用了额外的能量，熵就会增加。[②]

以太阳为例，太阳是我们能量的源泉，还将继续燃烧数十亿年，只要合理利用，将为我们人类提供足够的能源。但是地球赖以生存的另一种能源——化石能源和矿石能源是有限的。这些能源的总量是固定、有限的。

热力学定律告诉我们，经济活动只是从环境借用低熵的能源并将其转化成为暂时性、有价值的产品和服务。在转换的过程中，散失到环境中的能量要比生产出的产品和服务大得多。

有学者指出，所有的经济活动只是从自然资源和物质储备处借用能量，而不是凭空生产。如果这种借贷的速度远大于生物圈循环废弃物和补充储备的速度，熵的积累将会最终导致任何过度攫取自然资源的经济体制的灭亡。[③] 因此，通过提升科技转化能力体现生产力的循环性特点是社会主义生产力的内在要求。

3. 当代科技生产力的符号性特点

当代科技生产力的另一个特点是具有强烈的符号性。突出表现是文化产业具有规模性、盈利性、结构性、标志性等特点，表明具有强烈的符号性特点的文化已经形成生产力。这样的科技生产力能够克服有形产品的边际递减效应，实现符号产品的边际递增效益，为人民提供更多更好的精神食粮，这些同样为合理解决一直困扰人类社会的物质与能量短缺问题创造条件，形成社会主义的生产力基础。

4. 社会主义生产力的民本性特点

民本性特点指的是在当代由于科学技术成了第一生产力，劳动过程向

---

① 郭兆晖：《能源转型与经济转型关系探析》，《学习与探索》2015 年第 10 期，第 101 页。

② 〔美〕杰里米·里夫金：《第三次工业革命——新经济模式如何改变世界》，中信出版社，2012，第 204 页。

③ 〔美〕杰里米·里夫金：《第三次工业革命——新经济模式如何改变世界》，中信出版社，2012，第 212 ~ 219 页。

劳动者回归，极大地提高了劳动者主体地位，使劳动资料和劳动主体分离的趋势得以克服，形成了以知为本的机制，或称知本主义。当代科技生产力的民本性功能的发挥，为党的十八大提出的在改善民生和创新管理中加强社会建设，推动实现更高质量的就业，充分发挥群众参与社会管理等任务的完成提供了基础和条件，同时也表明当代科技生产力成为社会主义生产力的基础。

三　社会主义生产力与社会主义政治经济学的逻辑起点的确立

社会主义政治经济学，是对马克思列宁主义、毛泽东思想的坚持和发展，是一个科学严密的理论体系，其逻辑起点应该是社会主义生产力理论。

中国特色社会主义政治经济学是对马克思基本原理、特别是生产力和生产关系原理、经济基础和上层建筑原理的继承和发展。按照马克思历史唯物主义基本原理，任何社会都有不同于其他社会的、自身独特的生产力和生产关系、经济基础和上层建筑。社会主义社会作为一种独立的社会形态，同样具有不同于以往社会形态的、特殊的生产力和生产关系、经济基础和上层建筑。在当代，科学技术正在成为第一生产力，这表明科学技术形成了社会主义社会的生产力。社会主义生产力问题的提出和明确为中国特色社会主义理论体系建设提供逻辑起点，对当前中国特色社会主义理论体系的热点问题，如社会主义的本质、社会主义初级阶段、社会主义基本经济制度、社会主义政治制度、改革开放和生态文明建设、对外关系等进行深层次解读，进一步丰富和发展了中国特色社会主义理论体系。

（一）社会主义的本质论

从中国社会主义建设的历史经验来看，过去对什么是社会主义的问题没有完全搞清楚，其原因是离开生产力水平抽象地谈论社会主义，误认为只要不断改变生产关系，提高公有化的程度，就能推动生产力的发展。社会主义生产力问题的提出和社会主义政治经济学的构建为明确社会主义的本质提供了更加明确的理论解读。

1. 社会主义政治经济学的建立和社会主义生产力的提出能够明确解放和发展生产力是社会主义本质

强调解放和发展生产力在社会主义本质中的地位，是邓小平同志关于社会主义本质的一个理论创新，更是社会主义本质在哲学层面上具有更高概括性的原因。

社会主义的本质是解放和发展生产力，这也是由社会主义生产力特点决定的。首先社会主义的本质是解放生产力，指的是解放被资本主义压抑和异化的科技生产力。在当代，科学技术是生产力诸因素中最主要的推动力量，但科学技术作为第一生产力在资本主义制度下遭到了极大压抑和异化，"以知为本"和"以资为本"发生了尖锐的对立和冲突。因此坚持解放生产力，就要解放本质上不能被资本主义所容纳的科学技术生产力。

其次，社会主义的本质是发展生产力，这里指的是在社会主义社会中，要通过发展传统生产力和现代科技生产力，创造比资本主义更高的劳动生产率，使社会主义更好地显示自己的优越性。

2. 社会主义生产力的提出明确共同富裕是社会主义本质

把消灭剥削，消除两极分化，最终达到共同富裕纳入社会主义的本质，也是邓小平理论对社会主义本质的一个重大创新。党的十八大以来，习近平总书记始终把"坚持走共同富裕道路"①作为夺取中国特色社会主义新胜利的基本要求，都坚持和发展了"共同富裕"这一中国特色社会主义政治经济学的价值追求和原则导向。社会主义本质要求在全社会消除两极分化，实现共同富裕，同样是由社会主义社会生产力的特点决定的。其原因是：资本主义的生产力及其生产关系，决定了资本主义只能产生财富积累和贫困积累的两极分化，而不可能共同富裕。② 只有以现代科学技术为代表的社会主义生产力，由于具有信息性、符号性和人本性等特点，能够坚持实行以按劳分配为主体、多种分配方式并存的分配制度，最终消除两极分化，实现共同富裕。③

（二）社会主义基本经济制度论

马克思主义政治经济学认为，生产资料所有制是一个社会经济制度的基础，是决定一个社会基本性质和发展方向的根本因素。中华人民共和国

① 朱继东：《进一步发展马克思主义政治经济学应坚持的原则》，《红旗文稿》2016 年第 13 期第 21 ~24 页。

② 齐雪峰：《邓小平共同富裕思想的丰富内涵及其实践意义》，《山西大同大学学报》（社会科学版）2008 年第 1 期，第 8 ~11 页。

③ 廖义全：《具有中国特色　符合自身特点》，《现代国企研究》2012 年第 12 期，第 8 ~21 页。

成立后，特别是改革开放以来，中国共产党从实际出发，确立了以公有制为主体、多种所有制经济共同发展的社会主义初级阶段的基本经济制度。① 这种基本经济制度同样是由社会主义生产力的特点决定的。

1. 现代科技生产力决定公有制的存在

根据历史唯物主义基本原理，生产力决定的发展状况，决定了与之相适应的生产关系形式。随着生产力的发展，科学技术成了第一生产力，同样需要有其特定的新的生产关系形式。在中国，这种新的生产关系形式只能是社会主义公有制。

首先，科技生产力的“公有性”决定了公有制的选择。在当代，科学技术主要以符号等形态存在，本质上是一种“公有物品”。而对“公有物品”的合理配置要求根据社会劳动者的利益进行充分利用，在原则上对其使用不应加以限制，因此在生产关系方面，只有采取公有制的形式，才能实现对科学技术这种“公有物品”的合理利用，完成由间接生产力到现实生产力的转化。科技生产力的“公有性”决定了公有制的选择。

其次，现代科学技术的人格化代表的特点决定公有制的实现。为了使现代科技生产力合理使用和有效配置，需要使其人格化，其标志是科技劳动者队伍的形成和新型工人阶级队伍的壮大，这需要一个最终能调动劳动者积极性、维护劳动者根本利益的所有制形式与之相适应，这种所有制只能是社会主义公有制。②

2. 当前中国非公有制存在的生产力原因

中国现阶段对应的生产力还包括手工生产力、机器生产力等传统生产力，传统生产力具有有形性，要求产权明晰。中国生产力的多层次性决定非公有制的存在，是社会主义初级阶段非公有制建立的生产力基础。

3. 坚持社会主义社会的分配制度的需要

根据中国实际，党提出了坚持以按劳分配为主体、多种分配方式并存的基本分配制度，既鼓励先进，促进效率，合理拉开收入差距，调动各方

---

① 胡锦涛：《坚定不移沿着中国特色社会主义道路前进　为全面建成小康社会而奋斗——在中国共产党第十八次全国代表大会上的报告》，《求是》2012 年第 22 期，第 3 ~ 25 页。

② 张卓群：《马克思人与自然关系理论视域下中国社会主义实践的理论思考》，博士学位论文，东北大学，2012。

面的积极性、创造性；又防止两极分化，维护社会公平，逐步实现共同富裕，使人民群众共享改革发展成果。初次分配和再分配都要兼顾效率和公平，再分配更加注重公平。社会主义基本经济制度能够保证在社会主义市场经济发展过程中，按生产要素分配与按劳分配相辅相成，相互促进，相互结合，既可以调动劳动生产者的积极性，又可以较好地调动生产要素所有者的积极性，特别是有利于调动无形资产生产要素的所有者的积极性，促进科技价值的吸收，解决中国经济建设中资金不足，科研成果不能及时地、很好地转化为生产力以及人才流失等一系列现实而紧迫的问题。

（三）社会主义政治制度论

中国特色社会主义基本政治制度包括以下几点。

1. 人民代表大会制度

人民代表大会制度是符合中国具体实际的根本政治制度，是实现中国人民当家做主的重要途径，是社会主义政治文明建设的重要制度载体，具有鲜明的特色优势。

2. 中国共产党领导的多党合作和政治协商制度

在政党制度和民主政治方面都显示出自己的特殊优越性。在这项制度中，只有执政党与参政党的区分，而没有执政党与在野党的区分，既不是一党制也不是多党制。在运行的过程中，政治协商制度把尊重多数与照顾少数有机统一起来，把广泛民主与集中领导有机统一起来，有力地推动了中国特色社会主义民主的发展。

3. 民族区域自治制度

符合中国民族关系和民族分布等具体情况，符合各民族人民的共同利益和发展要求，在实践中显示了特殊优势，[①] 在建设社会主义的事业中促进各民族共同繁荣，走出了一条具有中国特色的解决民族问题的正确道路。

4. 基层群众自治制度

基层群众自治制度实现了发挥人民群众的主体作用同党和政府的主导引领作用有机统一，是社会主义民主政治建设的新发展，充分体现了人民

---

① 杨春风：《论中国特色社会主义政治制度的形成发展及特色优势》，《马克思主义研究》2011年第9期，第32～38页。

主体原则。

党的十八大以来，习近平总书记站在新的历史起点，多次强调人民主体原则和以人民为中心的根本立场，指出，“要坚持以人民为中心的发展思想，这是马克思主义政治经济学的根本立场”；“人民对美好生活的向往就是我们的奋斗目标”①，党的最大政治优势是密切联系群众，党执政后的最大危险是脱离群众。这些重要论述体现了党对于人民主体原则的清醒认识和一贯坚持，铸就了中国特色社会主义政治经济学的本质规定。党的十八大以来，习近平总书记站在新的历史起点，多次强调人民主体原则和以人民为中心的根本立场，不断丰富和发展了这一中国特色社会主义政治经济学的重大原则。

（四）社会主义初级阶段论

党的十八大报告指出，中国仍处于并将长期处于社会主义初级阶段的基本国情没有变，在任何情况下都要牢牢把握社会主义初级阶段这个最大国情。在社会主义初级阶段中国社会主义建设的根本任务，是进一步解放生产力，发展生产力，逐步实现社会主义现代化。因此，社会主义政治经济学的建立能够加速对社会主义初级阶段关系的认识。

1. 社会主义生产力二重性特点与社会主义初级阶段

中国现阶段的生产力具有二重性特点：社会主义初级阶段生产力既包括机器大工业等传统生产力，又包括现代科技生产力。社会主义生产关系与铁器手工生产力及第二代机器生产力对应时期是社会主义初级阶段，与信息生产力对应时期是社会主义高级阶段。十月革命以来社会主义国家的建立已经证明，在尚能为资本主义所容纳的生产力基础上，社会主义的建立是完全可能的。不过，这种社会和马克思所设想的那种社会主义，有着重大的质的差别，其生产力基础在很多方面与资本主义相同，而不同于作为高级社会主义物质基础的“新生产力”。这样，社会主义打造生产力基础的任务应该分两步走，在社会主义初级阶段要迅速赶上并超过资本主义的生产力基础，在社会主义高级阶段要打造新的科技生产力基础。

① 习近平：《人民对美好生活的向往就是我们的奋斗目标》，http://news.xinhuanet.com/18cpcnc/2012－11/15/c_123957816.htm，最后访问日期：2016 年 9 月 11 日。

2. 社会主义生产关系二重性特点与社会主义初级阶段

中国现阶段的生产力具有二重性特点决定了其生产关系二重性特点：社会主义初级阶段的基本经济制度既有社会主义经济制度的共性，又有社会主义经济制度的特性。其共性是社会主义初级阶段作为主体的公有制，其特性是社会主义初级阶段还存在多种非公有制经济。[①] 其基本经济制度的共性方面存在于社会主义初级阶段、中级阶段和高级阶段，是不断成熟和发展的过程，而社会主义初级阶段的基本经济制度的特性方面，到社会主义高级阶段将退出历史舞台。

3. 社会主义初级阶段与全面建成小康社会

社会主义初级阶段与全面建成小康社会关高度契合。党的十八大报告指出，必须坚持解放和发展社会生产力。解放和发展社会生产力是中国特色社会主义的根本任务，[②] 发展仍是解决我国所有问题的关键。在生产力方面，全面建成小康社会就是把我国的生产力基础由机器大工业转移到现代科技生产力，打好社会主义的生产力基础。

（五）社会主义改革开放论

实践证明，改革开放体现了社会主义生产力的要求，使各种操作财富的源泉充分涌现。

因此在社会主义政治经济学看来，改革是动力、发展是目的、稳定是前提。改革是为了更好更快地发展；发展是为了满足人民日益增长的物质文化需要，实现共同富裕；稳定是给改革与发展提供一个和谐而宽松的环境。中国实行改革开放是由发展中国现阶段生产力的要求决定的。

1. 机器大工业生产力与中国改革开放

和世界发达国家相比，中国机器大工业生产力落后，由此造成中国生产力和生产关系的两种不适应：一种是生产关系落后于生产力的不适应，特别是中国封建社会和小生产关系的残余与大工业生产力的不适应；另一种是生产关系超越生产力的不适应，其主要原因是中国用社会主义高级阶

---

① 郑文范、张卓群：《论 STS 研究与社会主义理论体系建设的结合》，《长沙理工大学学报》（社会科学版）2011 年第 5 期，第 20～26 页。

② 胡锦涛：《坚定不移沿着中国特色社会主义道路前进　为全面建成小康社会而奋斗——在中国共产党第十八次全国代表大会上的报告》，《求是》2012 年第 22 期，第 3～25 页。

段乃至共产主义社会的生产关系来施压现在的生产力，从而造成的不适应，这两种不适应要通过加快中国改革开放进程加以解决。①

改革开放能够促进比较优势的发挥，牢牢把握发展实体经济这一坚实基础，实行更加有利于实体经济发展的政策措施，强化需求导向，推动战略性新兴产业、先进制造业健康发展，加快传统产业转型升级，推动服务业特别是现代服务业发展壮大，合理布局建设基础设施和基础产业。②

2. 现代科技生产力与我国改革开放

当代以电子技术、空间技术、生物技术等一系列现代高科技为特征的第三次工业革命，形成了科技生产力，并为改革开放带来了强大动力。在这种情况下，中国只有加强改革开放，才能适应经济全球化新形势。党的十八大报告指出，要实施创新驱动发展战略，坚持走中国特色自主创新道路，提高科学研究水平和成果转化能力，抢占科技发展战略制高点，③ 促进创新资源高效配置和综合集成，把全社会智慧和力量凝聚到创新发展上来，充分发挥现代科学技术的生产力功能。

（六）社会主义生态文明建设

党的十八大报告高度重视生态文明建设，指出要充分发挥科技生产力对自然界的保护作用，坚持节约资源和保护环境的基本国策。在社会主义政治经济学看来，不同的生产力对自然界的变化产生的影响不同，中国生态文明建设同样和社会主义生产力密切相关。

1. 机器大工业生产力对自然界的破坏

随着经济增长、工业化和城市化，人类活动已开始扩展到整个地球的生物圈，水圈、大气圈等，机器大工业生产力给自然界的生态环境带来严重的破坏，出现了一系列的全球性生态问题，表现如大气污染、水污染、臭氧层破坏等一系列环境问题。

---

① 张卓群：《马克思人与自然关系理论视域下中国社会主义实践的理论思考》，博士学位论文，东北大学，2012。

② 胡锦涛：《坚定不移沿着中国特色社会主义道路前进 为全面建成小康社会而奋斗——在中国共产党第十八次全国代表大会上的报告》，《求是》2012 年第 22 期，第 3 ~ 25 页。

③ 胡锦涛：《坚定不移沿着中国特色社会主义道路前进 为全面建成小康社会而奋斗——在中国共产党第十八次全国代表大会上的报告》，《求是》2012 年第 22 期，第 3 ~ 25 页。

2. 现代科技生产力对自然界的保护

一是信息化保护作用。信息生产不会破坏自然界，具有天然的保护作用。在当前要建设好生态文明，必须充分发挥科技生产力对自然界的保护作用，要推进信息网络技术广泛运用，加快物质经济向信息经济的转变。

二是循环性保护作用。由于现代科技生产力的循环性，科技生产力能够实现由非循环性到循环性的转变，建立起物质交换、能量流通和信息传递的良性循环，对自然界具有保护作用。

（七）社会主义对外关系论

20世纪80年代以来，中国的崛起在世界上已经成为国际社会广泛关注的热点之一。尽管中国领导人在不同场合多次明确阐述了“和平发展”的愿望，但很多西方学者认为，历史上并无和平崛起的先例，中国同样无法在和平中发展。因此，十分有必要从社会主义政治经济学的特点来分析中国的和平发展问题，充分利用好两个市场、两种资源，加快中国特色社会主义经济建设。

1. 机器大工业的生产力基础存在提供非和平发展的可能性

回顾历史，历史上的大国几乎无一例外是靠战争和掠夺他人走上崛起道路的。历史上的大国侵略和扩张的根本原因就是争夺市场和资源。由于在一定条件下，世界上资源总量是一定的，生产力要素主要是以物的形式体现，争夺是不可避免的，而这正是很多西方学者认为没有哪个大国崛起不是通过扩张和争夺实现的主要理由。中国社会主义初级阶段的生产力包括机器大工业生产力在资源总量一定的情况下，也存在对资源的争夺和占有的可能性，因而存在非和平发展的可能性。但这仅仅说明了中国存在非和平崛起的可能性，而这只是问题的一个方面，并且是非主要的方面。

2. 科技生产力决定和平崛起的现实性

社会主义初级阶段的生产力包括科技生产力等现代生产力。在科学技术成为第一生产力的情况下，可以充分发挥信息资源的可共享、非稀缺性的特征，为自然界物质和能量守恒的实现提供可能性，解决困扰人类社会的资源的稀缺性和满足人类需求的无限性的矛盾，从而打破为争夺资源而战的传统的非和平崛起方式，为中国的“和平崛起”提供了现实性可能。中国之所以选择和平发展道路，正是基于上述对和平与发展时代主题的深刻理解和对当今世界脉搏的准确把握。

第三章　马克思主义劳动价值论及发展

第一节　劳动价值论研究的时间分期法

政治经济学在本质上是一门历史的科学，这是由它的研究对象决定的。政治经济学是研究生产关系的科学，它研究各个社会形态的生产关系及其发展规律。这里的社会发展规律一般是指社会经济规律。社会经济规律正如于光远先生指出的那样，有自然界就有自然界的规律，有人类社会就有人类社会的规律。在自然界中有物理世界与生物世界就有物理世界和生物世界的规律。在人类社会领域中有生产力，有经济基础，有上层建筑以及既不属于生产力、不属于经济基础也不属于上层建筑的社会现象，也就有生产力经济学的规律、有政治经济学的规律、有各种上层建筑包括政治和法的上层建筑和社会意识形态的规律以及其他社会规律。①

对于经济规律而言，如果经济条件变了，经济规律也要发生变化，② 从这个意义上讲，经济规律是历史的。首先表现在经济规律和其他管理一样，是不可能被创造和消灭，但可以登上或退出历史舞台。例如今天，随着原始社会退出历史舞台，原始社会的经济规律也就随之退出历史舞台。

经济规律是历史的还表现在规律的表现形式方面，有的是反映一切社会形态中经济运动的共同的客观规律性，有的是反映几个社会经济形态中经济运动的共同的客观规律性，有的是反映一个社会形态中经济运动特有

---

① 于光远：《关于规律客观性质的几个问题》，《哲学研究》1979 年第 1 期，第 7 ~ 20 页。

② 张振华：《对毛泽东社会主义经济建设思想的研究》，《石河子大学学报（哲学社会科学版）》2005 年第 4 期，第 1 ~ 5 页。

的客观规律性。①

唯物史观认为，社会生产关系不是一成不变的，而是随着生产力水平的不断提高由低级向高级发展的。生产关系的基本类型不同，它的发展规律也不能完全一样，它总是具有自己的特殊的规律。因此，政治经济学不能笼统地研究生产关系，必须从历史的发展阶段出发，对各种社会的生产关系予以具体的分析说明。这就是说，首先必须对一定的社会经济制度、一定的生产和交换形式以及与之相适应的分配形式进行研究，揭示其特殊的规律。只有在进行了这种研究之后，对各个社会的特殊经济规律进一步加以概括和总结，才能得出为数不多的人类社会的共同的普遍规律。所以，恩格斯说："政治经济学本质上是一门历史的科学。"②

不同于资产阶级古典政治经济学，仅以资本主义生产方式为研究对象，马克思和恩格斯为了对资产阶级经济学进行全面的批判，不仅研究了资本主义生产关系，而且对资本主义以前的各种社会经济形态的生产、交换和分配进行了研究，同时还科学地预示了社会主义和共产主义的若干经济规律。马克思、恩格斯把研究人类社会中支配物质生活资料的生产和交换的规律的科学称为广义政治经济学，而把研究资本主义生产关系产生、发展，称为狭义政治经济学。③ 基于政治经济学本质上是一门历史的科学，有学者认为对劳动价值论研究应当采用时间分期法。

所谓时间分期法是在原有理论的基础上直接加入新的接近现实的因素，以便使理论能够更贴近现实和解释现实。④ 如果考虑到当前的社会现实因素，我们会发现，今天所面临的社会主义不是马克思当时设想的共产主义初级阶段，当前社会主义政治经济学所需要解释的问题与马克思主义政治经济学所要回答的问题也不可能完全相同。比如，目前中国商业，金融业和服务业等第三产业部门在国民经济中的作用问题，又如科学技术作为第一生产力是否创造价值问题，再如在分配领域按生产要素分配问题等，这

① 于光远：《一个哲学学派正在中国兴起》，江西科学技术出版社，1996，第86页。

② 《马克思恩格斯选集》（第3卷），人民出版社，1975，第186页。

③ 辽宁师范学院政治系政治经济学教研室：《政治经济学答疑》，1981，第3页。

④ 谷书堂、柳欣：《新劳动价值论一元论——与苏星同志商榷》，《中国社会科学》1993年第6期，第83~91页。

些都是社会主义政治经济学应该做出解释的问题。

时间分期法解释这些问题的方法是，在马克思的逻辑体系中加进某些新的因素，比如“科技劳动”和象化等因素，这样就既可以从马克思的理论出发，又能对现实问题做出似乎更有说服力的解释①，以及经得起实践的检验。回顾一下在改革开放过程中，经济学领域关于市场经济、所有制问题、分配问题等的讨论，在开始时都曾被认为与马克思主义经济学不相容而受到过批评，但是随着改革的发展，特别是经过实践检验，它们却逐渐被经济学界认可和接受。同样可以推断，采用时间分期方法对中国社会主义经济的解释也应该会逐渐被人们所认可。

社会主义政治经济学产业时间分期方法并不意味着对马克思主义经济学的否定。其原因是：第一，从上述两种理论的发展关系中，可以认为时间分期方法是对马克思理论的发展，是对马克思主义政治经济学原有“范式”的扩展。第二，从科学方法论的角度来看，对马克思的某些逻辑推论的否定是在增加合理的假设之后，它并不意味着对马克思政治经济学主义的“内核”的否定，相反的却恰恰是继承和发扬了这种“内核”。第三，也是最重要的一点，马克思的《资本论》只是用对资本主义经济关系的分析来证明他的更一般的理论，即生产力与生产关系相互作用的历史唯物主义原理，如果我们对马克思的一些理论观点的扩展只是扩展了马克思历史唯物主义的解释范围，那么这种新观点毫无疑义应当称为马克思主义经济学。②

笔者认为，根据生产力发展水平，时间分期法对劳动价值论的研究可以分为农业和手工业小生产时期的劳动价值论研究、机器大工业时期的劳动价值论研究、科技生产力时期的劳动价值论研究等。

第二节　劳动价值论概论

劳动价值论是英国古典经济学家的伟大发现，马克思在对其批判的基

① 谷书堂、柳欣：《新劳动价值论一元论——与苏星同志商榷》，《中国社会科学》1993 年第 6 期，第 83 ~ 91 页。

② 谷书堂、柳欣：《新劳动价值论一元论——与苏星同志商榷》，《中国社会科学》1993 年第 6 期，第 83 ~ 91 页。

础上通过引入抽象劳动概念及将劳动和劳动力区分开来，从而使之成为科学，并依此创立了剩余价值学说，发现了剩余价值的源泉和秘密。[①]

马克思的劳动价值论是马克思主义政治经济学的基础，从它创立以来，一直是经济学中争论的一个焦点。改革开放后，马克思的劳动价值论为中国特色社会主义建设实践提供了重要的理论指导，但相对于中国丰富的经济实践，仍然显得“理论滞后”。

近年来，人们对劳动价值论大致有以下几种态度：第一种是僵化地理解马克思主义价值论。这些人既无视马克思《政治经济学批判》和1867年《资本论》第一卷问世，也无视改革开放以来经济建设中出现的新问题、新情况，不是用理论指导实践，而是用实践来套理论，凡不符合其所理解的马克思主义经济理论，便是错误的。

第二种是立足于对马克思主义价值理论的修修补补。这部分人应用劳动价值论分析中国经济问题时，往往陷入一种两难的逻辑矛盾之中，结果导致现行许多《政治经济学》教科书对中国经济发展中的热点问题或避而不谈。这种做法的直接后果一是加剧了“理论贫困”，使经济理论与现行宏微观经济运行机制严重脱节；二是使社会主义政治经济学成了空洞无力的政治说教，加深了青年学生对马克思主义经济学的误解和偏见。[②]

第三种是全面否定马克思的劳动价值论，试着用西方的边际效用论、均衡价值论、动态非均衡价值论、知识价值论来取代劳动价值论。

笔者认为，出现上述局面的原因是多方面的，但一个很重要的原因是理论工作者不能大胆解放思想，实事求是，根据新形势、新实践、新问题进行经济理论创新。而价值理论是构建经济理论体系的基石，要从根本上改变当前“理论贫困”的局面，必须在实践基础上发展传统的马克思主义价值理论[③]。

---

① 翁志勇：《价值与财富的现代分析》，上海大学出版社，2004，第91～95页。

② 郑文范：《科技进步与劳动价值论的发展》，博士学位论文，东北大学，2001。

③ 郑文范：《论科学技术革命与科技价值论的建构》，《辽东学院学报》2006年第6期，第11～15页。

一　劳动价值论的基本内容

（一）价值是凝结在商品中无差别的人类劳动形成的规律

1. 价值和使用价值

商品作为用于交换的劳动产品，具有两重属性：一是它作为有用物品的自然属性，即它的使用价值；一是它可用于交换别的产品的社会属性，即它的价值。

商品能够满足人们的某种需要的属性，就是商品的使用价值。使用价值是由商品的自然属性（包括物理的、化学的、生物的属性等）决定的。不同种类的商品，具有不同的自然属性，因而具有不同的使用价值。

撇开商品的使用价值，商品就只剩下一种属性，即它们都是劳动产品，在它们的生产上都耗费了人类劳动。这种凝结或物化在商品中的一般人类劳动，就是商品的价值。因此，不同的商品之所以能够互相交换，是因为它们都耗费了人类劳动，都包含着价值这个共同的东西。一种使用价值同另一种使用价值相交换的量的关系或比例是由价值决定的。

2. 具体劳动和抽象劳动

劳动价值论认为，价值体即价值的实体，它是无差别的一般人类抽象劳动的凝结，这种劳动又可以分为具体劳动和抽象劳动。所谓具体劳动，就是指生产一定使用价值的具体形式的劳动。具体劳动创造商品的使用价值。抽象劳动是指劳动过程中一般的人类劳动力的耗费，它创造商品的价值。说劳动是价值的源泉，这里指的是抽象劳动构成商品价值实体。

总之，劳动价值学说认为人类能够投入的只有劳动，没有劳动以外的任何东西。把价值看作是凝结在商品中无差别的人类劳动（抽象劳动），劳动者在劳动生产过程中消耗的抽象劳动是形成商品价值的唯一源泉。这一思想也是马克思的劳动价值学说与其他价值学说的根本标志。①

（二）价值量由社会必要劳动时间决定规律

商品的价值是由生产商品的社会必要劳动时间决定，而不是由个别劳

---

① 大西広、孙世强：《马克思经济学：基于最优经济增长理论与模型视角》，中国经济出版社，2014，第8页。

动时间决定的。马克思指出：形成价值的抽象劳动是抽去了个别劳动的特殊性的一般人类劳动，因而商品价值量也就不能由个别劳动时间来决定，而只能由社会必要劳动时间来决定；同时，由于形成价值的抽象劳动，是用平均的简单劳动来衡量的，因而复杂劳动必须化为多倍的简单劳动。这样，马克思在其政治经济学里，确立了两个基本命题：①商品价值量由劳动量来决定；②劳动量由劳动时间来决定。[①]

（三）商品的价格以价值为中心波动规律

马克思揭示了价值规律的基本内容，指出商品的价值量是由生产商品的社会必要劳动时间决定的，商品交换以价值量为基础，依照等价交换的原则进行。在商品经济中，价值规律的表现形式是商品的价格除受价值制约外，还受其他因素的影响。其中市场上商品的供给和需求的比例关系是一个重要的因素。随着供求关系的不断变动，商品的价格总是时而高于价值，时而低于价值，就使商品的价格经常与价值不一致。但商品的价格始终是以它的价值为中心，围绕着价值而上下波动。[②]

价值规律对生产的调节作用，是通过市场供求关系的变化和价格的自发波动来实现的。当市场上某种商品供过于求时，生产者就会削价竞卖，于是商品的价格就会下跌；反之，当市场上某种商品供不应求时，生产者就会乘机抬高物价，于是商品的价格就会上涨。因此，市场上供求关系的变化和商品价格围绕价值的时涨时落，就成为商品生产者扩大或缩减商品生产的信号。但是，不能由此得出结论：供求关系的变化直接调节各个生产部门生产规模的扩大和缩小。[③]

二 “硬核—保护带”视域下劳动价值论的结构分析

任何一种经济理论都是由于能够解释现实经济生活而获得存在价值的，否则将使理论失去光彩和存在的意义。马克思的劳动价值论并不是劳动价

---

① 郑文范：《科技进步与劳动价值论的发展》，博士学位论文，东北大学，2001。

② 《〈资本论〉研究论文选》，福建人民出版社，1982，第381页。

③ 辽宁师范学院政治系政治经济学教研室：《政治经济学答疑》，1981，第66页。

值论的顶点，而是劳动价值论的一个发展阶段。[①] 劳动价值论只有批判吸收现代经济学理论的研究成果，紧跟现代科学技术的发展步伐，不断变革和拓展劳动价值论的价值概念体系，才能不断获得发展。为此，下面试图在“硬核—保护带”视域下对劳动价值论的结构进行分析。

（一）拉卡托斯“硬核—保护带”理论的基本内容

伊姆雷·拉卡托斯（Imer Lakatos，1922 - 1974）是现代西方著名的科学哲学家，以提出“科学研究纲领方法论”著称于世的。拉卡托斯科学研究纲领认为，科学理论是一个相互联系着的理论体系，其结构由以下四个相互联系的部分组成：①“硬核”部分，它是由最基本的理论构成；②“保护带”部分，它是由辅助性假设构成；③保护硬核的反面启示规则——“反面启示法”；④改善和发展理论的正面启示规则——“正面启示法”。

1. 硬核

拉卡托斯认为，科学理论的硬核是构成科学研究纲领的核心部分。众多的科学理论之所以千差万别，其核心在于其“硬核”的不同。如果硬核遭到反驳被证明不成功，那么整个科学理论就会被驳倒。

2. 保护带

科学理论的“保护带”是指对“硬核”起保护作用的理论带。它由许多辅助性理论和假设构成，其任务和功能就是尽可能地不让硬核遭受来自对手各方面的反驳，使其成为经受检验的科学理论。

3. 反面启示法和正面启示法

科学理论的反面启示法是一种禁止性规定，其功能是禁止竞争对手把反驳的矛头指向科学研究纲领的内核，使其把矛头从硬核转向保护带，通过修正和调整保护带的方法来保护硬核。

科学理论的正面启示法是一种积极的鼓励规定。正面启示法通过提倡并鼓励科学家们通过完善辅助性假设的办法来保护硬核，发展整个科学理论。[②]

① 郑文范：《论科学技术革命与科技价值论的建构》，《辽东学院学报》2006 年第 6 期，第 11 ~ 15 页。

② 李晶磊：《拉卡托斯“硬核—保护带”视域下劳动价值论研究》，硕士学位论文，东北大学，2008。

（二）价值体是凝结在商品中无差别的人类劳动形成的规律构成劳动价值论的硬核

根据拉卡托斯“硬核—保护带”理论，可以得出传统劳动价值论的“硬核—保护带”（见图3－1），其中价值体是凝结在商品中无差别的人类劳动形成的规律构成劳动价值论的硬核，也就是说，不承认任何非源于劳动的价值，这是劳动价值论的硬核。要坚持劳动价值论的基本立场只有一条，那就是“只有劳动才能创造价值”，或者说“劳动是价值的唯一源泉”，这是马克思对政治经济学的突出贡献，它为劳动价值学说奠定了坚实可靠的基础。[①] 当代虽然劳动的内涵与外在形态发生了深刻的变化，但是劳动仍是人类生存的方式，在这个意义上，当今时代仍没有超出劳动价值论的范畴。所以，坚持劳动价值论的理论内核——劳动是价值的唯一源泉，是当代发展劳动价值论的立足根本。[②]

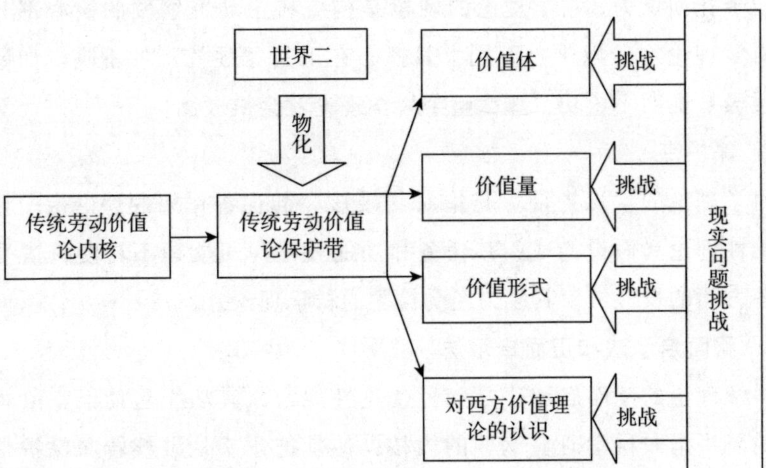

图3－1　传统劳动价值论的“硬核—保护带”图解

（三）劳动价值论“保护带”

传统劳动价值论“保护带”的内涵有以下几点。

① 郑文范：《科技进步与劳动价值论的发展》，博士学位论文，东北大学，2001。

② 李晶磊：《拉卡托斯“硬核—保护带”视域下劳动价值论研究》，硕士学位论文，东北大学，2008。

1. 直接劳动和间接劳动形成价值体保护带

传统劳动价值论认为，商品价值由两部分组成：一部分是工人在生产过程中转移的生产资料价值 C，另一部分是工人在生产过程中通过活劳动新创造的价值 V，它是通过物化凝结的方式凝结在商品中的。除此以外，没有其他来源，即商品价值 $Q = C + V$。笔者将改革开放后得到学界深化和拓展的劳动价值论，称为现代劳动价值论。

现代劳动价值论认为，随着科学技术的发展，仅仅一般地承认“科学技术是生产力”和“智力劳动创造价值”还不够，还必须给它们在整个经济体系中确定地位，使其在价值形成中得以体现。价值体的考察范围应该扩大，不应该只局限于直接生产物质产品的劳动，还应将间接劳动，特别是科技劳动纳入价值体的考察范围。

2. 相同使用价值具有相同价值形成价值量保护带

传统劳动价值论认为，社会必要劳动时间决定劳动量，劳动量决定商品价值量。劳动价值论是以社会必要劳动时间条件衡量劳动量，将复杂劳动折算为简单多倍的简单劳动，从而度量商品价值量。

现代劳动价值论认为，首先，以消耗时间的形式来度量劳动量已经难以衡量现代复杂的各种劳动，应该通过新的度量原则对现代劳动量进行度量。其次，由于科技劳动及无形价值的存在，价值量的计算已不能局限在有形价值量方面，还应将社会必要劳动时间作为价值量计算标准。

3. 虚拟货币等价值形式形成价值体保护带

交换价值是价值的表现形式。传统劳动价值论认为，随着商品交换的发展，价值形式经历了从简单的或偶然的价值形式到总和的或扩大的价值形式、再到一般价值形式、最后到货币形式的发展过程。

由于科学技术飞速发展和技术创新的影响，传统劳动价值论对价值形式发展的分析并未完结，当代价值形式也有了新的发展和变化，应该结合当前情况对价值形式的发展作进一步的分析，出现了虚拟经济特别是虚拟货币的现象，虚拟货币等价值形式形成价值体保护带。

（四）劳动价值论的正面启示和反面启示法

现代劳动价值论对价值体“保护带”的加强，使得发展后的现代劳动价值论有助于回应传统劳动价值论在当代遇到的挑战。

1. 价值体理论的正面启示和反面启示法

现代劳动价值论认为，随着科学技术的发展，价值体的范围扩大了。为此，可以把直接生产物质产品的劳动称为有形劳动，由有形劳动所形成的价值称为有形价值，有形劳动的凝结方式称为物化凝结。把科技劳动称为无形劳动，由无形劳动所形成的价值称为无形价值。

现代劳动价值论认为，人类世代积累的科学技术成果从某种意义上讲为人类提供了一个“取之不竭、用之不尽”的科学技术价值库。储存在这种科学技术价值库的价值可称为无形价值，它是通过物化凝结的方式凝结到商品中的。由此可知商品价值不仅由工人在生产过程中转移的生产资料价值 C 和工人在生产过程中活劳动新创造的价值 V 组成，还包括无形价值 W。商品价值构成公式是：$Q=C+V+W$。就是说，商品的价值由三部分构成：有形价值、科技价值转化的价值与物化劳动转移的价值。在不考虑技术进步的情况下，有形劳动生产产品的价值由传统劳动价值论公式所确定，即：$Q=C+V$。① 正因为无形价值的存在，无人工厂的价值来源问题才得以解释。

2. 价值量的正面启示和反面启示法

现代劳动价值论认为，以消耗时间的形式来度量劳动量已经难以衡量现代复杂的各种劳动，应该通过投入通约性和产出通约性的原则对现代劳动进行度量。同时，现代劳动价值论还将劳动生产率和价值量的关系细化为纵向比较和横向比较，分析出了传统劳动价值论关于商品的价值量与劳动生产力成反比的论述只适用于纵向比较，而不适用于横向比较的结论。基于以上分析，现代劳动价值论完整地解释了劳动生产率比较问题、平均利润率下降规律问题。

3. 价值形式的正面启示和反面启示法

现代劳动价值论认为，价值形式并不是发展到货币形式就完结了，由于科学技术飞速发展和技术创新的影响，当代价值形式也有了新的变化，价值越来越以价值转移的形式表现出来。其中，价值转移的形式包括价值的生成转移、价值的扩散转移和价值的现实转移。基于以上分析，现代劳

---

① 郑文范：《科技进步与劳动价值论的发展》，博士学位论文，东北大学，2001。

动价值论能够解释经济危机问题、金融危机问题和追赶陷阱问题。

4. 对西方价值理论认识的正面启示和反面启示法

传统劳动价值论认为，西方价值理论是对劳动价值论的反驳和否定，是劳动价值论的对立面。现代劳动价值论认为，各种形式的价值理论存在的主要问题是对价值体和价值形式方面没有进行充分的研究，特别是对价值体的探讨方面，没有把有形价值和科技价值的概念区分开来，往往把科技劳动创造的价值误认为是自然力本身创造的价值。这是过度抽象带来的误解，若澄清之后，可发现这些理论虽然在其表面形式上与传统劳动价值论相矛盾，但实际上与科技价值论是大体相容的。

第三节　农业和手工业小生产时期的劳动价值论

作为历史前提的简单商品生产，并非指具体的奴隶制社会的简单商品生产，或者封建制社会的简单商品生产，而是指撇开了商品生产的社会形式的一般私有制商品生产。这种一般私有制商品生产，其历史时期对应农业和手工业小生产时期。① 商品及其交换的起点从历史上看就应当是最简单、最原始的交换。②

一　单纯的体力劳动构成价值体

马克思设想分析商品价值存在和表现的理想环境，是人类历史上最初的最简单的实物交换，在这个理解中并没有知识和技术的地位，也没有经营管理的地位，至少其中的“科技含量”甚微，实际所指仍然是单纯的体力劳动。③

单纯的体力劳动构成商品价值体的过程包括物化劳动和活劳动两个方面。在生产过程中，物化在劳动对象中的劳动一次完全转移到新产品中去；但物化在劳动工具中的劳动则随着它在生产过程中损耗程度的不同，逐渐

① 《〈资本论〉研究论文选》，福建人民出版社，1982，第 342 页。

② 晏智杰：《劳动价值学说新探》，北京大学出版社，2001，第 27 页。

③ 晏智杰：《重温马克思的劳动价值论》，《经济动态》2001 年第 3 期，第 18 ~ 22 页。

地被转移到新产品中去。这些一次和逐次转移到新产品中的劳动所创造的价值，在新产品中得到保存，构成产品价值的组成部分。

活劳动，是同死劳动或物化劳动相对而言的概念，是指在物质资料生产过程中脑力和体力的消耗。在生产过程中，劳动者的劳动总是处在运动状态。它以具体的有用劳动，在把生产资料的价值转移并保存在新产品内的同时，把新的劳动追加到生产资料中去，从而创造出新产品，形成新价值。只是由于把活劳动加到过去的劳动产品上，过去的劳动产品才能变成具有新的使用价值和价值的产品。[①]

二 简单劳动度量价值量

（一）简单劳动与复杂劳动

小生产时期的商品价值计量的基础是假定生产商品的劳动是简单体力劳动，复杂劳动，则是加倍的简单劳动。所谓简单劳动，是指不经过专门的训练和学习的人都能从事的劳动。所谓复杂劳动，是指经过专门的训练和学习的人才能从事的劳动。马克思说："比较复杂的劳动只是自乘的或不如说多倍的简单劳动，因此，少量的复杂劳动等于多量的简单劳动。"[②] 商品的价值量是以劳动量计量，以社会必要的简单劳动量为单位来确定的。如果有一定的复杂劳动，可将复杂劳动折算成多倍的简单劳动来确定商品的价值量。

简单劳动基本上是以消耗时间的形式来度量劳动量。马克思指出，商品的价值"是用它所包含的'形成价值的实体'即劳动的量来计量。劳动本身的量是用劳动的持续时间来计量，而劳动时间又是用一定的时间单位如小时、日等作尺度"，[③] 劳动时间是测量商品价值量的天然尺度。因此，商品的价值量就取决于生产该商品所耗费的劳动时间的多少。生产某种商品耗费的时间越多，它的价值量就越大；反之，则越小。

（二）简单协作创造的价值量

协作是多数劳动者在同一生产过程内或在不同的但互相联系的诸生产

---

① 辽宁师范学院政治系政治经济学教研室：《政治经济学答疑》，1981，第24页。

② 《马克思恩格斯全集》第23卷，人民出版社，1972，第58页。

③ 《马克思恩格斯全集》第23卷，人民出版社，1972，第51~52页。

过程内，协同地进行劳动的状态。在小生产时期，协作是指许多劳动者进行集体劳动，马克思也称之为“结合劳动”。原始公社制也曾出现简单协作，如“狩猎就是最初的协作形态”，奴隶社会、封建社会也都有巨大规模的协作。简单协作相比分散的个体劳动对价值量的影响体现在以下几个方面。

第一，简单协作能够提高劳动生产率、降低单位商品的价值量。一方面劳动者在协作的方式下的产出比分散的方式下的产出总和大，另一方面又能完成分散的劳动者所不能完成的工作。因此，“12 个人在一个 12 小时的共同工作日中提供的总产品，比 12 个单干的劳动者每人劳动 12 小时或者一个劳动者连续劳动 144 天所提供的产品要多得多。”①

第二，简单协作可以节省生产资料，降低生产过程中的物化劳动消耗。就生产资料本身说，它发生的作用范围扩大了；从生产过程来看，用来购买生产资料的费用则绝对地减少了，能够以更少的劳动消耗，生产出更多的产品，增加商品的总价值量。

（三）商品交换实现价值量

从表面上看，相互交换可以互通有无，使每个人都得到自己所需的物品。但是，商品交换还有价值量上的原因。

除了拥有对方需要的物品之外，商品交换者之间还有一个重要区别，这就是他们每个人都是一种商品的专业生产者，他生产这种商品时，耗费在单位产品上的劳动，要比对方生产这种物品耗费的劳动少。② 买者和卖者生产同一种物品所耗费的劳动存在的差别是人类进行分工和交换的根本原因和基本动力。

人们通常所说的“等价交换”是“商品按照交换价值相等的原则进行交换”，这不是、也不能用来证明“商品按照生产中耗费的劳动价值相等的原则进行交换”。因为商品的交换价值和商品生产时物化的劳动价值是两回事，所以商品的交换价值并不总是恰好等于商品中包含的直接劳动价值（见图 3－2）。

---

① 《马克思恩格斯全集》第 23 卷，人民出版社，1972，第 50 页。

② 《资本论》第 1 卷，人民出版社，1975，第 182 页。

商品A： |-------a------|----b---|

商品B： |-a--|-------b----------|

图 3－2　交换价值和劳动价值之间的关系

线段总长度为商品的交换价值，A、B 两种商品可以相互交换，因此交换价值相等。

其中：a = 直接人类劳动创造的价值，b = 交换人类劳动创造的价值，因此商品交换比例的范围决定了价值存在的最大可能区间。只有劳动时间一个因素，还不能唯一地确定交换比例。双方可以接受的交换比例不是一个确定的数值，而是落在一个范围内。在这个范围内，无论交换比例是什么数值，双方都能够节约劳动，获得价值。因此都会被接受。①

三　实物交换是价值形式形成的基础

（一）价值形式的发展

马克思在《政治经济学批判》一书中指出："交换价值首先表现为一种使用价值与另一种使用价值相交换的量的关系或比例。"② 价值是交换价值的基础，交换价值成为商品价值的表现形式。在《政治经济学批判》中，马克思就是从这种实物交换的分析开始的。作为分析对象的举例的商品本身可以是很"现代的"，但是并不是让这些商品带着它们的那种生产环境和条件进入现在分析之中，就是说这些商品并非是指现代条件下的产品，而是原始交换和生产条件的产品。③

如前文所述，交换价值及价值形式的发展大致经历了四个阶段，分别是简单价值形式、扩大的价值形式、一般的价值形式，最后发展到货币形式阶段。当一般等价物固定在金银上时，金银就成了货币。这时，所有商品的价值都由货币来表现，用货币表现的商品价值，就是商品的价格。价格是商品价值的货币表现形式，也是一种交换价值④。

① 郑文范：《科技价值论》，东北大学出版社，2005，第 56 页。

② 《资本论》第 1 卷，人民出版社，2001，第 49 页。

③ 晏智杰：《重温马克思的劳动价值论》，《经济动态》2001 年第 3 期，第 18～22 页。

④ 大西広、孙世强：《马克思经济学：基于最优经济增长理论与模型视角》，中国经济出版社，2014，第 61 页。

在自然经济时期的简单商品生产条件下，小商品生产者进行生产交换的目的，是满足自己的需要。因此，价值规律作用的形式是：市场价格直接以它的价值为中心，随着供求关系的变化而上下波动。当供不应求时，价格会高于价值；当供过于求时，价格会低于价值。在私有制基础上，价值规律的这种作用，促进了小商品生产者的两极分化，导致资本主义生产关系的产生。①

货币成为解决商品交换这一困惑的重要手段，其内在原因在于货币及货币职能顺应了商品生产和商品（交换）流通内在矛盾的发展。这种矛盾的解决离不开货币的产生及货币职能的发挥。要真正实现交换，需要抽掉商品的一切的自然属性和物质属性，这种抽象就不能仅仅在头脑中进行，而必须由一种实际的媒介和手段来实现。因此需要首先把商品转变成交换价值，然后，才能用这个交换价值和其他的交换价值加以比较，交换才能在实际中得以完成。交换价值表现为一定量的货币，事实上就是表现为一定的价格，货币在这里就表现为交换价值的尺度，价格就是用货币来计量的交换价值。

（二）作为货币的货币流通

在小生产时期，个体经营的小商贩和手工业者，他们经营所运用的资金并不是资本。小商贩，由于他们亲自参加经营活动，并不存在对雇佣劳动的剥削，因此，他们从事经营活动所运用的一定数量的货币，只起一般流通手段的作用，虽然他们自己经常把这部分货币叫作资本，但这只是从“本钱”这一假借意义上来说的，从严格科学意义上来说，这些货币并不是资本。小生产者的基本特点是自己占有少量的生产资料，自己参加生产，产品归自己所有。他们销售产品的目的，是交换其他产品，以满足自己的需要。因此，在小生产条件下生产主体使用的货币，其职能仅仅是作为流通手段，而不是能够增殖的资本。

为理解两者的本质区别，必须首先从流通形式上区别什么是商品流通、什么是资本流通。在小生产时期，商品流通公式是：$W-G-W$（商品—货币—商品），即由商品转化为货币，再由货币转化为商品。在商品流通过程

① 《〈资本论〉研究论文选》，福建人民出版社，1982，第345页。

中，生产者生产出的商品是为了通过交换获得货币再购得其他商品，是为买而卖，这里货币的职能是交换媒介作用，并不是资本。

资本流通公式是：$G-W-G$（货币—商品—货币），即由货币转化为商品，再由商品转化为货币。资本家投入货币购买商品后，目的是为了获得交换价值，即为了把商品卖出去以获取货币、是为卖而买。在这里，和商品流通不同，货币经过一种独特的和新奇的运动，最后从流通中取回的货币，在量上要大于原来投入的货币，如用1万元换取11000千元。因此资本流通的完整公式是：$G-W-G'$，其终点的 $G'=G+AG$，即原垫付货币额加上一个增殖额，这个增殖额或者说超过原价值的增加额就叫作剩余价值，它是雇佣工人劳动所创造的而被资本家无偿占有的价值。

总之，作为货币的货币和作为资本的货币的本质区别，只有从其运动中才能理解。小生产时期，作为货币的货币，只是在商品流通中充当商品交换的媒介，执行货币的职能。作为资本的货币，则是在资本流通中能够带来剩余价值的价值，执行的是资本的职能。①

（三）私有制基础上商品经济的基本矛盾

在以私有制为基础的商品经济中，商品生产者的劳动具有两重性：既是具有社会性质的社会劳动，又是具有私人性质的私人劳动。商品生产者劳动的社会性质是由社会分工决定的。在社会分工条件下，每个商品生产者在社会分工体系中从事的是某一种商品（商品生产者之间相互联系、相互依存，彼此交换所生产的商品）的生产。这样，每个商品生产者的劳动都是社会总劳动的一部分，是具有社会性质的社会劳动。商品生产者的劳动的私人性质是由生产资料私有制决定的。由于生产资料私有制的存在，每个商品生产者作为私有者，都独立地进行商品生产活动，拥有生产出来的劳动产品，并自负盈亏。因此，在私有制条件下，商品生产者的劳动又是按照自己的利益和要求进行的，是具有私人性质的私人劳动。私人劳动和社会劳动的矛盾构成私有制商品经济的基本矛盾，这一矛盾贯穿在商品经济发展过程的始终，决定着商品经济的各种内在矛盾及其发展趋势。②

---

① 辽宁师范学院政治系政治经济学教研室：《政治经济学答疑》，1981，第74页。

② 《马克思主义基本原理概论》，高等教育出版社，2010，第149页。

一方面，私人劳动和社会劳动的矛盾决定着商品经济的本质。在商品经济条件下，私人劳动和社会劳动之间的矛盾在于只有将商品生产者的私人劳动通过交换转化为社会劳动才能解决。

另一方面，私人劳动和社会劳动的矛盾决定商品经济的其他一切矛盾，它决定商品生产者的命运。商品生产者生产的商品只有卖出去，其耗费的劳动才能得到补偿，生产过程才能顺利进行，否则，他的劳动耗费得不到补偿，就可能遭遇破产。

第四节　机器大工业时期的劳动价值论

马克思创立的劳动价值论从资本主义生产力与生产关系的特点出发，历经多年发展，逐渐成为一种完整的、严密的、科学的价值理论。机器大工业时期的劳动价值论的主要内容如下。

一　价值体由直接投入和间接投入的劳动共同形成

（一）资本支配直接劳动和间接劳动

传统劳动价值论认为，抽象人类劳动的凝结方式为物化凝结，即工人的劳动在生产过程中直接凝结在物质产品中，或者指这种劳动已被物质产品所吸收，成为物质化的劳动，它是直接生产人员的劳动，即活劳动的凝结。[①]

在机器大工业时期，社会分工与协作的深化，使劳动过程与生产过程在时间、空间上相分离，造成生产领域中的间接劳动越来越多，使更多的劳动者成为价值的创造者。现在，为了从事生产劳动，“不一定要亲自动手，只要成为总体工人的一个器官，完成它所属的某一种职能就够了”。[②]所以，在机器大工业时代，论及生产劳动时，不能简单地考虑生产现场的直接生产工人的劳动，还要扩展到总体工人的劳动。总体工人作为劳动过

① 李晶磊：《拉卡托斯“硬核—保护带”视域下劳动价值论研究》，硕士学位论文，东北大学，2008。

② 《马克思恩格斯全集》第23卷，人民出版社，1972，第205～556页。

程中分工协作性质的产物，必然使生产劳动概念从物质生产领域向非物质生产领域逐步渗透扩大。[①] 日本学者泉弘志、李潔在将要素价值论归结和统一到劳动价值论的基础上，提出了全劳动生产率的概念，指出全劳动生产率并不是只由直接投入的劳动决定的，而是由直接投入的和间接投入的劳动共同决定的。以此为基础，资本不仅包括对人的直接劳动的强制使用，还扩展为对人的间接劳动的强制使用。这种榨取就是对人的直接劳动和间接劳动共同的榨取。笔者认为，在机器大工业时期，因为总体工人的出现，劳动价值体是由直接投入的和间接投入的劳动共同形成的。

总体工人的形成过程是在资本主义生产方式中完成的。在机器大生产时代，劳动过程中的脑力劳动和体力劳动分配给了总体工人中的不同成员，产品是这些劳动者共同劳动的产物。[②] 被合并到了直接生产过程中去的总体工人劳动，虽然不直接动手去生产物品，他只要成为总体工人的一个器官，完成他所属的某一种职能，如设计或试制出某种新产品、新工艺等，他就是以间接劳动的形式参与劳动价值体的形成。

（二）无人工厂分析

从全自动化牛奶加工厂到完全无人驾驶的“无人飞机”、“无人坦克”、可完全取代士兵的“无人射击手”，类似的“无人工厂”随着科学技术浪潮的迅猛发展而逐渐增多。

传统劳动价值论认为，在最终产品的价值 $C+V+M$ 中，C 是不变资本，包括机器、厂房、原材料等，它们在生产过程中只是转移价值，而不创造新价值；V 是可变资本，即劳动力的价格——工资；M 为剩余价值，是工人创造的新价值中价值增值的部分。传统的这一价值构成分析认为，全部新价值 $V+M$ 都是由工人创造的，资本家所获得的巨大的价值即来源于工人创造的 M 部分。

但是，在这些“无人工厂”里，活劳动不断减少，而在同样的时间内生产的价值却比同类手工劳动者要多，即产生了“无人工厂”价值体如何

① 何东琪：《价值源泉的逻辑分析与现代经济学解释》，《陕西省行政学院·陕西省经济管理干部学院学报》2003 年第 8 期，第 5～8 页。

② 陈敬燮：《论科学劳动的性质》，《科学学研究》1985 年第 4 期，第 28～29 页。

形成问题。对此，传统劳动价值论认为，使用机器生产的工人同手工劳动者相比，其劳动是较为复杂的劳动，因此这种劳动在同样的时间内所创造的价值，就比同种社会平均劳动要多得多，从而在工人人数绝对减少的情况下，仍然能够创造出更多的价值。一些学者为此反驳，真正的无人工厂不存在工人，活劳动也就不存在，那么商品的价值到底是从何而来呢？既然剩余价值仍然来自工人剩余劳动所创造的，超过劳动力价值以上的价值，那么，在生产自动化条件下，工人人数大为减少，资本家所获取的剩余价值却大为增加，这不是矛盾吗？传统劳动价值论对此无法解释。

针对“无人工厂”，不妨从总体工人的共同劳动角度来分析，自动化机器的生产是总体工人劳动的一部分，其中设计人员的脑力劳动所创造的价值 C 是巨大的，所以，自动化机器自身的价值是十分巨大的，而且远大于其购买成本。资本家通过购买机器实现了这一不等价交换，获得了巨大的间接劳动形成的价值凝结物——自动化机器。当然，这时间接劳动所创造的价值还没有实现，总体工人脑力劳动的巨大价值不仅是要表现在机器中，更重要的是为了创造最终产品，在最终产品中实现其价值。当自动化机器与生产资料相结合而生产出产品时，机器自身的价值转移到新产品中去。剩余价值 M 并不是完全由现场工人创造的，还包括机器设计者和生产者的间接劳动创造的价值。在现代化生产中，传统意义上的“不变资本”的比重在日益加大，这就使得从机器中转移过来的巨大的间接劳动创造的价值在最终产品中的比重不断加大。所以，虽然工人越来越少，但资本家仍能获得巨大的利润。[①] 实际上，自动化机器不过是劳动工具的一种。从人类懂得使用工具的那一刻起，一切劳动成果就不再仅仅是体力劳动的结果，还必然包含凝结在工具中的人类脑力劳动的价值，通过与现实的人的活劳动相结合，共同体现在新价值中。只不过由于资本有机构成的不同，两者在新价值中所占的比重也不同。在马克思的时代，由于科技水平比较低，凝结在机器中的脑力劳动的价值很少，其与机器价格之间的差额也很小，所以新价值绝大部分仍由直接工人的劳动创造；在当前的自动化、智能化生产中，自动化机器凝结了巨大的人类间接劳动的价值，因此其价格与价值

① 翁志勇：《价值与财富的现代分析》，上海大学出版社，2004，第 81 ~ 85 页。

之间的差额也很巨大，资本家获得的利润则主要来自于此。所以，资本家不会因为“无人工厂”的出现而无利可图，相反，他会因智能化机器的使用而获得更大的利润。

由上述可知，在自动化生产中，自动化机器是生产过程中的主角，新价值的创造绝大部分是通过它来实现的，直接工人的简单劳动所创造的新价值是很有限的。但是新价值并不是机器创造出来的，而是由间接劳动通过机器自身转化到新产品中去的。

（三）剩余价值转化为利润

综上可知，资本主义企业生产的商品价值用公式表示就是：$W=C+V+M+M'$。其中，C是消耗掉的生产资料即不变资本转移过来的价值，V，M代表直接劳动创造的新价值，M′代表不变资本支配间接劳动创造的新价值。

但是，对资本家来说，生产上耗费的只是不变资本和可变资本（$C+V$），剩余价值M和M'是不耗费资本家什么的。资本家在计算生产商品的费用时，只计算他所耗费的资本数量，即不变资本加可变资本，二者之和叫作商品的成本价格。

按照价值是由其所支配的劳动所形成的观点来看，剩余价值不只是他耗费的资本的增加额，而且是全部预付资本的增加额。当剩余价值被看作是全部预付资本的产物时，剩余价值就转化为利润了。由此，商品价值就等于成本价格加利润。利润和剩余价值本来是一个东西，但观念上有区别：剩余价值M是对可变资本而言，利润是对全部预付资本而言。

1. 剩余价值率转化为利润率

剩余价值与全部预付资本的比率，叫作利润率。用公式表示：

$$P'=\frac{M}{C+V}$$

利润率是经常变动的，影响利润率高低的主要因素有以下几点。

第一，剩余价值率。在支配间接劳动相同的情况下，利润率同剩余价值率正相关。这样提高剩余价值率的方法也是提高利润率的方法。

第二，资本周转速度。在其他条件相同的情况下，资本周转速度越快，支配间接劳动越多，同样可以提高利润率。

2. 产业资本和产业利润

在资本主义发展的初期，商品价格是以直接劳动创造价值为基础形成的，资本家所获得的利润大体上与剩余价值相当。当机器大工业发展后，总体工人大量出现，此时产品不再直接按剩余价值出售，而是按直接剩余价值和间接剩余价值出售，即按生产价格出售，产业资本家按等量资本获得等量利润的原则参与对总剩余价值的瓜分。到了垄断资本主义阶段，垄断资本凭借其垄断地位，使产品按垄断价格出售，从中获得高于平均利润的垄断利润。

我们首先来分析生产价格是怎样形成的。假定有三个部门，情况详见表 3－1。

表 3－1　生产价格的形成过程

生产部门	预付资本	直接剩余价值率（%）	直接剩余价值	间接剩余价值率（%）	间接剩余价值	利润率（%）	产品价值
食品工业	$70C+30V$	100	30	－14	－10	20	120
纺织工业	$80C+20V$	100	20	0	0	20	120
机械工业	$90C+10V$	100	10	11	10	20	120

三个部门总资本量为 300，直接剩余价值为 60，间接剩余价值分别为－10、0、10，平均利润率为 20%，即每 100 资本得 20 的平均利润。在这里，平均利润率是全社会剩余价值总额除以社会总资本所得的结果，这就是平均利润。

3. 商业资本和商业利润

在当今社会，服务产品的需求日益扩大，服务业的比重日益提高，发达国家已增至 60%。近 20 年来，西方发达国家根据三次产业理论的划分，将服务业作为第三次产业。传统劳动价值论认为，流通领域的生产过程是生产劳动并创造价值。而纯粹流通过程则是非生产劳动并不创造价值。前者并无异议，后者则应发展。但当代日益扩大的商业和金融部门的劳动，为生产和生活提供了重要的服务，难道都是非生产劳动、都不创造价值吗？这些部门带来的巨大利润，难道都是物质生产部门的劳动创造的吗？[①] 这就要

① 何炼成：《如何坚持和发展劳动价值论》，《党政干部文摘》2001 年第 11 期，第 18～19 页。

求我们从理论上如实地承认服务业的劳动也是生产劳动，因而也创造价值和剩余价值，而且超过了物质生产领域所创造的价值。

商业资本的作用体现在到了资本主义社会，商业资本开始参与价值的创造，通过专门销售商品，使节约交易成本的劳动形成了价值。这样资本家通过掌握商品资本支配商业领域间接劳动产生价值。商业资本从事商业活动，也要获得利润，并且要获得平均利润。那么，商业利润是从哪里来的呢？从表面上看，商业利润是商业企业的销售价格高于购买价格的差额。事实上，商品价值在流通领域中商业雇员的劳动受到资本的支配，形成商业利润，也就是资本家通过掌握商品资本支配间接劳动产生价值。表现在由于商业资本家替产业资本家销售商品，参与价值的创造。

商业资本家获得商业利润，还通过支配直接劳动获得，这是依靠商业雇员的劳动实现的。商业雇员中从事包装、保管和运输等方面的劳动，是生产过程在流通领域的继续，直接创造价值和剩余价值。有学者认为，商业雇员的劳动同样分为必要劳动和剩余劳动两个部分。在必要劳动时间内实现的价值，用来补偿商业资本家支付给他们的工资；在剩余劳动时间内实现的剩余价值，则以商业利润的形式被商业资本家无偿占有。[①] 这里存在的是商业资本家对商业职工的剥削关系。

4. 银行资本和银行利润

在资本主义社会，银行资本家开办银行、经营货币资本的目的也是为了获取利润，而且也必须取得平均利润。银行利润主要来自贷款利息和存款利息之间的差额。两者的差额，加上其他业务收入，减去银行的业务开支，就是银行利润。银行利润主要来自贷款的利息，而利息是剩余价值的特殊转化形式，对于企业而言，当自有资金收益率大于银行利润时，支配借贷资本产生的剩余价值率要大于自有资金收益率；反之，则小于自有资金收益率。银行利润部分来源于银行职工，即支配的直接劳动创造的剩余价值，大部分来源于银行资金支配的间接劳动创造的剩余价值。

5. 土地所有权和地租

地租是土地所有权在经济上的实现。在封建社会，农民向封建主缴纳

① 赵光辉：《正确认识当代资本主义的剥削》，《求实》2003 年第 1 期，第 140 ~ 142 页。

地租，反映的是封建主和农民两个阶级剥削和被剥削的关系。资本主义地租实质是指反映资本家由于租种土地而支配农业领域的劳动，缴给土地所有者的超过平均利润的那部分剩余价值获得了参与权。资本主义地租有两种基本形式：绝对地租和级差地租。

（1）绝对地租

绝对地租，是指租种任何土地都必须缴纳的地租。绝对地租的实质，是在农业中资本支配的直接劳动构成高于社会平均构成，因而农业资本有机构成低于社会资本的平均有机构成。结果是在剩余价值率相同的情况下，同量资本带来的直接剩余价值量就大，资本支配的直接劳动的后果是农产品按照价值出售，农产品价值高于其生产价格的差额就成为绝对地租的来源。绝对地租的形成可以用表 3－2 来说明：

表 3－2　绝对地租的形成

生产部门	资本有机构成	直接剩余价值率（%）	剩余价值	平均利润	产品价值	生产价格	绝对地租
工业	$80C+20V$	100	20	25	120	125	–
农业	$70C+20V$	100	30	25	130	125	5

（2）级差地租

级差地租，是指租种较好土地而缴纳的有等级差别的地租。级差地租是由在农业中资本支配的间接劳动形成的。将同量资本投入生产条件不同的土地，由于资本支配的间接劳动不同，获得的收益不同。投资于生产条件较差的土地，资本支配的间接劳动生产率低，产量少，而投资于条件较好的土地情况则相反，劳动生产率高，个别生产价格就低。因此，投资于生产条件好的农业资本，由于支配的间接劳动效果不同，取得的利润也不同。

级差地租由于形成的条件不同而被分为两种形态：级差地租Ⅰ和级差地租Ⅱ。级差地租Ⅰ，是指由于土地肥沃程度不同或地理位置不同，从而支配的间接劳动不同所产生的级差地租。级差地租Ⅱ，是指在同一块土地上连续投资而提高了劳动生产率，使支配的间接劳动不同并因此产生的级差地租。

二 价值量通过社会必要劳动时间度量

(一) 社会必要劳动时间

由于在机器大工业时代，商品的价值体是由资本所支配的直接劳动和间接劳动所决定的。所以社会必要劳动时间也可分为两种。第一种含义上的“社会必要劳动时间”是资本所支配的直接劳动决定的劳动时间，即“在现有的社会正常的生产条件下，在社会平均的劳动熟练程度和劳动强度下制造某种使用价值所需要的劳动时间”。[①] 在这里现有的社会正常的生产条件是指现有的某一生产部门平均的生产条件，或大多数产品的生产者所具有的生产条件，其中最主要的是劳动工具的状况。第二种含义上的“社会必要劳动时间”是资本所支配的间接劳动决定的劳动时间，即“决定商品价值量的社会必要劳动量，又体现着不同商品各生产部门之间的联系或关系，体现着社会总劳动在各个不同生产部门间的比例分割”[②]，因此，“社会总劳动量在各个不同生产部门间的比例分割问题直接影响社会必要劳动时间的决定，从而影响商品价值量的决定”。[③]

社会必要劳动时间的区分是因为价值规律在不同的商品生产时期有不同的作用与要求：在简单商品生产下，由于生产尚未高度社会化，不同生产者在生产和再生产上的联系还不很紧密，这时，社会劳动必须在各部门保持一定比例以保证社会再生产顺利进行这一点，还不是十分迫切，因而价值规律的要求只侧重于商品交换必须以社会必要的简单平均劳动为基础，“社会必要劳动”的含义就主要是指单位产品的劳动耗费，从而商品的价值主要由这一含义的社会必要劳动时间决定。但是，到了资本主义商品生产阶段，生产社会化客观上迫切要求各部门必须保持一定比例，于是，“社会必要劳动”的含义也就适应这一客观情况而增加了新的内容，从而产生了两种含义的“社会必要劳动”。在生产高度社会化的条件下，商品的价值量“一方面会由于直接劳动引起的劳动生产率的变化和单位产品内劳动耗费的

① 《马克思恩格斯全集》第 23 卷，人民出版社，1972，第 52 页。

② 魏埙、谷书堂：《价值规律在资本主义各个阶段中的作用及其表现形式》，上海人民出版社，1956，第 3 页。

③ 吴树青：《一本关于价值规律的著作》，《读书月报》1956 年第 10 期，第 11～13 页。

改变而有所变化，另一方面，会随着直接劳动引起的不同部门间社会劳动分割的比例不同也会发生变更”。①

（二）劳动生产力和商品价值量变化规律

商品的价值量，是由生产该商品的社会必要劳动时间决定的。在劳动生产力发生变化的情况下，同一劳动在同样多的劳动时间里所提供的使用价值量会随着劳动生产力的变化而增减。商品的使用价值量和生产商品所耗费的劳动量成正比，商品的价值量和劳动生产力无关。②

但机器大工业时期劳动价值论认为，上述各类相对于自己过去的劳动生产率水平，即纵向比较来说，是适用的。而相对于自己同行的劳动生产率水平，即横向比较时，这一规律是不适用的。③

1. 相对于自己过去的劳动生产率水平

这一比较标准的特征是同一主体不同时间的情况之间的比较。例如，某企业去年每分钟可以生产一台电视机，今年新的流水线开始投入使用，劳动生产率提高到每分钟生产两台电视机。在进行纵向比较时，因为劳动生产率提高后，社会必要劳动时间下降了一半，所以，每件商品的价值量随着劳动生产力的提高也降低了一半，由于支配的间接劳动没有计算在内，虽然产量增加了一倍，但是整个企业一天创造的总价值量没有增加。因此，随着整个社会劳动生产力的提高，社会必要劳动时间缩短，每件商品包含的劳动价值减少了，但是单位时间劳动创造的总价值量不变。④

2. 相对于自己同行的劳动生产率水平

这一比较标准的特征是：不同的主体相互比较同一时间（今天，今年）的情况。如果今年只有 A 企业采用了新技术，而其他企业仍然使用原有技术，那么 A 企业的劳动生产率将比其他企业高一倍，日产量为 2000 台电视机，其他企业仍然是 1000 台电视机；A 企业生产这种商品花费的劳动时间

① 魏埙、谷书堂：《价值规律在资本主义各个阶段中的作用及其表现形式》，上海人民出版社，1956，第 3 页。

② 辽宁师范学院政治系政治经济学教研室：《政治经济学答疑》，1981，第 39 页。

③ 邹大凡：《社会主义制度下有关价值决定的若干问题》，《学术月刊》1962 年第 11 期，第 15～20 页。

④ 郑文范：《科技进步与劳动价值论的发展》，博士学位论文，东北大学，2001。

只是其他企业的一半。由于在某一具体时刻，某种具体的商品只有一个由直接劳动和间接社会共同决定的必要劳动时间数值，这和生产中实际花费的劳动时间没有关系，因此劳动生产率较高的企业会得到的较多价值。因此，哪个企业的劳动生产率高，哪个企业的产量大，哪个企业创造的总价值量也就比较大。这种比较实际发生在劳动生产率较高的发达国家和劳动生产率较低的不发达国家之间或者劳动生产率较高的企业和劳动生产率较低的企业之间。

（三）剩余价值生产

1. 绝对剩余价值

绝对剩余价值是指在必要劳动时间不变的条件下，由于延长工作日的长度而生产的剩余价值。在资本主义制度下，绝对剩余价值主要是由其支配的直接劳动决定的。因为对于直接工人来说，在支配的间接劳动不变的情况下，其直接劳动时间包括必要劳动时间和剩余劳动时间两个部分。在必要劳动时间不变的条件下，由于延长工作日，从而延长剩余劳动时间所生产的剩余价值，叫作绝对剩余价值。

2. 相对剩余价值生产

相对剩余价值是指在工作日长度不变的条件下，通过缩短必要劳动时间而相对延长剩余劳动时间生产的剩余价值。有学者认为相对剩余价值的生产主要通过以下途径进行：一种是通过榨取间接工人的方式。资本家通过掌握更新的生产资料强化间接劳动产生价值，使其比之前发生更大的增殖，由此产生相对剩余价值。另一种是通过榨取直接工人的方式。资本家通过指挥劳动力强化直接劳动产生价值，使其比之前发生更大的增殖，由此产生相对剩余价值。①

（四）转形问题研究

1. 转形问题内涵

转形问题是指按照马克思劳动价值论所分析的价值，怎样才能转化成按平均利润率出售的价格。按照传统劳动价值论，资本家用总资本垫付 $K=C+V$ 雇佣工人从事生产，垫付的资本总额虽然只有 $K=C+V$，但是由于工

① 陈征、严正：《〈资本论〉第一卷研究》，福建人民出版社，1983，第292页。

人的劳动超过一定时间，从而创造了剩余价值，因而，按照价格出售，资本家就获得总收入为 $Q = C + V + M$。在商业上，就称资本家超过垫付 K 而收回的这个剩余价值 M 为利润；在理论上则称它为剩余价值。[①] 商品价格就是 $Q = C + V + M$。

2. 生产价格

生产价格就是资本家按照平均利润率出售商品的价格。

在资本家总垫付资本为 $K = C + V$ 的时候，资本家不是去看他剥削工人剩余价值 M 的大小，而是看他的总垫付资本 K 增殖了多少。生产价格就是：$Q = C + V + P = C + V + P' * K = C + V + P'(C + V) = (1 + P')(C + V) = (1 + P')K$，这样的价格决定，不考虑剩余价值和剩余价值率是多少，资本家只考虑利润率 P' 是多少，这就是生产价格[②]。转形是价值成为生产价格的基础，也就是依据相同的剩余价值率计算出来的价格，与实际上相同的利润率决定的生产价格相等。

具体例证如下：设有资本家甲和资本家乙，他们都以相同的总资本垫付 400 元投资于任何物质生产部门，依照价值价格，他们二人应该对所雇佣的工人有相同的剥削率，即相同的剩余价值率。设总垫付资本平均地分配在不变资本 C 与可变资本 V 之间，剩余价值率都是 $M_l' = M_2' = 100\%$，用脚标 1、2 分别代表资本家甲、乙的情形，就有：

$$Q_1 = C_1 + V_l + M_l$$

$$Q_l = 200 + 200 + 100\% \times 200 = 600$$

$$Q_2 = 200 + 200 + l00\% \times 200 = 600$$

资本家甲和资本家乙依照价值价格公式计算，获得的总收入与利润都相等。

依生产价格他们获得的收入也应相等。设利润率 $P_1' = P_2' = P' = 50\%$，不论是总收入还是利润都相等。就是说，在这种情形下，从理论上计算的价值价格同实际发生的生产价格完全一致，转形能够完成。

马克思说：一旦资本主义制度的一般基础奠定下来，在积累过程中就

① 郑文范：《科技进步与劳动价值论的发展》，博士学位论文，东北大学，2001。

② 郑文范：《科技价值论》，东北大学出版社，2005，第 42 页。

一定会出现一个时刻，那时社会劳动生产率的发展成为积累的最强有力的杠杆。[①] 这种积累就是由技术构成的提高导致的有机构成的提高。这个过程用现代的话来说，就叫技术进步。现在资本家甲采用了先进的技术，从而提高了他的有机构成。为方便计，仍然假定资本家甲的总资本还是 400 元，但是有机构成不同。这时资本家甲、乙之间的价值价格之间就出现了差异：

$$Q_1 = C_1 + V_1 + M_1 = C_1 + V_t + M_1{}'V_1 = 300 + 100 + 100\% \times 100 = 500$$
$$Q_2 = C_2 + V_2 + M_2 = C_3 + V_2 + M_2{}'V_2 = 200 + 200 + 100\% \times 200 = 600$$

这就是说，虽然资本家甲、乙的总垫付资本相同，他们获得的利润应该相同，但是依价值公式计算出的价格不相同。也就是说，在有机构成不同的情形下，生产价格与价值价格不一样。这就是转形的困难。

3. 马克思恩格斯对转形问题的解决

关于转形问题，马克思是在《资本论》第三卷中建立了平均利润与生产价格理论后，才解决的。

首先，马克思分析了利润转化为平均利润和价值转化为生产价格的过程。马克思指出，在不同的生产部门，由于资本的有机构成不同或资本周转速度不同，等量资本会取得不同的利润，在这种情况下，利润率低的部门的资本家是不会甘心保持现状的，而是要与利润率高的部门的资本家展开争夺利润的竞争，这样便形成了平均利润率。现在，商品的价值就不再是生产成本加剩余价值，而是生产成本加平均利润。这种由生产成本加平均利润所构成的价格，马克思称为生产价格。因此，随着利润转化为平均利润，价值便同时转化为生产价格。

按照马克思的上述解释，由于利润率低的部门的资本家与利润率高的部门的资本家展开争夺利润的竞争的结果形成了平均利润率，必然导致社会各部门的有机构成相同，但这和当前社会化大生产的实际很难相符。[②]

4. 转形问题的时间分期法试解

现在用时间分期法的观点来解决转形问题。资本家减少雇佣工人就是减少利润源泉，可是资本家仍然在不断地提高有机构成，虽然减少了剩余

① 《马克思恩格斯全集》第 23 卷，人民出版社，1972，第 682 页。

② 郑文范：《科技进步与劳动价值论的发展》，博士学位论文，东北大学，2001。

价值的来源，但是资本家却发现自己的利润额和利润率不仅没有减少，反而较之较低的有机构成还能获得更高的利润。显然，较高有机构成必能提供另一个利润源泉。

现有甲、乙两个资本家，他们以同等的总资本投资于任何部门。假设他们的总资本为400，在第一次投资时有机构成完全相同，$C: V=200:200$，整个经营是完全正常的。在这种情形下完全不存在转形的困难。因为有机构成相同，剩余价值率相同，利润率也相同。于是转形问题的情形一就如表3-3所示。

表3-3　转形问题的情形一

资本家	K	C	V	M'	M	P'	P'
甲	400	200	200	100%	200	50%	200
乙	400	200	200	100%	200	50%	200

但是在下一个经济周期情形有了变化，资本家甲看中了某种机器，比如喷汽纺织机，这种纺织机的价钱比普通飞梭纺织机贵，但是用的人工要少，在总资本垫付相同的条件下，他必须少雇工人，于是转形问题的情形二就如表3-4所示。

表3-4

资本家	K	C	V	M'	M	P'	P
甲	400	300	100	100%	100	50%	100
乙	400	200	200	100%	200	50%	200

这个表是根据马克思的劳动价值论公式 $Q=G+V+M'V$ 编制的，由于资本家乙没有改变有机构成，所以他得到同从前一样的利润率与利润量，资本家甲却因为采用先进技术而吃了大亏，利润率与利润量都降低了一半。同时甲、乙两个资本家的利润总量也由原来的200+200=400下降到100+200=300。遭受损失的不仅是资本家甲自己，还包括整个资本家阶级。①

① 郑文范：《科技价值论》，东北大学出版社，2005，第45页。

我们知道，采用先进技术，从而提高了资本的有机构成，是资本家主动进行的，他们的期望是提高利润率，也就是提高利润总量；如果结果刚好相反，资本家还会有兴趣提高有机构成吗？显然不会！而且有机构成却从1765年以来不断地提高，显然其中必有原委，利润的获得显然还有第二个源泉，这个源泉就存在于较高的有机构成之中。

我们已经有了时间分期法的产品价值构成公式 $Q=C+V+M+W$，如果按照时间分期法的公式展开资本家甲和资本家乙的利润来源，于是转形问题的情形三就如表3-5所示。

表3-5 转形问题的情形三

资本家	K	C	V	W	M'	M	P'	P
甲	400	300	100	100	100%	100	50%	200
乙	400	200	200	0	100%	200	50%	200

W 这一项我们已经规定了它的含义，就是间接劳动价值借助于实际物质生产过程转化的产品价值，先进的技术表现为较高的有机构成，它就是这样一个价值转化器，对资本家甲而言，$W=100$，而对资本家乙而言，$W=0$，剩余价值率 $M_l'=M_2'=100\%$，利润率 $P_l'=P_2'=50\%$，利润总量 $P_l=P_2=200$。在这种考虑之下，“价值价格”与生产价格没有矛盾。

上面加了引号的价值价格是表示此时的价值价格已不再是马克思劳动价值论中的价值价格，而是时间分期法的价值价格了。时间分期法的价值价格同实际的生产品价格丝毫没有矛盾。就是说，对时间分期法而言，不存在转形的困难；或者，更进一步地说是不存在转形问题的，因为时间分期法的“价值价格”就是“生产价格”。

不过，表3-5是一种为进行理论说明而人为设计的，按照实际情况它应该有表3-6的情形。

表3-6 转形问题的情形四

资本家	K	C	V	W	M'	M	P'	P
甲	400	300	100	>100	100%	100	>50%	>200
乙	400	200	200	0	100%	200	50%	200

这里说的是，对资本家甲而言，它从技术进步中所获得的转化过来的价值 W 应该大于它所减少的剩余价值，从而能够提高它的利润率，也就是使资本家甲的利润率 P_l'大于资本家乙的利润率 P_2'，因为只有在较高利润率的诱使之下，整个资本家阶级中的每一个资本家才有兴趣冒相当的风险去采用新技术，从而提高有机构成。如果资本家甲只获得与资本家乙相同的利润率，恐怕他就没有兴趣去冒这个风险。同时，也只有在资本家甲的利润率明显地高于资本家乙的利润率的时候，资本家乙，乃至整个资本家阶级才会竞相采用新技术，才会有现代商品生产有机构成不断提高的趋势。

在解决转形问题时我们碰到了下面的问题：马克思强调他的价值规律更适用于简单商品生产时期。如果把这个简单商品生产时期解释为没有资本家的商品生产时期，也就是资本主义之前的商品生产时期，可能是对的。但是，如果把恩格斯所说的这个简单商品生产时期，解释为没有技术进步的、从而有机构成从来都不发生变化的资本主义商品生产时期，那也是正确的。那么相应地说，时间分期法的物质产品价值构成公式就能够解释机器大工业时期的劳动价值创造问题。马克思在当时扬弃技术进步有其历史原因，现在予以展开是因为对应的只是不同的历史阶段①。

三　价值形式

（一）经济危机问题

在私有制商品经济条件下，私人劳动和社会劳动之间的矛盾是私有制商品经济的基本矛盾。这种矛盾在资本主义制度下进一步发展成资本主义的基本矛盾，即生产资料的资本主义私人占有和生产社会化之间的矛盾，资本主义制度最终被社会主义制度所代替正是这一矛盾不断运动的结果。

经济危机指的是一个或多个国民经济或整个世界经济在一段比较长的时间内不断收缩（负的经济增长率），是资本主义经济发展过程中周期爆发的生产过剩的危机，是经济周期中的决定性阶段。

传统观点认为，经济危机的爆发是由资本主义基本矛盾，即生产的社会化和生产资料资本主义私人占有制之间的矛盾决定的。机器大工业时期

---

① 王书瑶：《无形价值论》，东方出版社，1992，第 134 ~ 147 页。

的劳动价值论认为，在资本主义条件下，随着科学技术的进步和社会生产力的不断发展，资本主义生产不断地社会化。在私人占有生产资料和剥削雇佣劳动的生产关系中，社会化的生产力却变成资本的生产力，社会化的生产力直接或间接受资本家控制变成资本高效能地榨取剩余劳动、生产剩余价值、实现价值增值的能力，这就形成了资本主义所特有的生产社会化和资本主义私人占有形式之间的矛盾。不断发展的社会生产力超出了自然界和资本主义社会所能够容纳的限度，资本主义基本矛盾的尖锐化就不可避免。生产过剩是资本主义经济危机的本质特征，但是这种过剩是相对过剩，即相对于劳动人民有支付能力的需求来说社会生产的商品只是显得过剩，而不是与劳动人民的实际需要相比的绝对过剩。[①]

资本主义经济危机具有周期性，这是由资本主义基本矛盾运动的阶段性决定的。当资本主义基本矛盾达到尖锐化程度时，社会生产结构严重失调，引发了经济危机。而经济危机的爆发，使企业纷纷倒闭，生产大大减少，从而使供求矛盾得到缓解，逐步渡过经济危机。从一次危机开始到另一次危机的爆发，就是再生产的一个周期。社会资本再生产的周期一般包括四个阶段，即危机、萧条、复苏和高涨。危机和萧条阶段表明资产阶级掌握的生产资料丧失了支配间接劳动的能力。而固定资产的大规模更新是走出经济危机的关键，复苏和高涨阶段表明资产阶级掌握的生产资料又暂时获得了支配间接劳动的能力。但经济危机只能暂时缓解而不能根除。

（二）纸币流通与通货膨胀

在机器大工业时期，纸币流通规律是纸币发行量必须限于它象征地代表的金（或银）实际流通的数量。许涤新主编的《政治经济学辞典》进一步揭示了纸币流通规律的基本内容和实质。从纸币的起源来看，纸币是直接从金属流通中产生出来的，它在客观上代表一定的货币金属重量，因此，纸币与金属货币要有一个正确的比例关系，这是纸币流通的客观规律。[②] 其实质是货币支配的是由人类直接和间接劳动所形成的商品的价值，客观上仍然是代表着一定的商品数量。

---

① 本书编写组：《马克思主义基本原理概论》，高等教育出版社，2010，第169页。

② 许涤新：《政治经济学辞典》（上），人民出版社，1980，第400页。

通货，泛指市面上流通的货币。通货膨胀，是指纸币发行量超过了商品流通中对它的实际需要量而引起的货币贬值和物价上涨的现象。通货膨胀是在纸币流通的情况下出现的特有经济现象。其理由是：纸币是从货币价值中产生的，因此，它一开始就为通货膨胀奠定了基础。特别是纸币进入流通就不可能再被抛出，使得纸币流通与金市流通有截然不同的形式与内容。在金市流通的条件下，流通中的货币需要量，可以通过货币本身的贮藏与出笼自动调节，使货币永远不会溢出它的流通渠道。而“纸票一进大流通，就不可能再被抛出来”，[①] 并且不论多少纸币都可以被流通过程所吸收，并被压缩为能够代替它来流通的那个金量的符号。结果是纸币拥塞流通的沟道，随着纸币数量增多而等比例下降。通货膨胀和货币流通的关系在于商品流通所需要的货币量，是取决于商品交换的规模以及货币流通速度，其实质是取决于流通中所支配的劳动量。投入流通中的货币量必须以这个客观规律为准则。当纸币的发行合乎这一规律的要求，即发行的纸币同流通中所需要的货币量相符合，则正常流通。如果违背了这个规律，纸币发行量过多，则带来通货膨胀。

四 两大部类关系问题

马克思在《资本论》的第2卷中将全部社会生产门类分为两大部类：第Ⅰ部类，生产生产资料的部类，第Ⅱ部类，生产消费资料的部类。通过部类划分研究它们在整个经济生活中的不同地位和作用及其演变，从而比较科学而严密地分析探讨了社会总资本的再生产和扩大再生产发展的一般规律。[②] 马克思详尽地分析了两大部类如何实现生产和扩大再生产，指出“为了从简单再生产过渡到扩大再生产，第Ⅰ部类的生产要能够少为第Ⅱ部类制造不变资本的要素，而相应地多为第Ⅰ部类制造不变资本的要素”。[③] 也就是马克思已经认识到，在扩大再生产过程中，生产资料的第Ⅰ部类，要比第Ⅱ部类优先增长。列宁在马克思关于社会总资本再生产理论的基础上，

---

① 蒋绍进、李旭蔼：《〈资本论〉研究论综述》（上），福建人民出版社，1984，第280页。

② 何祚庥：《马克思主义政治经济学也要“与时俱进”》（下），《学术界》2013年第8期，第5～43页。

③ 马克思：《资本论》第1卷，人民出版社，1975，第560页。

把资本有机构成提高这一因素引进来做进一步的分析，提出了生产资料优先增长的理论。

但上述理论适用于在机器大工业时代，在科技生产力时代，则发生变形。如果一味生搬硬套，其结果可能走向反面。典型的案例是苏联的解体和戈尔巴乔夫所推行的全面改革的失败。戈尔巴乔夫虽然“声称”要在苏联进行“全面”改革，但实际上仍以 90% 的力量发展重工业，仅以 8% 的力量发展轻工业。而单一发展第Ⅰ部类的结果，必定导致短缺经济，结果是导致苏联和东欧推行的苏维埃体制发生剧变。①

五　简单再生产与扩大再生产

（一）简单再生产与扩大再生产

从社会的生产过程角度来看，如果生产在原有的规模上重复进行，是简单再生产；如果生产在扩大了的规模上重复进行，是扩大再生产。简单再生产是扩大再生产的基础。对再生产的分析，应该从简单再生产开始。

从现实来看，资本主义生产的特征是扩大再生产。一般地说，资本家是不会把全部剩余价值都用于个人消费的，他要把一部分剩余价值转化为新的资本，用来购买追加的生产资料和劳动力，扩大生产规模。

（二）社会总资产简单再生产的实现问题

先来分析社会总资本简单再生产的实现问题，为了简化分析，假定生产周期为一年，不变资本的价值在一年内全部转移到产品中去，并且假定第一部类（用Ⅰ表示）的不变资本价值是4000，可变资本价值是1000，直接剩余价值是600，间接剩余价值是400；第二部类（用Ⅱ表示）的不变资本价值是2000，可变资本价值是500，直接剩余价值是300，间接剩余价值是200。依据假定的数字，社会总产品的构成可以表示如下：

$$\left.\begin{array}{l}\text{Ⅰ}.\ 4000C + 1000V + 1000M = 6000 \\ \text{Ⅱ}.\ 2000C + 500V + 500M = 3000\end{array}\right\} 9000$$

为了第二年能够进行再生产，两个部类的全部产品都必须实现，也就

① 何祚庥：《必须将“科技×劳动”创造使用价值的思想引入新劳动价值论的探索和研究》，《政治经济学评论》2014 年第 1 期，第 72～100 页。

是都必须按价值卖出去，并且在物质上转换为第二年再生产所需要的生产资料和工人、资本家所需要的消费资料。社会产品的实现是通过市场上的商品交换来进行的，这个交换过程可以分为三类。

首先，第一部类的 $4000C$，是第一部类的资本家用于替换消耗掉的生产资料的，即第一部类的资本家对间接工人的支配是在第一部类内部进行。

其次，第二部类的 $500V+500M$，由第二部类的工人和资本家用于生活消费。即第二部类的资本家对直接工人的支配是在第二部类内部实现。

最后，第一部类的 $1000V+1000M$ 要与第二部类的 $2000C$ 相交换。第一部类的 $1000V+1000M$，要由第一部类的工人和资本家用于个人生活消费，但是它们却以生产资料的物质形式存在着，因此，必须和第二部类生产的消费资料相交换。第二部类的 $2000C$，要由第二部类的资本家用于替换消耗掉的生产资料，但是它却以消费资料的物质形式存在着，因此，必须与第一部类生产的生产资料相交换。即第一部类的资本家对直接工人的支配和第二部类的资本家对间接工人的支配是通过第一部类和第二部类交换进行。这个交换可以表示如下：

$$\text{Ⅰ}.\ 4000C+1000V+1000M=6000$$

$$\text{Ⅱ}.\ 2000C+500V+500M=3000$$

由此可以得出结论，在简单再生产中，第一部类可变资本与剩余价值之和必须等于第二部类的不变资本，用公式表示：$\text{Ⅰ}(V+M)=\text{Ⅱ}C$，这就是社会总资本简单再生产得以实现的条件。

（三）社会总资本扩大再生产的实现问题

再来分析总资本扩大再生产的实现问题，假定作为扩大再生产起始的第一年，社会总产品的构成可以表示如下：

$$\left.\begin{array}{l}\text{Ⅰ}.\ 4000C+1000V+1000M=6000\\ \text{Ⅱ}.\ 1500C+750V+750M=3000\end{array}\right\}9000$$

再假定第一部类的资本家从 $1000M$ 中拿出 $500M$ 用于积累，按照原来的资本有机构成有 400 作为追加的不变资本，100 作为追加的可变资本。这样，第一部类的不变资本就由 4000 增加到 4400，可变资本就由 1000 增加到

1100，在剩余价值中用于资本家个人消费的部分剩下500。

第二部类积累的规模，首先要看第一部类能为它提供多少追加的生产资料。按照前边的假定，第一部类有100的产品用作追加的可变资本，这部分产品是要从第二部类交换生活资料的。第二部类的资本家就有可能从750*M*中拿出100*M*作为追加的不变资本，使第二部类的不变资本由1500增加到1600。[①] 如果资本有机构成不变，第二部类的资本家还必须再拿出50*M*来作为可变资本。这样，第二部类的可变资本也就由750增加到800，用于资本家个人消费的剩余价值部分则降为600。结果，两大部类第一年的全部产品，在价值上就重新组合为：

$$\left.\begin{array}{l}\text{I}.\ 4400C+1100V+500M=6000\\ \text{II}.\ 1600C+\ 800V+600M=3000\end{array}\right\}9000$$

扩大再生产条件下社会总产品的实现过程是：第一部类的4400*C*即第一部类的资本家对间接工人的支配是在第一部类内部进行的；第二部类的800*V*+600*M*即资本家对直接工人的支配是在第二部类内部实现的。第一部类的1100*C*+500*M*即资本家对直接工人的支配是通过和第二部类的资本家对间接工人的支配的1600*C*相互交换得到实现的。上述扩大再生产实现条件公式的含义是：第Ⅰ部类可变资本加上追加的可变资本和资本家用于个人消费的剩余价值之和，等于第Ⅱ部类不变资本和追加的不变资本之和。

六　资本的周转

（一）资本周转的含义

在资本主义生产中，资本是在运动中增殖的，资本要在周而复始的循环运动中才能增殖，这种周而复始、不断反复着的资本循环，就是资本周转。[②]

在资本周转的过程中，资本处在生产领域的时间叫作资本的生产时间，处在流通领域的时间叫作资本的流通时间。资本的生产时间和流通时间的

---

① 吴世泰：《论马克思的再生产理论》，《四川师范学院学报》（社会科学版）1981年第1期，第1~8页。

② 本书编写组：《马克思主义基本原理概论》，高等教育出版社，2010，第165页。

总和，就是资本的周转时间。资本的周转时间和资本的周转次数是按反比例变化的。在一定时期内，资本周转一次的时间愈短，周转次数就愈多，周转速度就愈快；反之，资本周转一次的时间愈长，周转次数就愈少，周转速度就愈慢。资本周转速度也受到生产资本构成的影响。

（二）固定资本和流动资本

资本构成的类型可按照不同标准进行划分，根据在生产剩余价值中的作用不同，资本划分为不变资本和可变资本；根据周转方式的不同，资本又划分为固定资本和流动资本。

固定资本周转的快慢是与资本损耗相联系的。固定资本的损耗分为物质磨损和精神磨损两种。固定资本的物质磨损是指固定资本在物质形态上由于使用和自然力作用所受的磨损，其实质是固定资本支配间接劳动能力的下降。精神磨损，是从价值形式来看的，是固定资本在有效使用期内同物质磨损无关的贬值。精神磨损有两种情况：第一，由于技术进步，出现了更便宜的机器设备，使已在使用的机器设备贬值。举例来说，1 台机器价值 10 万元，可使用 10 年，每年将 1 万元价值转移到 1000 件产品中去，每件产品价值分摊 10 元。现在出现了一种价值 9 万元的同样的机器，每年将 9000 元价值转移到产品中去，每件产品摊 9 元。假定后一种情况下的产品个别价值等于社会价值，则前一种情况下的产品每件少卖 1 元。从 10 年使用期限来看，等于原机器价值贬值 1 万元。第二，由于技术进步，生产出了效率更高的机器设备，使原有机器设备的经济效能相对降低而引起贬值。沿用上例，假定出现了价值仍为 10 万元而效率提高 1/10 的机器，使用它每年生产产品 1100 件，每件分摊机器转移价值约 9.1 元，其结果是，原机器贬值约 9000 元。固定资本的精神磨损的两种情况都表明其与资本家通过较少固定资本支配更多间接劳动，产生更多剩余价值有关。还以 10 万元 1 台的机器为例，假定出现了价值仍为 10 万元而效率提高 1/10 的机器，使用它每年生产产品 1100 件，折价 1100 元，除去补偿固定资本的价值 1000 元外，净增加剩余价值 100 元。现在出现了一种价值 9 万元的同样的机器，每年将 9000 元价值转移到产品中去，每件产品摊 9 元。这相当于每年生产产品 1000 件，折价 1000 元，除去补偿固定资本的价值 900 元外，同样净增加剩余价值 100 元。

（三）预付资本的总周转

既然固定资本和流动资本的周转时间不同，预付资本的总的周转就只能由资本的各种成分的平均周转来确定。一般说来，固定资本比重大的，资本总周转较慢；固定资本中属于厂房、道路、大型设施的部分比重大的，资本总周转更慢。假定全部固定资本是1500万元，其中厂房值400万元，可用40年；机器值900万元，可用10年；小工具值200万元，可用4年。流动资本是500万元，一年周转6次。这样，全部预付资本的总周转如表3－7所示。

表3－7　全部预付资本的总周转

生产资本的各种要素	价值（万元）	一年周转次数	一年周转总值（万元）
固定资本（包括）	1500	1/10	150
（厂房）	400	1/40	10
（机器）	900	1/10	90
（小工具）	200	1/4	50
流动资本	500	6	3000
全部预付资本	2000	1.58	3150

（四）资本周转速度对剩余价值生产的影响

首先来分析资本周转速度快慢与预付资本和剩余价值生产的关系。假设资本家甲的资本周转快，1个月周转1次，月初投入100万元，月末就能全部收回，第二个月把收回来的100万元再投入进去，这样，只要100万元的预付资本就可以应付流动资本的需要；年产生剩余价值120万元，年剩余价值率120%。资本家乙的资本周转慢，1年周转1次，第一个月投入的100万元资本，年终才能收回，因而他从第二个月开始到年终，必须每月另投100万元，这样，就要有1200万元的预付资本才能应付流动资本的需要。年产生剩余价值120万元，年剩余价值率10%。

第二，资本周转快，流动资本中可变资本部分周转快，在一定期间，同样多的预付资本可以带来更多的剩余价值。假定甲、乙两个资本家各有可变资本200万元，剩余价值率都为100%，甲的可变资本一年周转一次，乙的可变资本一年周转两次。到年终，甲获得200万元剩余价值，乙获得

400 万元剩余价值。资本周转快，所生产年剩余价值就多，年剩余价值率就高。甲、乙资本的剩余价值率虽然相同，年剩余价值率却不一样。

年剩余价值率可以用公式 3.1 计算：

$$M' = NM' \qquad \text{（公式 3.1）}$$

其中，M'是年剩余价值率，N 是资本周转速度（次数/每年），M'是剩余价值率。资本家甲的年剩余价值率：$\frac{200\text{ 万元}}{200\text{ 万元}} = 100\%$。资本家乙的年剩余价值率：$\frac{400\text{ 万元}}{200\text{ 万元}} = 200\%$。

可见加速资本周转，可以给资本家带来更多的剩余价值，其实质是通过加快资本周转速度，特别是流动资本周转速度，可以支配更多的直接劳动和间接劳动，创造更多的剩余价值，所以资本家总是想尽种种办法来缩短生产时间和流通时间，以加快资本的周转。

第四章　科技第一生产力时期的劳动价值论

第二次世界大战以后科学技术革命的迅猛发展在推动世界经济的转型，正像有学者提到的由“传统的工业型经济向知识经济，即新经济迈进”。本书把邓小平提出“科学技术是第一生产力”命题以来的这段时期，简称为科技第一生产力时期，为此有必要对这一时期的劳动价值论进行深入的探讨。科技劳动“在某种意义上为人类提供了一个‘用之不竭、取之不尽’的科学价值库”。[①] 对科技价值的探讨也可以从价值体、价值量、价值形式三方面进行。

第一节　关于科技价值体

一　科技劳动形成科技价值体

（一）科技价值体的内涵与特点

1. 科技价值体的内涵

从马克思主义的劳动价值论的内涵可知，劳动价值论不承认任何非源于劳动的价值，这是劳动价值论的底线和核心。在满足上述基本条件下，是直接劳动形成价值体还是间接劳动形成价值体，是物质部门的劳动形成价值体还是非物质部门的劳动形成价值体，劳动是物化在有形体还是存在在劳动过程中，都是符合劳动是创造价值的源泉这一结论的，都是符合劳

① 蒋绍进、李旭蔼：《〈资本论〉研究论综述》（上），福建人民出版社，1984，第31页。

动价值论的内涵的。为此，马克思指出："随着大工业的发展，现实财富的创造较少地取决于劳动时间和已耗费的劳动量，较多地取决于在劳动时间内所运用的动因的力量，而这种动因自身——它们的巨大的效率——又和生产它们所花费的直接劳动时间不成比例，相反地却取决于一般的科学水平和技术进步，或者说取决于科学在生产上的应用"，又说"一旦直接形式的劳动不再是财富的巨大源泉，劳动时间就不再是，而且必然不再是财富的尺度"。同时，"工人不再是生产过程的主要当事者，而是站在生产过程的旁边"。① 这段话揭示，科学技术有助于提高劳动生产率，使得在生产过程中耗费较少的劳动量（包括物化劳动和活劳动）便能够创造出更多的使用价值，在推动劳动创造财富的过程中其重要作用日益凸显，科学技术已成为创造财富的先进的生产要素。

随着现代科技的不断进展，笔者认为在科技生产力时代、上述马克思主义者们阐述的劳动中，有一种劳动是不能忽视的，那就是科技劳动。科技劳动是人类劳动的一种重要形式，是指现代科学技术武装起来的科学型劳动者所从事的劳动活动，这属于一种高级的智力劳动。科学劳动是抽象的或一般的人类劳动的凝结。在科技生产力时代，人类世代积累的科学技术成果为人类提供了一个"取之不竭、用之不尽"的人类劳动储备库，是当代人们生产活动的必备条件。现代社会中的生产活动在很大程度上将这种科学技术成果运用到生产中去，实现由间接生产力到现实生产力的转化。因此，随着科学技术的发展，构成价值体的劳动主要是科技劳动。科技劳动能够凝结在商品价值中，因而能够形成价值体②。为此，我们称直接生产物质产品的劳动为有形劳动，其所形成的价值称为有形价值，其劳动的凝结状态称为物化劳动。科技劳动所形成的价值被称为科技价值，笔者认为商品价值构成公式是：$Q = C + V + W$。就是说，商品的价值由三部分构成：有形价值、物化劳动转移的价值与科技价值转化的价值。不妨将这种看法为科技价值论。

笔者认为，创造财富的要素随着历史的发展和人类改造自然能力的增

① 《马克思恩格斯全集》第46卷（下），人民出版社，1980，第217~218页。

② 郑文范：《科技价值论》，东北大学出版社，2005，第14页。

强，范围在不断地扩大。在不同的阶段，各种生产要素在创造财富中的地位和作用也是不同的。在资本主义时代，“包括土地、劳动在内的各种生产要素是被资本并入劳动过程中的。资本具有扩张性，它合并了土地和劳动后，便急剧地聚集和扩张，社会产品或社会财富迅速增加”。① 在知识经济时代，知识创造财富的作用受到越来越多的关注，知识在价值增值和创造财富中将起到关键性的作用。在商品生产过程中，知识形态的科学和技术是作为非实体性要素发挥作用的，它是将自身融入其他各种实体性要素以提高其他要素的工作效率，这种融入的过程也就是知识形态的科学和技术的内化过程。知识形态的科学和技术内化在生产力的各实体性要素中表现在两个层面，一方面内化在劳动工具和劳动对象中，通过革新工具和工艺流程、扩大劳动对象范围等提升劳动力水平来激发和扩大活劳动创造价值的效能；另一层面内化到劳动者身上，使劳动主体增强劳动技能，提高劳动生产效率。“这两种力量形成一种合力，能够减少生产资料的浪费，提高劳动生产率，改善产品的质量，创造出更多的丰富多样、物美价廉的产品。”②

2. 科技价值体的特点

科技价值体和物质资料转移的价值 C 以及和活劳动所创造的价值 V 相比，表现出二重性的特点：既和物质资料转移的价值 C 不同，又和活劳动所创造的价值 $V=V+M$ 不同。和物质资料转移的价值 C 不同，是指在没有选入劳动过程时，科技价值一般是以知识信息等形态存在的，因而还不是已经形成的价值，具有潜在性而物化劳动的价值 C 既然是转移的，那么就已经是形成的价值。和活劳动所创造的价值 V 不同，是因为在劳动过程中，W 不是形成其自身，而是处在由潜在向现实转化过程中的，产品形成价值体的过程，也是 W 由可能到现实的转化过程。

（二）科技劳动的特点

科技劳动能形成价值体，是因为在现代化大生产中，科技劳动已成为生产劳动的一部分。科技劳动创造知识，同时也创造价值。科技劳动具有

---

① 李石新、晏果茹：《论生产要素在价值创造中的作用》，《湖北社会科学》2002 年第 8 期，第 87 ~ 88 页。

② 翁志勇：《价值与财富的现代分析》，上海大学出版社，2004，第 156 ~ 160 页。

以下几方面特点。

1. 科技劳动是人类劳动的一种形式

科技劳动，通常是指那些脑力劳动占主要比例的复合劳动，所以科技劳动是人类劳动的一种形式。[①] 根据劳动价值论的历史分期法，在手工业和小生产时代，构成价值体的主要是纯体力劳动。在机器大工业时代，构成价值体的主要是体现在生产现场的活劳动和体现在机器设备的间接劳动。在科技生产力时代，构成价值体的除了直接劳动和间接劳动外，更多的是以科技劳动为主的人类一般劳动。

2. 科技劳动是生产劳动

马克思对生产劳动和非生产劳动的区分是从过程和结果角度加以考察的。如果劳动工具和劳动对象完全作用于直接生产过程，产品为物质产品，则劳动表现为生产劳动，否则就是非生产劳动。就劳动的一般性质来说，这是生产劳动的最初含义。因此，生产劳动主要是指直接生产过程的劳动以及直接生产过程在流通领域继续的劳动，如运输、包装、保管等劳动。

马克思进一步认为不仅要从商品生产的视角来考察生产劳动和非生产劳动，还要从劳动与资本的关联角度来考察，他指出在资本主义条件下“生产劳动是直接同资本交换的劳动”，进而阐明了从资本主义生产意义上说，生产劳动不仅能把自己劳动能力的价值再生产出来，而且还能为资本家生产剩余价值。

马克思还考察了劳动和科学的关联，提出了科学劳动一词，他指出“随着科学技术的发展，直接劳动在量的方面降到微不足道的比例……同一般科学劳动相比，同自然科学在工艺上的应用相比，却变成一种从属的要素”。[②] 马克思这里所说的科学劳动，是指现代科学技术武装起来的科学型劳动者所从事的劳动活动，这属于一种高级的智力劳动。可见，如果再将技术对劳动的作用考虑在内，不妨将科学劳动进一步扩展到科技劳动，现实的发展表明科技劳动是生产劳动，是社会现代化大生产体系日益重要的组成部分，它为社会主义社会的发展创造财富。

---

① 仇德辉：《统一价值论》，中国科学技术出版社，1998，第 345 ~ 358 页。

② 陈征：《论劳动价值论在当代的运用和发展》，《经济评论》2003 年第 4 期，第 3 ~ 5 页。

（三）科技劳动形成科技价值体

马克思的劳动价值理论继承和发展了英国古典政治经济学家斯密和李嘉图等人关于人类财富主要来源于劳动的理论，发展了劳动尤其是抽象劳动创造价值这一理论，这种主张既体现了劳动与物的共性，又说明了劳动与物的差别，“为我们结合现代实际建立适合我国先进生产力发展要求和最广大劳动人民根本利益的收入分配理论，奠定了最重要的理论基础”。①

知识、技术与财富创造在不同社会具有不同的特点。在农业社会，人们追求土地，主要是直接劳动创造价值；在工业社会，人们追求资本，是直接劳动和间接劳动共同创造价值；在信息社会，知识在创造财富中发挥不可替代的作用，尤其是以知识形态存在的科学和技术，在财富创造中发挥主导性作用，表现在通过科技创新对传统产业进行改造升级；通过大力发展高科技产业、信息产业及知识密集型产业等来创造价值。其结果是科技劳动在价值形成中的比重大大提高，直接劳动者的劳动时间却在大大缩短，以科技劳动为主的人类一般劳动在价值创造中的作用越来越大。在现实中表现为蓝领工人不断减少和白领工人不断增多，表现为掌握了科学技术的脑力劳动者的劳动，即科学劳动在价值创造过程中发挥着巨大作用。科学劳动作为社会总生产劳动的一部分，直接或间接地被利用于生产过程，从而创造出价值，形成价值体。②

二　科技劳动的凝结方式——象化凝结

现代劳动价值论认为，在科技生产力时代，由于科技劳动也形成价值体，价值的凝结方式发生了变化：由传统的物化凝结向物化凝结和象化凝结转化。

物化凝结是指在生产过程中直接劳动已被物质产品所吸收，即直接劳动的凝结形成的价值。象化凝结是一个与其相对偶的概念，意指间接凝结在产品或关系中的科技劳动，它是人类世代积累的科技生产人员的劳动，即科研劳动的凝结所形成的价值。象化凝结也可称象化转化，包括三种形

---

① 翁志勇：《价值与财富的现代分析》，上海大学出版社，2004，第171～175页。

② 翁志勇：《价值与财富的现代分析》，上海大学出版社，2004，第70～75页。

式：学习转化、有形转化、无形转化。

（一）学习转化——通过人力资本对科技价值的吸收

学习转化是指通过形成人力资本的方式实现科学技术价值由潜在到现实的转化。

由于科学技术创造的科技价值表现为一种知识形态的资产，对知识的占有需要付出劳动，从这个意义上说，知识形态的资产的转移或转化需要付出艰巨的劳动，即通过人的学习过程来完成。人力资本投资决定着人类掌握和运用科技知识的能力，所以人力投资也是一种最有价值的投资。

人力资本对科技价值的吸收体现在劳动者接受教育的过程中，人们受教育的过程就是从科学价值库中吸取其潜在价值的过程，也是使受教育者自身的潜在价值不断增加的过程。它表明，继直接劳动、间接劳动形成价值体后，在学习过程中付出的劳动也形成了价值体。因此，依靠科技、依靠教育，促进科技、教育与经济的结合，将科教兴国战略落到实处，实现学习转化，能够将科学价值库中的潜在价值显化为巨大社会经济效益，实现新的历史时期的宏伟蓝图①。

（二）有形转化——通过物化资产对科技价值的吸收

有形转化机器和新型生产工具是间接劳动的凝结，其中主要是科技劳动的凝结。在生产活动中，采用机器和新型生产工具可以极大地提高生产率，表现为较少的活劳动投入获得较大的产出。其原因是，在商品经济条件下，同一商品具有同一价值，由于产品价值是由社会必要劳动时间决定的，所以采用先进生产工具的生产者不仅可以获得更多的使用价值，在商品交换成功后还可以得到更多的价值。换言之，在市场经济条件下，按照等价交换原则，先进生产工具一旦经过交换，其社会承认的价值就已经是一个确定的量，而它在生产中能够带来的效率和效益，通常都远远大于其本身的价值。特别是自动化机器体系，在人们付出与其相等的价值后，只要投入较少的活劳动，就可以源源不断地将各种原材料加工成新产品，这种机器体系成为日益丰富的商品的源泉②。

---

① 郑文范：《科技价值论》，东北大学出版社，2005，第19页。

② 郑文范：《科技价值论》，东北大学出版社，2005，第22页。

（三）无形转化——通过无形资产对科技价值的吸收

所谓无形转化，是指科学技术借助于无形资产，不需要借助于物化技术，而直接改进生产方式，从而使劳动生产率提高，增加相同有形劳动的产出。无形资产大致可以分为三类：第一类是在转化过程中直接发生作用的无形资产，例如情报资料、技术档案等；第二类是管理类的无形资产；第三类是活跃在流通领域的无形资产，例如商标、广告、商誉（如企业形象）等。借助于无形资产，科学技术形成价值体，其实质是使科技价值库储存的框架知识进行直接转化，科技劳动被支配，从而使形成价值体的劳动扩展到科技劳动。

无形资产的转化可以加速和放大有形资产的作用，还可以成为有形资产的替代物。生产要素在一定程度上是可以相互替代的。管理技术类无形资产转化的作用是通过营造一种气氛和环境，激发劳动者的热情和智慧，因此它们的作用也可以说是一种“激化”作用。

将知识和人力资源因素引入经济增长模式，人力资本的积累可以使规模收益递增，这突破了传统经济理论关于要素收益递减或不变的假定，说明了经济增长持续的和永久的源泉与动力。知识经济时代的到来和知识资本作为知识经济时代的基本要素，使国民经济的增长越来越多地来自知识与科技的贡献。

三　科技价值体理论的应用——按生产要素分配

科技价值体理论的一个重要应用就是对按生产要素分配理论给出合理的解释。按照传统劳动价值论，价值是劳动者在生产过程中创造的，生产要素在生产过程中只是转移价值，因此，只有按劳分配才真正体现马克思主义的劳动价值论，生产要素参与分配被排除在社会主义分配制度之外。①

党的十五大提出，中国现阶段应实行按劳分配与按要素分配相结合的分配制度。对此需要在理论上给予明确解释。按劳分配的依据是劳动价值论，价值由劳动创造，当然应当归于劳动者，如马克思当时设想的那样：每个生产者在生活资料中得到的份额是由他的劳动时间决定的。①这个设想

① 翁志勇：《价值与财富的现代分析》，上海大学出版社，2004，第66～70页。

已为社会主义国家的实践所证明。

但是按要素分配的理论依据是什么呢？这在理论界并无统一的认识。对此，有人用“共创论”来解释，即认为资本创造利润、土地创造地租、劳动创造工资，三者各自获得自己创造的价值。很显然，这是马克思早就在《资本论》中批判过的，是同马克思的劳动价值论根本对立的，其原因是不同的使用价值不可能按同一单位相加起来，从而无法确定不同要素应当分配的数量。

科技价值论认为，需要辩证地区分有形价值和科技价值创造与价值分配问题。在生产过程中，活劳动创造了有形价值，其他生产要素所代表的间接劳动和科技劳动参与了价值体由潜在向现实的转化，有形价值与无形价值在其发生过程中，是融为一体的。因此，有形价值只有在其创造有形价值的劳动者之间分配才是合理的。而科技价值的分配则不同，由于科技价值是借助生产要素由潜在向现实转移过来的，因此科技价值的分配应当有利于生产要素的合理利用和科技价值的生成。

这样，在社会主义市场经济发展过程中，按生产要素分配与按劳分配相辅相成，既可以调动劳动生产者的积极性，又可以较好地调动生产要素所有者的积极性，特别是有利于调动科技资产生产要素所有者的积极性。只有在劳动获得报酬、投资取得利润、土地和房屋出租取得租金、股份分得红利、债券取得债息、存款取得利息，乃至企业家获得风险报酬等情况下，才能促使各种资源得到合理使用，形成人们通常所说的“人尽其才，物尽其用，地尽其力”的局面，促进经济的高效发展。从目前中国经济发展运行状况可以看出，按劳分配和按生产要素分配相结合的分配制度是适合中国生产资料所有制性质的，并将推动整个经济的正常运行及快速发展，提高劳动生产率，也更加符合现阶段人民群众的根本利益。

在按生产要素分配与按劳分配过程中还要重视收入分配不公的问题。实践证明，如果收入差距扩大来自人们认可的原因，收入差距不仅不会引起不满，反而会成为提高效率的激励因素，这也是我们改革的初衷和目标。如果情况相反，在人们心理上产生的不满效应却是巨大的。

在当代，由于知识成了主导生产要素，产生了所谓的“知本主义”或“知本论”，相应地，在按生产要素分配模式上，产生了“按知分配”模式。

在分配模式上，“知本主义”最具特色之处，是对解决按劳分配和按资分配之间的矛盾方面的有益探索。第一，“知本主义”对传统的资本要素进行细分，分离出出资者和企业家，并特别强调了企业家在将各种企业要素与经营资源结合起来以实现收益和成长目标方面的重要作用，并赋予其相应的分配形式。第二，“知本主义”对传统的劳动要素进行细分，分离出劳动和知识的要素，并强调知识劳动在创造价值中的特殊地位和作用，也赋予其相应的分配形式。这给人们开拓了一个超出传统的按劳和按资的范畴来重新思考和实践企业价值分配问题的空间。“知本主义”能够在按劳分配与按资分配之间架起一个通道，这就是知识资本化和股权动态分配，采用生产要素人格化的机制即用转化为资本的形式，使劳动、知识以及企业家的管理和风险的累积贡献得到体现和报偿。

“按知分配”的模式还表明，随着科技的发展，当代世界正在从“物本”阶段回归“人本”阶段，真正造就新经济的不再是那些掌握金钱力量的资本家，而是掌握知识与技术的“知本家”。按照这种解释，越来越多地加入社会经济活动的人不再是简单生理意义上的劳动要素，而是掌握着技术知识的“人力资本”，“知本家”们的报酬本质就已经不能为旧经济下的“工资”形式所涵盖，需要通过利润的形式来体现。可以说，分配格局的倾斜方向所指示的正是新经济的真正推动力量①。

第二节　关于科技价值量

一　科技价值量度量

马克思认为商品的价值量是由社会必要劳动时间决定的，但这只是论述了物质产品价值量的决定，未涉及精神产品价值量决定问题，未涉及知识产品和科技产品的价值量问题，更未涉及无形资产和有形资产的价值量决定问题。科技劳动创造价值也存在价值量的决定问题，但科技劳动价值量的决定不同于一般的生产劳动。科技劳动是一种特殊的劳动，对科技劳

① 郑文范：《科技价值论》，东北大学出版社，2005，第31页。

动的价值量进行度量，是迄今尚未解决的问题。为此首先需要确定科技劳动价值量的度量标准。

1. 效用作为科技价值量的度量标准

科技劳动是创造知识的脑力劳动，同时这种创造知识的脑力劳动又可以产生巨大的经济效益，创造出巨大的新价值。脑力劳动和其他劳动相比具有以下特点。

首先，脑力劳动的结果具有重复性，可以无限复制，而无须增加更多的边际成本，其价值可以增值。“体力劳动的作用对象只能有一个，即体力劳动一经付出，就只能在一个劳动对象上产生结果，其价值易于计算；脑力劳动则不然，其结果作为知识可以批量生产，其价值无限巨大，不可估量。”①

其次，脑力劳动的价值实现具有持续性，可能不是一次实现的。脑力劳动结果的重复性意味着这种劳动产品可以无限地复制，因此不断增值，可以随着价值的不断扩大而逐步实现。这包括两个方面：横向上，它可以通过复制自身而扩大价值；纵向上，脑力劳动的结果可以通过若干中介，分步骤地实现增值。

最后，脑力劳动的结果作为知识，其再生产的劳动时间要远远小于最初生产时间。例如，我们可以用远小于爱因斯坦创立相对论的时间学会相对论的基本理论。因此，我们可以以较少的脑力劳动获得他人较多的脑力劳动的成果，即学习。而人们对他人脑力劳动价值的评价往往是以自己付出的价值为标准的。这样，在交换中人们虽然获得了很大的价值，但只需付出很小的价值。通过上述几点分析我们可以看到，脑力劳动是具有大大不同于体力劳动和传统复杂技术劳动的特殊性的。脑力劳动所创造的价值是可以无限增值的，其价值无限巨大，而脑力劳动者所获得的劳动力价格是远远低于其创造的价值的，这中间的巨大的差额，正是产品中新价值的最主要的来源。

由此可以得出结论，创新性劳动更能用时间来度量，这与常规性劳动是明显不同的。其原因是对创新劳动而言，其价值不是由发明者所花费的

---

① 翁志勇：《价值与财富的现代分析》，上海大学出版社，2004，第81~85页。

很短的创新性劳动时间决定的，而是由世界上几十亿使用者每天都在使用决定的。这样，人们将无法用时间来度量创新性劳动及其成果的价值，只能采用效用作为度量标准。

由效用和马克思主义政治经济学中的使用价值的结合可以得出科技价值的度量标准：产出通约性。现代科技活动，其突出的特征是创新性。对于创新性的科技劳动，不适用于以社会必要劳动时间来衡量。而科技活动形成科技价值的始终是：过去广大的科技人员尤其是从事基础性研究的科学人员劳动创造了巨大的科学价值库，而且科学价值库的价值将随着科技的发展不断地增加，现实的生产过程实际上是这个科学价值库的价值的“显化”，因此显示出来的结果只能根据产出通约性，即效用来确定。

2. 科技价值量度量标准的实现形式

劳动价值论认为，在供求关系平衡的情况下，第二种含义的社会必要劳动时间通过社会价值的移位使第一种含义的社会必要劳动时间发生变化。而在供求关系不平衡下，则通过平均生产条件的变化，使第一种含义的社会必要劳动时间发生变化。如果把效用理解为需要量，即第二种含义的社会必要劳动量，把生产费用理解为第一种含义的社会必要劳动量，那么，这已清楚地表明：两种含义的社会必要劳动时间共同决定价值。科技价值是由两种含义的社会必要劳动时间共同决定的。那么，就只能是社会需要的那部分商品才是有价值的。换句话说，参加价值平均化过程从而形成社会价值的商品量，只能是能实现的量，而不是全部的生产量。因此，供求关系是科技价值效用标准的实现形式。

3. 超额剩余价值

超额剩余价值，是指个别资本家提高劳动生产率，使自己商品的个别价值低于社会价值而得到的更多的剩余价值。劳动生产率高的企业支配的直接劳动可能比较少，但支配的间接劳动，特别是支配的科技劳动要大得多，造成所生产的商品的个别价值低于社会价值个别价值，其差额落入资本家的腰包，这就是高于一般企业的超额剩余价值。

超额剩余价值主要是由科技价值决定的。现假定 10 公斤棉纱共 100 元的价值是社会价值。这 100 元价值是所耗生产资料转移到棉纱中的价值（60 元）、劳动力日价值即付给工人的工资（20 元）、剩余价值（20 元）三者之和。现假定有一个技术特别先进的纺织厂，由于空间价值的存在，其劳动生产率高于一般企业，一个工人一天可生产 15 公斤棉纱。这 15 公斤棉纱中，其支配间接劳动所创造的价值应为 110 元，其中科技价值 30 元。该企业资本家按 150 元销售这 15 公斤棉纱，扣除被消耗的生产资料（价值 90 元）和工资成本（20 元）后得 40 元剩余价值，比一般企业资本家多得 20 元。这 20 元就是超额剩余价值，也是会计价值。

二 学习转化吸收科技价值度量

（一）通过劳动力的价值与使用价值的差吸收科技价值量

马克思认为产生价值增值的决定性的关键因素就是劳动力。作为劳动力商品，其“自身的价值”和“其消费所创造的价值”是不同的。“自身的价值”是指为了劳动力的再生产所必需的消费品的价值，包括劳动力为了衣食住行所必需的价值、与劳动力质量相关的教育费用、为下一代劳动力再生产所必需的培养费用等。“其消费所创造的价值”是指由劳动力的消费—支出所生产的生产物品的价值。两者并没有一致的必然性。只要后者比前者多的话，两者间的差额就是利润。马克思认为这就是利润产生的源泉。工人卖的并不直接是他的劳动，而是他暂时让资本家支配的劳动力，也就是劳动力的价值，其理由是如果说资本家购买的是工人的劳动，除非是破坏资本主义市场规则的不等价交换，资本家就不可能从雇佣工人那里得到好处，剩余价值连同以雇佣劳动为基础的资本主义生产都不可能存在了。因此，工人不可能出卖他的劳动。恩格斯引用马克思的话说：“当工人的劳动实际上开始了的时候，它就不再属于工人了，因而也就不再能被工人出卖了。”①

（二）通过复杂劳动与简单劳动的差吸收科技价值量

生产商品的劳动有简单劳动与复杂劳动之分。简单劳动和复杂劳动的区别是相对的。随着劳动者技能的普遍提高，复杂劳动可以变成简单劳动，社会的简单劳动的标准会比过去提高。简单劳动和复杂劳动在同一时间内所创造的价值是不等的。马克思说：“比较复杂的劳动只是自乘的或不如说

① 《资本论》第 1 卷，人民出版社，2001，第 587 页。

多倍的简单劳动，因此，少量的复杂劳动等于多量的简单劳动。”① 商品的价值量以劳动量计量，其中包含这样的内容：将复杂劳动折合或换算成多倍的简单劳动。这就是说，商品的价值量是以社会必要的简单劳动量为单位来确定的。

美国经济学家登尼森对经济增长因素进行了细致的分类，他把教育作为劳动力投入质量的一个因素来考虑。他认为教育程度较高的劳动力，对经济增长的贡献也较大，这样来比较不同时期劳动力受教育年限的差别，就可以计算出教育对经济增长的贡献。教育水平的提高，相当于多投入劳动力，或者说，教育水平的提高，可以使经济增长，从而反映了教育水平的提高即劳动力对科技价值的吸收②。

三 物化资本吸收科技价值度量

（一）通过劳动生产率的变化吸收科技价值

劳动生产率是生产者生产某种使用价值的效率，通常是以单位时间内生产的产品数量来表示（也可以用生产单位产品所耗费的劳动时间来表示）。劳动生产率的计算公式详见公式 4.1。

$$劳动生产率 = \frac{产品量}{劳动时间} \quad （公式 4.1）$$

在纵向比较时，“商品的价值量与劳动生产力成反比”是可以适用的。因为劳动生产率提高后，社会必要劳动时间减少了一半，所以，每件商品的有形价值量随着劳动生产力的提高也减少了一半，因此虽然产量增加了一倍，这样社会必要劳动时间缩短，每件商品包含的劳动价值减少了，产量虽然提高了，但是单位时间劳动创造的总价值量不变。

但是在横向比较时，“商品价值与劳动生产率成反比”不能成立。如果今年只有 A 企业生产洗衣机，由于采用了新技术，那么 A 企业的劳动生产率提高一倍，日产量为 10000 台，其他企业仍然是 5000 台；A 企业生产每台洗衣机花费的劳动时间只是其他企业的一半。所以在进行横向比较时，

① 《马克思恩格斯全集》第 23 卷，人民出版社，1972，第 58 页。
② 郑文范：《科技价值论》，东北大学出版社，2005，第 63 页。

物化资本吸收的无形价值，即间接劳动创造的价值，可以通过企业的劳动生产率的变化反映出来。一个企业拥有的物化资本越多，支配的间接劳动越多，其物化价值就越多，创造的总价值量也就比较大。

对上述剩余价值源泉，有人认为是来源于本企业活劳动所创造的剩余价值；或者是来源于纵向关联企业活劳动所创造的剩余价值，也可能是来源于横向关联企业等①。但其实质是这种比较实际上就是物化资本吸收科技价值度量，“表现在劳动生产率较高的发达国家和劳动生产率较低的不发达国家之间，或者劳动生产率较高的好企业和劳动生产率较低的差企业之间，或者一家企业和一个独立劳动者（个体劳动者）之间，或者一个劳动生产率较高（勤快、熟练）的个人和另外一个劳动生产率较低（懒惰、不熟练）的个人之间的比较”。②

四　无形资本吸收科技价值度量

（一）用产出通约性度量吸收科技价值度量

无形资产吸收价值的度量主要表现在可节约的劳动量上，其吸收的价值即可节约的劳动量大大高于本身价值，因而从创造的每个使用单位来看，使用无形资产所耗费的个别劳动时间肯定大大低于社会必要劳动时间，而这些作用的最终结果，不是取得正常的利润，而是取得超额利润。为此在度量标准上，它将更多地采取产出通约性这种形式。下面通过例子来具体说明如何用产出通约性来度量无形价值。③

假定企业甲与企业乙，它们投入的生产资料均各为100万元，即支配间接劳动100万元。他们各自的支配直接劳动价值是50万元。企业甲生产旧产品，企业乙生产新产品。新产品比旧产品多产出80万元，于是根据产出通约性分别有：企业甲 $Q_1 = 100 + 50 = 150$（万元），企业乙 $Q_2 = 100 + 50 + 80 = 230$（万元）。

这就是说，企业乙由于借助于新品种支配科技劳动，多获得80万元的

① 窦尔翔、何炼成：《新科技革命条件下劳动价值论的新发展》，《当代经济研究》2003年第1期，第40~42页。

② 郑文范：《科技价值论》，东北大学出版社，2005，第40页。

③ 仇德辉：《无形价值论》，东方出版社，1992，第88~90页。

价值，这个价值既不是通过物化劳动 C 支配间接劳动转移的，也不是企业乙支配活劳动自己创造的，而是通过支配科技劳动获得的。对企业甲而言，它已构成科技价值论下的物质产品构成公式的一个特殊情形：$Q = C + V + W = C + V + 0 = C + V$。也就是说，根据范式理论，劳动价值论的价值公式只是科技价值论价值公式的一个特殊情形：在没有技术进步的情形下，科技价值论的价值公式还原为劳动价值论的公式，因此科技价值论是包括劳动价值论在内的更大范式。

另一个特殊情形是无人车间和无人工厂。“无人工厂”中的利润实质上是科学价值库中的潜在价值在“无人工厂”中显化的结果。因为这时在整个劳动过程中没有有形劳动投入，$Q = C + V + W = C + 0 + W = C + W$。这个公式显示：在无人车间、无人工厂的情况下，物质产品的新价值，全部是无形价值转化，根据产出通约性加以确定的①。

（二）软件价值的度量

1. 产出通约性还表现在效用标准上

恩格斯在1843年底至1844年初写的《政治经济学批判大纲》一书中，提出了“价值是生产费用对效用的关系”这一命题，也就是说，生产费用和效用乃是决定价值的两个基本因素。他有一个很重要的观点：“如果两种物品的生产费用相等，那么效用就是确定它们的比较价值的决定因素”，在这里生产费用是指劳动耗费，效用是指生产物的使用价值，因此生产费用对效用的关系，体现了人和物的关系，也就是以最小的劳动消耗取得最大的经济效果。现代社会飞速发展的科技进步和创新已经改变了过去那种使用价值相对稳定的状况，今年有用的东西，明年就可能无用或效用降低，其价值也随之下降，因此效用越来越成为决定价值量的最主要因素②。从度量标准来看效用标准是包括社会必要劳动时间标准在内的更大的度量标准，特别适合科技价值的度量。

效用标准尤其适用于软件产品的度量。软件的效用即使用价值体现了

---

① 王书瑶：《统一价值论》，科学技术出版社，1998，第369～389页。

② 刘毅、何炼成：《试论软件的劳动价值创造及其资本流通过程》，《太原理工大学学报》（社会科学版）2005年3期，第41～44页。

软件的有用性，体现在成本的降低、效率的提高、投入产出比的提升等各个方面。软件产品如果没有效用或效用为负，即使活劳动耗费再大，生产费用再高，也形不成价值；相反所能创造的效益却非常之大，呈现出典型的边际收益递增效应。软件产品的度量成功证明了恩格斯“价值是生产费用对效用关系”这一命题的正确性。

2. 软件的价值来源于人类的知识劳动

软件的价值来源于其所支配的人类的科技劳动，这特别表现在可以无成本多次甚至无数次复制，存在价值倍增效应和极强的边际效用递增效应。这种支配人类的科技劳动使软件不是由传统意义上的制造产生的；使软件不会“磨损”，在其整个产品生命周期内，其价值和使用价值维持不变；还使得劳动资料与人力资本方面的投入相比变得微不足道，软件技术人员素质的高低决定了最终软件产品的质量，也决定了软件产品在市场上实现其价值和效用。软件产品对高素质人力资本的需求即对科技劳动的需求越来越高，而对生产资料如电脑设备等物质资本的需求，即对间接劳动的需求越来越少，这一点与传统产业的发展趋势形成鲜明对比。

（三）用信息类无形资产度量

信息类的无形资产对科技价值吸收的度量表现在以下方面。

（1）运用信息化，优化国民经济管理，提高资源配置效率。比如，大数据和云计算技术能够迅速集成物流、资金流、人流各方面信息，快速分析行业、企业和消费者的相关信息及其未来走向，为决策者把握宏观调控的方向提供参考，为企业制定生产经营的战略和策略提供依据，为城乡居民做出消费选择提供参照①。

（2）运用信息化，优化城市治理，提高城市各类资源的使用效率。一是充分利用各方面的数据，科学制定城市发展规划；二是要发展智能交通，提高交通精细化管理水平，提升交通资源的使用效率；三是要建立智慧能源系统，更好地对接能源生产和能源消费；四是鼓励并规范闲置资源分享平台的建设和运营，引导分享经济健康发展。

（3）运用信息化，优化产业结构，提升产业国际竞争力。要利用新一

① 李伟：《信息化促进中国经济转型升级》，《新经济导刊》2016年第6期，第7页。

代信息技术改造、优化生产流程，并适应劳动力结构和劳动力成本变化的大趋势，积极而又稳妥地推进机器人、智能物流管理、3D 打印等技术和装备在生产中的应用。

(4) 运用信息化，优化企业管理，提升企业运营效率。要提高企业的信息集成能力，建立从设计到销售再到设计的“信息循环系统”，为企业制定科学的经营决策和实现有效的管理创造条件①。

(四) 技术类资产对科技价值吸收的度量

技术类无形资产对科技价值的吸收主要有以下几点因素。

1. 转让次数

无形资产吸收的科技价值是一个常数。如果无形资产由一家企业独占，那么无形资产吸收的价值就等于这个，如果无形资产转让给多家企业，那么无形资产吸收的科技价值与该无形资产吸收的科技价值就会与转让次数成正比。

2. 供求变动

由于科技价值的度量标准主要依靠效用标准，所以供求变动技术类资产对科技价值吸收的度量有很大影响：供大于求表示无形资产吸收的科技价值小，供不应求表示无形资产吸收的科技价值大。下面以数字来说明供求变动情况下的科技价值量的决定。

假定有甲、乙两个企业，企业甲投入成本为 2000 万元，企业乙为生产新产品多投入 200 万元，则企业乙的成本为 2200 万元。但是企业乙企业较甲多产出价值为 800 万元。现在考虑出售的价格即实现的价值。企业甲投入成本为 2000 万元，产出为 2000 万元；企业乙投入成本为 2200 万元，产出为 2800 万元。若以成本计算产品的价格，则企业甲的单位产品的价格为 20/20；企业乙的单位产品的价格就是 22/28。就是说，以成本对产出来计算价格，企业甲的价格就高于企业乙的价格。于是问题就出来了，企业甲、乙各以什么价格出售他们的产品？在同一个市场上，如果供求是均衡的，信息是足够的，他们都只能以同一的价格出售。

第一，以企业甲的价格出售。

---

① 李伟：《信息化促进中国经济转型升级》，《新经济导刊》2016 年第 6 期，第 7 页。

这时单位产品的价格为 20/20，企业甲获得的收入是：20/20 × 2000（产量）=2000（万元），企业乙获得的收入是：2000/20 × 28（产量）=2800（万元）；对企业甲，他支出的和他收入的相当；对企业乙，他支出 2200 万元，但是收入 2800 万元他收入的和他支出的差额为 600 万元。在这种情况下，科技价值转化的价值 W 全部归企业乙，消费者丝毫也没有得到好处。

第二，以企业乙的价格出售。

依照局部均衡的原理，在需求较高、供给不足的情况下，均衡价格就较高，反之，均衡价格就较低。第一种 20/20 的价格对应于供给较少的情形，若供给较充裕，均衡价格可能是 22/28。此时，企业甲得到的收入是 22/28 × 20 = 1500（万元）；企业乙得到的收入是 22/28 × 28 = 2200（万元）。

在这种情形下，企业乙刚好收回成本，而企业甲则遭受了较大的损失。这时，不仅科技价值转化的 W = 600 万元的价值全归社会消费者所得，而且企业甲损失的 430 万元也全归消费者所得。这种情形只有利于消费者而不利于生产者。

第三，以中间某种价格出售。

假定供求的均衡使他们都以中间的某种价格出售，比如以 22/25 的价格出售，则企业甲得到的收入为 22/25 × 20 = 1760（万元）；企业乙得到的收入为 22/25 × 28 = 2460（万元），总产出的价值为 4800（万元），总收入却是 4220 元，消费者净得 580 万元。对企业甲，损失为 240（万元），对企业乙得到的额外收入（超过成本的收入）为 260 万元。

总之，在供不应求的情况下，产品以生产条件差者的成本出售，科技价值完全归生产条件优者拥有；在供大于求的情况下，产品以生产条件优者的成本出售，科技价值完全归社会拥有；在中间情况下，产品以中间成本出售，科技价值部分归生产条件优者拥有，部分归社会拥有。在所有的情形下，生产条件优者的收入都等于或者大于他的投入；生产条件差者的收入在所有的情形下都等于或者小于他的投入。新技术对于未采用新技术的人来说，永远构成一种威胁。在多数情形下，消费者都可以从中得到好处；而科技价值经历了一个归生产者拥有到归社会拥有的过程。对于生产条件差者来说面临着两种选择：或者采用新技术，获得一部分科技价值；

或者退出这种生产过程，避免损失。

3. 专利对科技价值转化的影响

专利可以多次地使用。因而，一项专利费用的回收，也常常是分很多次实现。若一项专利的价值（包括科技价值、辅助劳动的价值与物化劳动转移的价值）为1000，它可能在10次中每次回收100；也可能在100次中每次收回10。因而，在科技价值转化的物质产品的那部分价值分配中，需有发明新技术的无形劳动者一份。

假定企业乙为新产品多支付2元的价款，是单纯为了新产品的生产费用较高而支付的，其中并未考虑有专利的问题，仅仅支付物化技术中的各项形成费用。现在假定企业乙除了购买种子较贵之外，他在购买种子时还要另外再支付1元的专利费，这样，企业乙的生产成本就是23元而不是22元，他的最低销售价格也就是只能是23/28。这时的利益分配就是，专利权人获得一份，生产者获得一份，消费者也获得一份。如果考虑政府的税收，那么对科技价值转化的价值的分配就是：专利权人一份，实施者一份，消费者一份，政府一份。

但是专利权是有一定期限的，一般只有15年，在专利期满后，专利权人就不再取得他的那一份。同时，由于此时它已完全解除保护，所有的人都可以无偿使用此种技术，价格也将下降，所有的实施者都处于完全相同的地位，恢复到一个新的平均利润率水平，所以也可以认为实施者已不再单独受惠。此时的专利，已可作为整个社会普遍享有的生产力，所以是全社会受惠，包括政府从中取得的税金①。

4. 生命周期

一般技术类无形资产生命周期都比较短，生命周期的长短，会影响技术应用后对科技价值的吸收，同时使得对技术类无形资产的度量方式即交易的支付方式也不同，目前采用比较多的无形资产度量方式和支付方式有以下几种。

第一，总额支付度量方式。总额支付度量方式是指一切费用一次付清的方式。这种度量和支付方式往往对供方有利。因为买方一开始就要付出

① 郑文范：《科技价值论》，东北大学出版社，2005，第51页。

一笔相当大的款项，而不管应用这项技术能生产多少产品，获得多少利润，风险全由买方承担。

第二，提成支付度量方式。提成支付度量方式可根据产量、售价、销售额或利润，每年提取一定百分比的提成费。提成支付度量方式许可方要承担一定风险，但有利于许可方继续关心专利实施，不断改进技术，使其更好发挥效益。

第三，入门费加提成支付度量方式。在实际中采用比较普遍的做法，是把入门费度量方式与提成支付度量方式相结合。也就是许可方先收取一笔入门费，投产后则根据产量，或销售量，或其他指标提取费用。这种支付方式既可合理分担风险，又可把许可方与被许可方通过利益关系结合起来共同关心无形资产对科技价值的吸收，从而有利于技术的实施。①

（五）衡量经济增长中技术进步作用的指标——对科技价值吸收的宏观度量

科技进步重要性的认识来自于对科技进步占经济增长份额的研究。在科技生产力时代，科学技术已经形成独立的知识产业，当前，科技进步促进经济增长已成为一股强大的思潮，一个时代的特征。也促成了宏观上衡量经济增长中技术进步作用的指标研究。

1. 问题的提出

Cobb - Douglas 生产函数是根据黑箱的方法和以弹性函数形式建立的数学模型，利用可以得到的输入和输出数据，研究经济增长的功能和特征。

这种计算科技进步对经济增长贡献率的方法是“余额法”，即对产出增长的贡献，除了资本增长的贡献和劳动力增长的贡献外，即间接劳动贡献和直接劳动贡献外，剩余的部分就是科技进步的贡献，也即以科技劳动为主的人类一般劳动的贡献。如果对计算出的资本对产出的贡献进一步进行分析和计算，很可能发现资本在生产过程中的消耗正好等于资本对产出的贡献的可能性很小，这使得资本不仅向产出（产品）转移了价值，而且创造了新的价值，这显然不符合劳动价值论，但是用资本支配间接劳动可以得到很好的解释。

因此，如果要坚持传统直接劳动创造价值的基本观点，就要认为劳动

① 刘京城：《无形资产的价格形成及评估方法》，中国审计出版社，1998，第29～59页。

者是价值增值的源泉，是增加值和剩余价值的创造者。但在生产过程中，资本不仅支配常规性劳动和间接劳动，更支配以创新性劳动为特征的科技劳动，这就是说，上述劳动都创造价值。所谓科技进步对经济增长的贡献就意味着科技创新性劳动创造价值。如果用 C 表示生产资料转移到产品中去的价值，即间接劳动创造的价值。L 表示常规性劳动创造的价值，A 表示科技创新性劳动创造的价值，Y 表示产出值，那么，$Y=C+L+A$，上述公式与传统的劳动价值论相比，多了一个 A 项，即创新性劳动创造的价值。

生产函数（假定投入只包括资金和劳动两个生产要素）的一般形式为：$Y=f$（K、L、t），其中，Y 为总产值（净产值或国民收入）；K 为资金投入量，即支配的间接劳动。L 为劳动投入量，即支配的直接劳动；t 是用来表示技术进步的时间变量，即支配的科技劳动。

在假设技术进步是“中性”的情况下，也就是当 $Y=A_t\cdot f$（K，L）时（其中 A_t 代表技术水平），可以采用柯布—道格拉斯生产函数进行计算（见公式 4.1）：

$$Y=A_0\ (1+a)^t K^\alpha L^\beta \qquad \text{（公式 4.1）}$$

其中 $\alpha+\beta=1$，式中，α 为资金的产出弹性，$\alpha=\partial Q/\partial K\cdot K/Q$；$\beta$ 为劳动的产出弹性，$\beta=\partial Q/\partial L\cdot L/L$，$\partial$ 为年技术进步速度。

从生产函数的较一般形式出发，通过微分运算可以得到增长速度方程，具体做法是：

可认为时间 t 是与 K、L 无关的技术变化，公式 4.1 可改写成公式 4.2：

$$Y=A\ (t)\ f\ (K,\ L) \qquad \text{（公式 4.2）}$$

对公式 4.2 进行全微分，得：

$$dY=\frac{\partial Y}{\partial A}dA+\frac{\partial Y}{\partial K}dK+\frac{\partial Y}{\partial L}dL$$

再除以 Y，并略加变化，得公式 4.3：

$$\frac{dY}{Y}=\frac{\partial Y}{\partial A}\cdot\frac{dA}{Y}+\frac{dK}{K}\cdot\frac{\frac{\partial Y}{Y}}{\frac{\partial K}{K}}+\frac{dL}{L}\cdot\frac{\frac{\partial Y}{Y}}{\frac{\partial L}{L}} \qquad \text{（公式 4.3）}$$

在公式 4.3 中，按新古典经济学的一般规定：

$\partial Y/Y/\partial K/K=\alpha$，即所谓资本产出弹性；

$\partial Y/Y/\partial L/L=\beta$，即所谓劳动产出弹性。同时，

$$\frac{\partial Y}{\partial L}\cdot\frac{dA}{Y}=\frac{dA}{A}$$

对整理后的公式 4.3 有：

$$\frac{dY}{Y}=\frac{dA}{A}+\frac{\alpha dK}{K}+\frac{\beta dL}{L}$$

两边对时间求导（如 $dY/dt=Y$），得：

$$\frac{Y'}{Y}=\frac{A'}{A}+\frac{\alpha K'}{K}+\frac{\beta L'}{L}$$

这样，就提出几个“率”，Y/Y 为产出增长率，A/A 为技术进步率，K/K 为资本增长率，L/L 为劳动增长率，α 与 β 分别为资本与劳动的产出弹性。从这个方程中，可以得出增长速度方程，用公式 4.4 表示：

$$y=a+\alpha k+\beta_1 \qquad \text{（公式 4.4）}$$

用它来计算技术进步对总产值增长速度的贡献指标，在理论上更具有一般性，在实际计算中也比较简便。因此，我们采用增长速度方程来计算该项指标。在公式 3.4 中，y 为总产值（净产值或国民收入）的年增长速度，a 为年技术进步速度，k、h 分别为资金和劳动的年增长速度。y、k、I 按水平法计算，以产值的年增长速度为例，计算公式为：

$$Y=\left(t\sqrt{\frac{Y_t}{Y_0}}-1\right)\times 100\%$$

其中 Y_t 为计算期的产值，Y_0 为基期的产值，t 为计算年限。另外，公式 4.4 中的资金产出弹性 α 在计算中根据中国国情取为 0.2～0.3，劳动的产出弹性 β 取为 0.8～0.7。

这样，当通过公式 4.4 求出 y、k、I 以后，便可得到相应的资金、劳动和技术进步贡献率：

资金贡献率 $E_k=\alpha k/y$

劳动贡献率 $E_L = \beta_1/y$

技术贡献率 $E_a = a/y$。

对增长速度方程 $y = a + \alpha k + \beta_1$用线性近似，得：

$$\frac{\Delta Y}{Y} = a + \frac{\alpha \Delta K}{K} + \frac{\beta \Delta L}{L}$$

$$\Delta Y = \frac{Y \Delta A}{A} + \frac{\alpha \Delta K Y}{K} + \frac{\beta \Delta L Y}{L}$$

其中，$\alpha Y/K$ 表示有形资本的无形价值吸收率 K^*，$\beta Y/L$ 表示劳动力价值生成率 L^*，Y/A 表示无形资本无形价值吸收率 A^*（A 和 Y 属于一个数量级）。

资金贡献率 $E_k = \alpha k/y = \alpha \Delta K/K/\Delta Y/Y = K^* \Delta K/\Delta Y$，$K^* = E_k \Delta Y/\Delta K$；

$L^* = E_L \Delta Y/\Delta E_L$为劳动贡献率；$A^* = E_a \Delta Y/\Delta A$，$E_a$为技术贡献率。

下面计算某企业2000～2007年的科技进步的贡献值为例加以说明。

（1）基期、报告期的数据详见表4－1：

表4－1 基期、报告期数据

年份	工业总产值（亿元）	固定资产原值（亿元）	定额流动资金平均余额（亿元）	年未职工人数（万人）
2000年	3231.1	3193.4	1047.3	2905
2007年	5652.2	5656.2	1623.3	3719

（2）计算工业总产值的年平均增长速度：

$$y = \left(\sqrt[t]{\frac{y_t}{y_0}} - 1\right) \times 100\% = \left(\sqrt[7]{\frac{5652.2}{3231.1}} - 1\right) \times 100\% = 8.30\%$$

（3）计算资金的年平均增长速度：

$$k = \left(\sqrt[t]{\frac{k_t}{k_0}} - 1\right) \times 100\% = \left(\sqrt[7]{\frac{5656.2 + 1623.2}{3193.4 + 1047.3}} - 1\right) \times 100\% = 8.65\%$$

（4）计算劳动者人数年平均增长速度：

$$L = \left(\sqrt[t]{\frac{l_t}{l_0}} - 1\right) \times 100\% = \left(\sqrt[7]{\frac{3719}{2905}} - 1\right) \times 100\% = 3.59\%$$

（5）计算技术进步的年平均增长速度：

$$a = y - \alpha k - \beta L = 8.30\% - 0.25 \times 8.65\% - 0.75 \times 3.59\% = 3.45\%$$

（6）计算技术进步对经济增长的贡献率：

$$E_{\alpha} = a/y \times 100\% = 2.45\% / 8.30 \times 100\% = 41.51\%$$

（7）计算资金对经济增长的贡献份额：

$$E_k = \alpha \times k/y \times 100\% = 0.25 \times 8.65\% / 8.30 \times 100\% = 26.05\%$$

（8）计算劳动者人数对经济增长的贡献份额：

$$E_i = \beta \times L/y \times 100\% = 0.75 \times 3.59\% / 8.30\% \times 100\% = 32.44\%$$

（9）计算 1981 年有形资本的价值吸收率：

1981 年的有形资本的价值吸收率 $K^* = E_k \Delta Y / \Delta K = 26.05\% \times 268/633 = 10.4\%$

（10）计算 1981 年劳动力的价值生成率：

1981 年劳动力的价值生成率 $L^* = E_L \Delta Y / \Delta L = 32.44\% \times 268/116 = 73.6\%$

（11）计算 1981 年无形资本的价值吸收率：

1981 年无形资本的价值吸收率 $A^* = E_a \Delta Y / \Delta A = 41.51\% \times 268/345 = 33.6\%$ ①

1981 年以后的价值吸收率和价值生成率可以逐年递推。②

第三节　科技价值形式的新发展

马克思关于价值形式发展的学说，是马克思的劳动价值论的重要内容。马克思通过分析价值形式的发展，进一步揭示了价值的本质，说明价值是抽象的人类劳动的凝结，它本身不能自我表现，只有对象化在另一种商品中，即通过价值形式才能相对地表现出来。马克思详尽地分析了价值形式的两极，即相对价值形式和等价形式，全面研究了价值形式的发展过程，

① 王积业：《技术进步的评价理论与实际》，科学文献出版社，1986，第 34～56 页。

② 郑文范：《科技价值论》，东北大学出版社，2005，第 64～67 页。

论证了货币的起源和本质，揭示了商品内部使用价值和价值的矛盾如何转变为商品和货币的外部对立，从而建立了科学的货币理论。

由于科学技术飞速发展和技术创新的影响，当代价值形式也有了新的变化。科技价值论认为，价值形式并不是发展到货币形式就完结了，在当代，价值越来越以价值转移的形式表现出来。价值转移的形式可划分为：价值的生成转移、价值的扩散转移和价值的现实转移。①

一 价值的生成转移

所谓价值的生成转移，是指科技价值不断处在由潜在到现实的转化过程中，即处在创造、转移、消失的过程中。从价值生成转移角度来看，前人遗留下来的宝贵的科学知识是一个巨大的科学价值库，人们接受和使用科学知识的过程就是人们从科学价值库中“无形地”吸取其潜在价值的过程，人们接受和使用科学知识质越高、量越大，② 从而将科学价值库中的潜在价值显化为越大的社会经济效益。

科技成果从转化到形成一定的产业规模，科技形成生产力必须经过一个科学、技术、工程、产业之间的转化过程。一般要经历四个发展阶段：①创建阶段，这是科学向技术的转化阶段；②成长阶段，这是技术向工程的转化阶段；③扩张阶段，这是工程向产业的转化阶段；④成熟阶段，这是产业化阶段。这四个阶段科技成果有不同的价值表现形式，从而表现了价值生成的不同过程。科技成果从转化到形成的不同阶段需要不同投融资方式与之相配合③。

（一）科技成果创建阶段的价值形式分析

科学与技术存在着密切的关系，科学上的每一次重大发现导致人类生活的新技术出现以及极大地丰富人们进一步认识自然的技术手段，新技术的发展又将继续提高和增加我们认识自然的实验手段，反过来推动科学的进一步发展。但是二者又有明显区别，科学具有不可预见性、探索性，难

① 李晶磊：《拉卡托斯“硬核—保护带”视域下劳动价值论研究》，硕士学位论文，东北大学，2008。

② 刘冠军：《论科学价值库理论的意义》，《自然辩证法研究》1998 年第 9 期，第 12 ~ 15 页。

③ 郑文范：《科技价值论》，东北大学出版社，2005，第 69 页。

以事先设定具体的研究目标，或强求完成的日期；而技术总体上来说是可以预见的，是可以施加人的目的性的，可以根据人力、资金和技术条件进行规划，可在人们期望的时间内达成目标。由科学到技术的转化并不是一个简单的过程，其主要特点是从科学因果性认识到技术目的性的转化。① 因果关系有其客观性，客观的因果性不体现人们的愿望、追求和意志，但技术是主体性的、有目的的。无论在古代、近代还是现代的技术过程中，人们的活动都是主观能动性的发挥，都要追求某种目标，都会表现出期待和决心。技术的目的性可以是技术自身的，如为了解决物质变换、能量转化或者为了提高作业效率、增加产品功能等；技术的目的性也可以是"超技术的"，如为了更好地满足人们的生活需要、提高富裕程度、促进文化传播等。② 技术主体的目的性不同于科学客观的因果性，而目的性又离不开因果性。科学向技术的转化以及科学技术一体化的重要表现就是由因果性知识转化为目的性设定。由于技术的目的性有多种情况，所以从因果性到目的性的转化是复杂的，有现实意义的目的性离不开控制过程和控制手段。科学向技术的转化，应当有技术目的与技术手段的统一。从因果性认识到技术目的性转化必然会涉及真理性、功利性及这二者之间的关系。③

在科技成果创建阶段技术创新的主要类型是研究与试验发展活动。所谓研究与试验发展，指所有为增进已有的知识，包括关于人类、文化和社会的知识，并增进其运用，以便发明新的应用而进行的系统的创造性工作。它又分为三类，即基础研究、应用研究和试验发展。

1. 基础研究

所谓基础研究，指为了获取关于现象和可观察的事实的基本的原理的新知识，不以任何专门或具体的应用和使用为目的而开展的实验性或理论性工作。根据该定义，基础研究有以下几个特点。

基础研究的目的是充分认识现象并发现新的学科，即系统地阐述并检验各种设想、理论或定律，对事物的特性、结构和各种关系进行分析。基

---

① 翟美荣：《科技生产关系与产学研合作本质探究》，博士学位论文，东北大学，2013。

② 陈昌曙：《从哲学的观点看科学向技术的转化》，《哲学研究》1994 年第 11 期，第 35～40 页。

③ 陈昌曙：《技术哲学文集》，东北大学出版社，2002，第 37 页。

础研究并不以任何专门或具体的应用和使用为目的，这是基础研究区别于应用研究的关键。基础研究的成果一般不出售，但是可以进行交流。通常是以论文、报告和专著的形式发表在科技期刊上，或与同事交流，或提交科技大会。基础研究对科技活动具有广泛的、普遍的和深远的影响，这点主要和基础研究不以任何专门或具体的应用和使用为目的有关。

2. 应用研究

所谓应用研究，指为了获取新的知识而开展的独创性研究，主要是为了达到某一具体的实际的目的或目标。

应用研究的目的是获得新知识，但它与基础研究不同，应用研究具有一个具体的应用的目的。这种具体的应用的目的可分两类：一类是将基础研究的成果用于某个领域；另一类是根据某特定目标确定解决的新方法或新途径。应用研究是有专门目的的，应用研究的成果可以申请专利并拥有专利权。

3. 试验发展

所谓试验发展，指任何为了生产新的材料、产品和装置，建立新的工艺、系统和服务，以及对已生产和建立的上述各项进行实质性的改进而进行的系统性工作。试验发展的目的是运用基础研究和应用研究的成果，以及以往积累的实践经验去创造新的应用，开辟新的用途。试验发展的成果可以是全新的实体，也可以是对存在物所做的实质性改进，包括改进引进技术的活动和对现有技术所做的实质性改进。这个阶段技术创新工作的重要意义是可以加快创新的速度，抢占技术制高点。其做法是在这个阶段可以通过设立某些有利于本国企业的技术标准，间接限制其他国家的产品进入。①

这个阶段价值形式的特点是价值处在由潜在向深层的过程中。②

基础科学成果价值转移的突出特点决定该成果。从某种意义上讲这为人类提供了一个“取之不竭、用之不尽”的科学价值库。究其实质，科学价值库所有从事基础性研究的科学人员高级负责的劳动所创造的剩余价值

① 郑文范：《科技进步与劳动价值论的发展》，博士学位论文，东北大学，2001。

② 刘冠军：《论科学价值库理论的意义》，《自然辩证法研究》1998年第9期，第12～15页。

的总和。以某个历史时期的背景理论即前人创造的理论成果为基点来分析科学价值库的价值累加过程，一般地，基础科学成果的价值（用 W_1 表示）构成是：①前人遗留下来的理论科学成果的价值（用 W_0 示）；②基础性研究设施（硬设备）的价值（用 C_1 表示）；③基础性研究人员创造的自身的价值（用 V_1 表示）；④基础性研究人员创造的剩余价值（用 m_1 表示）。得公式 4.5：

$$W_1 = W_0 + C_1 + V_1 + m_1 \quad \text{（公式 4.5）}$$

根据马克思关于自然科学是不费分文的生产力的理论，前人创造的理论科学成果作为基础性研究工作的必备知识条件，在研究过程中是无偿地利用的，[①] 即 W_0 在基础性研究过程中只将其自身转移到新的基础性科学成果中，而不会在该成果的价格中显示；而 C_1 和 V_1 是维持基础性研究继续下去的保证，必须在其价格中显示出来并得以实现才能做到维持基础性研究的“简单再生产”；m_1 是难以实现的。从理论上讲，在基础性研究的成果中包含四部分价值，而在该成果价格中显示的仅仅是 C 和 V 两部分，而 W_0 和 m_1 则没有显示。这样，m_1 仍以潜在形式存在于科学价值库中，又成为科学价值库新增的价值。

这样，基础性科学成果的价格，用公式 4.6 表示为：

$$A_1 = C_1 + V_1 \quad \text{（公式 4.6）}$$

科学价值库中的价值是以潜在形式存在着的，它只有在基础科学成果应用于生产中时才能显示，而其中间环节是应用、开发性研究，因此有必要分析应用、开发性研究成果的价值（用 W_2 表示）构成。一般地，它分四部分构成：①基础科学成果的价值（W_1）；①应用、开发性研究设施的价值（用 C_2 表示）；③应用、开发性研究人员创造的自身价值（用 V_2 表示）；③开发性研究人员创造的剩余价值（用 m_2 表示）[②]。用公式 4.7 表示为：

---

① 刘冠军：《论“科学价值库”—“科技第一生产力论”背景下劳动价值论的拓展》，《北方论丛》1998 年第 2 期，第 12 ~ 17 页。

② 刘冠军：《论“科学价值库”—“科技第一生产力论”背景下劳动价值论的拓展》，《北方论丛》1998 年第 2 期，第 12 ~ 17 页。

$$W_2 = W_1 + C_2 + V_2 + m_2 \quad \text{（公式 4.7）}$$

在商品经济社会中，应用、开发性研究的直接目的是将基础科学成果转化为能够运用到生产中去的成果，实现由间接生产力到现实生产力的转化，因此，C_2、V_2和m_2大致能够在现实中实现，即能够在其价格中表现出来；而W_1的实现是非常困难的，在价格中难以全部显示出来。如果应用、开发性研究成果的价格用A_2表示，则其构成如公式4.8所示：

$$A_2 = C_2 + V_2 + m_2 \quad \text{（公式 4.8）}$$

根据在这一阶段价值形成的特点，税收优惠政策建议采用以下重要手段。

（1）加大对研究与开发投入税收优惠的力度，积极扩大研究和开发费用扣除的适用范围，从目前获利企业减免扩大到支持研发活动减免。

（2）实施鼓励风险投资的税收的优惠政策。对风险投资公司免征营业税，并对其长期实行较低的所得税率政策。对投资于风险投资公司获得利润的法人减征企业所得税，对投资于风险投资公司获得的收入的居民免、减个人所得税。对投资高新技术获得的利润再用于高新技术投入的企业，退还其用于投资部分利润所对应的企业所得税①。

（二）科技成果成长阶段的价值形式

在科技成果成长阶段，科学技术创新表现为科技成果转化和应用活动。所谓科技成果转化和应用活动是指将研究与发展活动的成果转化为现实的生产能力和应用而进行系统性的技术性活动，即将研究与发展活动产生的新产品、新装置、新工艺、新系统进行旨在适应于生产和应用而进行的系统的技术性活动。② 科技成果转化和应用活动主要体现在技术向工程的转化，特别是技术发明向工程技术体系的转化。一项新的技术发明能否在生产中加以应用并与已有的技术联系起来构成复合技术或新的技术体系，还需要通过工程的集成作用形成工程技术体系，因此工程活动集成性的第二

---

① 郑文范：《科技价值论》，东北大学出版社，2005，第73页。

② 马世骁、马立晓、郑文范：《关于改进当前我国科技统计工作的若干建议》，《统计研究》2000年第9期，第14~20页。

个层次是技术要素的集成。工程作为技术的集成具有统一性、[①] 协同性和互补性等。在工程技术结构内部，各类技术之间存在着互补、协调机制，其中某种形态的技术的变化都可能影响或牵动其他形态技术的变化，互补性机制保证了技术结构的整体协调。[②] 在工业生产领域，科技成果转化和应用活动一般可分为三个阶段：设计与试制、小批量试制（中间试验）、工业适应性试验。

在科技成果成长阶段，物质性生产产品的价值由四方面构成：①应用、开发性研究成果的价值（W_2）；②生产设施（固定资本）的价值（用 C_3 表示）；③科技成果转化和应用活动人员创造的价值（用 V_3 表示）；④科技成果转化和应用活动人员创造的剩余价值（用 m_3 表示）。可得公式 4.9 所示：

$$W_3 = W_2 + C_3 + V_3 + m_3 \qquad \text{（公式 4.9）}$$

由于企业或资本家进行物质性生产的目的就是追求经济效益或经济价值，因此其产品价值构成中的 C_3、V_3 和 m_3 都能够在该产品的价格中表现出来，在现实中得到实现。但由“习惯”所决定，企业或资本家在计算该物质性产品的成本时，只将应用、开发性科学成果的价格中算作成本，根据这种计算，物质性产品的价格（用 A_3 表示），[③] 可用公式 4.10 表示为：

$$A_3 = A_2 + C_3 + V_3 + m_3 \qquad \text{（公式 4.10）}$$

该物质性产品若以价格人出卖成功的话，那么企业或资本家已经收回了成本 A_2、C_3 和 V_3，并且获得了生产工人创造的剩余价值 m_3。[④]

科技成果成长期阶段价值的特点是这个阶段无形价值的存在形式是价值处在由生成向成长的过程中，非股本金以外的各种金融工具融资获得成功，特别是可交换债券和可转换债券融资获得成功。EB 是可交换债券的简称，它与可转换债券一样，是一种股联债券，投资者有权把它换成股票。

① 郑文范、张蕾：《论工程的本质与工程创新管理》，《东北大学学报》（社会科学版）2013 年第 4 期，第 344 ~ 348 页。

② 郑文范、张蕾：《论工程的本质与工程创新管理》，《东北大学学报》（社会科学版）2013 年第 4 期，第 344 ~ 348 页。

③ 刘冠军：《论科学价值库理论的意义》，《自然辩证法研究》1998 年第 9 期，第 12 ~ 15 页。

④ 刘冠军、邢润川：《科学价值的“库存”模型和孵化机制研究》，《中国软科学》2004 年第 2 期，第 109 ~ 114 页。

鉴于投资者投资债券主要是追求长期稳定利润，而投资股市主要是追求风险投资的高回报，后者的投资心理正顺应了科技产业化的发展阶段特征。公司产业化初期需要稳定的小规模的信贷支持，而一旦完成“原型”试验，转入中试和产品生产，则急需通过股市融资促进企业大发展。这种可转债金融工具正兼备了两类发展阶段的票券的优点，成为投资者与借贷人均满意的金融工具。①

（三）科技成果扩展阶段的价值形式

在科技成果扩展阶段，创新活动表现为高新技术产业化活动。高新技术产业化活动是指在高新技术领域内，在高新技术产品工业化定型生产以后，为了扩大生产，达到规模经济，占领和扩大国内外市场而进行的活动。② 这个阶段产业与技术、工程的转化关系如下。

技术向产业的转化。技术并不都是产业性的，还有种种非产业的技术，产业与收入直接相关，而有些技术如军事技术、环保技术有重要的社会价值，与“支出项”直接相关；技术表明了产业的可能性和质的方面，而不是现实的产业和产业的量的方面。现实的产业不仅涉及技术的优劣，并且要有产品的连续、批量和利润产生；新技术始于发明，成于研制，“终”于推广应用，创造人工自然；而产业过程则始于技术的推广，成于设备和工艺规范的定型，“终”于批量的产品和经济的产出，创建产业自然。③

工程向产业的转化。工程与产业的关系既相互区别又相互联系。当关乎具体的人工物的集成和建造特征时的活动可以理解为工程活动，而类似工程投产后就转化为产业活动。从哲学的视角考察产业，产业的生成来源于人工物向制造物的转化。产业的功能是实现人工物的普遍性，把工程人工物转变为制造物。④ 由于工程活动是产业活动的前提和条件，所以工程活动能够为产业活动提供施加转化性的条件，使产业能够生成。

---

① 郑文范：《科技进步与劳动价值论的发展》，博士学位论文，东北大学，2001。

② 郑文范、马世骁：《论科技统计活动统计和机构统计》，《统计研究》1999 年第 4 期，第 38～42 页。

③ 翟美荣：《科技生产关系与产学研合作本质探究》，博士学位论文，东北大学，2014。

④ 郑文范、张蕾：《论工程的本质与工程创新管理》，《东北大学学报》（社会科学版），2013 年第 4 期，第 344～348 页。

科技成果扩展阶段主要包括以下两部分。

第一，高新技术产品扩大生产。这里扩大生产不是指完成了生产前的各项技术准备后，在正式生产前的试验性生产。扩大生产的直接目的不是对产品或生产过程在技术方面做进一步的改进，而是为了达到规模生产。①

第二，高新技术市场研究与营销。这一阶段价值以超额收益和高新技术企业股票成功上市的形式存在，其特点是对高新技术产业施加盈利性，使企业价值处在正常轨道，达到经济规模。

在该阶段，产品的价值由四方面构成；①科技成果转化应用的价值（W_3），②生产设施（固定资本）的价值（用 C_4 表示），③生产工人创造的价值（用 V_4 表示），④生产工人创造的剩余价值（用 m_4 表示），可得公式 4.11

$$W_4 = W_3 + C_4 + V_4 + m_4 \quad \text{（公式 4.11）}$$

由于企业或资本家进行物质性生产的目的就是追求经济效益或经济价值，因此其产品价值构成中的 C_4、V_4 和 m_4 都能够在该产品的价格中表现出来，在现实中得到实现。问题的关键是，其在实际生产过程中实质上已经转移到物质性产品中去构成了该产品的价值。但由“习惯”所决定，企业或资本家在计算该物质性产品的成本时，只将科技成果转化应用的价值算作成本，② 根据这种计算，物质性产品的价格（用 A_4 表示），可用公式 4.12 表示为：

$$A_4 = A_3 + C_4 + V_4 + m_4 \quad \text{（公式 4.12）}$$

该物质性产品若以价格 A_4 出卖成功的话，那么企业或资本家已经收回了成本 A_3、C_4 和 V_4，并且获得了生产工人创造的剩余价值 m_4；以价格 A_4 出卖成功的话，从理论上讲，而且还获得了超出 m_4 的另一部分利润或剩余价值 W_3。

科技成果扩张阶段更需金融资金支持，对于高新技术企业发展而言，充分发挥股票市场的作用，一方面可以提供风险投资顺利退出、进行再投

① 马世骁、马立晓、郑文范：《关于改进当前我国科技统计工作的若干建议》，《统计研究》2000 年第 9 期，第 14～20 页。

② 刘冠军：《论科学价值库理论的意义》，《自然辩证法研究》1998 年第 9 期，第 12～15 页。

资的市场条件，提高风险企业的价值；同时，也促进社会资金对高新技术产业的投资，有益于高新技术企业的进一步发展的资金筹集。[①]

（四）科技成果成熟阶段的价值形式

在科技成果成熟阶段创新的主要表现是一般意义上的产业化活动和生产活动。这个阶段价值形式的特点是价值处在由扩张向成熟的过程中，价值扩张可能已越过经济规模，随后可能走向衰退或转移。

这个阶段价值的表现形式是经济价值和非经济价值的转化以及无形资产贬值。

价值处在由经济价值和非经济价值的转化中是因为无形资产，特别是作为无形资产中最主要部分的科学技术，本身具有私人物品和公共物品两种特性，即具有私人物品既有排他性又有竞争性的特性，又具有公共物品既无排他性又无竞争性的特性。一种新的科学技术开始被使用时，它主要以私人物品的形式出现，随着该项科学技术的传播和市场竞争的作用，它逐渐转变成公共物品。在这个过程中必然发生价值转移，其表现形式是无形价值处于经济价值和非经济价值的转化中。

科技成果成熟阶段主要需要税收优惠政策支持和科技贷款的支持。政府应在财力许可范围内，以直接投资。低息贷款和税收减免等形式对处于困境的，有发展前途的企业给予帮助，使这些企业按照国家产业政策、投资政策规定的方向进行结构调整和转产改造等活动，最终促其彻底摆脱经营困境[②]。

二　价值的现实转移和泡沫经济分析

（一）价值的现实转移

价值的现实转移是指价值不断处在由潜在到现实实体的转化过程中。劳动价值论认为，人类社会所创造的财富从根本上说来源于通过人的劳动所产生的有形价值的物化转化和科技价值的象化转化。[③] 在当代，随着经济

---

① 郑文范：《科技进步与劳动价值论的发展》，博士学位论文，东北大学，2001。

② 郑文范：《科技价值论》，东北大学出版社，2005，第79页。

③ 李晶磊：《拉卡托斯“硬核—保护带”视域下劳动价值论研究》，硕士学位论文，东北大学，2008。

的发展，后者所占的比例越来越大。这在经济生活中引起了货币、资本、经济和劳动关系的一系列深刻变化。由上述分析可知，劳动课分为直接劳动、间接劳动、科技劳动，它们可以统称为实际劳动。

（二）经济的虚拟化

经济的虚拟化包括货币的虚拟化、资本的虚拟化。经济的虚拟化都和它们脱离了对实际劳动的支配密切相关。

1. 虚拟货币

价值的现实转移使货币的虚拟化、脱离了对实际劳动的支配，由此导致了虚拟货币的产生。

马克思在《资本论》中，以其特有的方法——辩证唯物主义的分析方法阐述了简单价值形式怎样发展到“令人眩目的货币形式”。他从商品的内在矛盾、使用价值和价值的矛盾入手，揭示了货币发展的内在逻辑过程及其本质。马克思指出，随着商品经济的发展，当货币固定在金银等贵金属上时，货币作为价值的独立化表现形式就完成了它的第一次蜕变。这是货币发展的第一阶段。

随着机器大工业的出现，商品经济进一步发展，商品交易的规模不断扩大，这就使得金银等贵金属的局限性初步显现。纸币随之出现并最后发展到基本上将黄金排除出货币流通的领域。这是货币发展的第二阶段。[①]

随着科技的发展，科技劳动越来越成为价值的主体。因为科技劳动的重要特点是把物质的自然属性转变成使用价值，所以科技劳动价值的载体是经常变化的。在当代，特别是由于“网络商务”的发展，虚拟的网上交易将全面取代传统的现场交易，交易过程的商流与信息流正在与物流、资金流发生着彻底的分离，使科技劳动价值的载体最终完全可以脱离有形的载体，获得完全抽象的形式，这就必然导致虚拟货币的产生。[②] 这样，在科技生产力时代，价值形式发生双重变化。一方面，随着科技的发展，当代世界正在从“物本”阶段回归于“人本”阶段，能推动经济发展的越来越

---

① 郑文范：《科技进步与劳动价值论的发展》，博士学位论文，东北大学，2001。

② 李晶磊：《拉卡托斯“硬核—保护带”视域下劳动价值论研究》，硕士学位论文，东北大学，2008。

是一般意义上的人类劳动，价值本身越来越和物质的任何具体形式无关，越来越表现为人类一般抽象劳动的凝结。另一方面，虚拟货币已经脱离对实际劳动的支配。因此，要在本质上对货币这种在商品经济中的经济关系的集中代表实行高度集权的、严格的管理，否则就可能失去本来意义上的货币的功能。

2. 虚拟资本

价值的现实转移使资本虚拟化，导致了虚拟资本的产生。所谓虚拟资本，是被当作资本看待，被虚拟为具有一定资本价值的资本，是能够在将来获得确定的收入的权利证书。但虚拟资本本身没有任何价值。无论是债券、股票还是银行券等，都只是一种资本的证书或某种索取权的证书，① 并不代表对实际劳动的支配权。

一方面，无形资本要采取虚拟资本这种形式，对于加速科技价值的吸收等方面都有较大的好处；另一方面，如果虚拟资本与实体资本之间的比例失调，虚拟资本在经济领域中过度膨胀并成为人们投资的主要对象时，就会给社会经济的发展带来一系列问题，② 其中最主要的就是由于脱离对实际劳动的支配，造成给国民经济增长带来不确定性的“泡沫因素”。

3. 虚拟经济

最后价值的现实转移使经济虚拟化，导致了虚拟经济的产生。

所谓虚拟经济是指以金融系统和虚拟资本循环为主要依托的经济体系，其发展可分为以下阶段：虚拟经济的发展第一阶段是闲置货币的资本化，即人们手中的闲置货币变成了可以产生利息的资本；第二个阶段是生息资本的社会化，即银行作为中介机构将人们手中闲置的货币借入，再转贷出去生息，人们还可用手中的闲置货币购买各种有价证券来生息，这时人们手中的存款凭证和有价证券也就是虚拟资本；虚拟经济发展的第三个阶段是有价证券的市场化，即有价证券可以根据其预期的收益而自由买卖，从而产生了进行虚拟资本交易的金融市场（如股票市场、债券市场等）。虚拟

① 李恒光：《虚拟资本的内涵、运行规律及经济影响探析》，《理论与改革》1998 年第 1 期，第 16～18 页。

② 李恒光：《虚拟资本的内涵、运行规律及经济影响探析》，《理论与改革》1998 年第 1 期，第 16～18 页。

经济发展的第四个阶段是金融市场的国际化，即虚拟资本可以跨国进行交易。①

虚拟经济的特点有以下几点。

第一，虚拟经济系统通过对科技价值的吸收与实体经济系统存在着密切的联系。实体经济系统主要是通过劳动力和资本等直接劳动和间接劳动实现对劳动价值的吸收，而虚拟经济系统则以金融系统为主要依托来实现对科技价值的吸收。从这个意义来说，虚拟经济实质是以实体经济系统为依托实现对科技劳动的支配，进而通过吸收科技价值而成长的经济。

第二，在虚拟经济条件下，由于是以价值符号和金融系统为主要依托来实现对无形价值的吸收，交易费用和系统运行成本大大降低，价值流入和流出的速度加快。当这种价值流入和流出的速度失衡或与实体经济运行严重脱节时，对实际劳动的支配就可能丧失，这就可能导致泡沫经济②。

（三）泡沫经济及产生原因

在 1987 年出版的《新帕尔格雷夫经济学大辞典》中引用著名经济学家、前美国经济学会会长金德尔伯格的话定义泡沫经济："泡沫就是一种或一系列资产在一个连续过程中陡然涨价，开始的价格上升会使人们产生还要涨价的预期，于是又吸引了新的买主——这些人一般只是想通过买卖牟取利润，而对这些资产本身的使用和产生盈利的能力是不感兴趣的。伴随着涨价的常常是预期的逆转，接着就是价格的暴跌，最后以金融危机告终。"③

从劳动价值论的观点来看，在科技生产力时代，经济的虚拟化与泡沫经济有密切的关系。虚拟经济实质是以实体经济系统为依托通过吸收科技价值而成长的经济，在虚拟经济基础上可实现对科技价值的成功吸收。而泡沫经济是在虚拟经济基础上没有对科技价值的成功吸收，由于过度炒作

---

① 成思危：《虚拟经济过度膨胀造成金融危机?》，http://new. xinhuanet. com，最近访问日期：2011 年 4 月 10 日。

② 郑文范：《科技价值论》，东北大学出版社，2005，第 100 页。

③ Hamilton, James D., "On Testing for Self - fulfilling Speculative Price Bubbles," International Economics, Rev. 27, 1986, pp. 545 - 552. Soros G., "*The Crisis of Global Capitatlism: Open Society Endangered*," Perseus Books, 1998.

而引起异化。对一个国家来说，要在充分发挥虚拟经济对实物经济的促进作用的同时，尽量克服其负面作用，避免过度投机，防止泡沫经济的出现。

现实社会明显存在着物质生产部门的劳动者越来越多地流向非物质生产部门的趋势，不仅劳动者如此，[①] 整个社会资源都存在这种流动趋势。在金融、股票、期货、房地产、古玩市场等领域，集中的资源要素越来越多。投机逐渐显现为社会性格，这是很可怕的。我们并不否认非生产性劳动的有用性，但是一味扩张非生产性劳动的功能，导致与生产性劳动的非匹配发展，会带来非生产性劳动的功能及行业、产业及相关社会主体的破坏性调整，注定会产生泡沫经济问题。

在金融已成为经济核心的今天，实体经济已不可能脱离虚拟经济系统而运行，因此，如果将实体经济系统地看成是经济系统中的硬件，则可认为虚拟经济系统是经济系统中的软件。[②] 在这个意义上说，虚拟经济是对以无形价值作基础的经济活动的正常反应。

但虚拟经济一旦脱离了这个轨道，失去了吸收无形价值的功能，就转变成了泡沫经济。泡沫经济在理论形态上表现为实物经济与虚拟经济的背离，也就是虚拟经济失去了对无形价值的吸收。对一个国家来说，大量的纯粹"虚拟的"金融资产近年来无法控制地增长，结合整个世界的真正物质生产的停滞，已经产生全球金融崩溃的条件。泡沫经济是以脱离科技形价值为基础的经济活动的病态反映。[③] 下面就对价值现实转移的正常轨道及其偏离正常轨道和泡沫经济产生的关系进行具体分析。

（四）泡沫经济危机处理

处理泡沫经济危机的根本做法是通过虚拟经济吸收科技价值，使其转化为现实经济，特别是理顺经济系统支配直接劳动、间接劳动、总体劳动的途径，堵塞导向泡沫经济的路径。现分别讨论如下。

1. 理顺支配直接劳动的途径

要使虚拟经济转化为现实经济，消除泡沫经济，就要理顺经济系统支

---

① 顾书桂：《从劳动价值论看非生产性劳动的内涵》，《社会主义研究》2011 年第 1 期，第 11 ~16 页。

② 成思危：《虚拟经济过度膨胀造成金融危机?》，http://new. xinhuanet. com，最近访问日期：2017 年 4 月 10 日。

③ 郑文范：《科技进步与劳动价值论的发展》，博士学位论文，东北大学，2001。

配直接劳动的途径。这意味着发展中国家在利用后发优势、充分利用“人口红利”。

2. 理顺支配间接劳动的途径

虚拟经济转化为泡沫经济的失衡或脱节则形成了泡沫经济产生的基础。实际情况是：由于支配有形资产现实转移受阻，虚拟货币和虚拟资本需要另寻出路，支配科技劳动产生异化，因此，股票和房地产成为虚拟货币和虚拟资本流入和泡沫经济的主要载体。

在这种情况下，经济系统脱离了支配间接劳动的途径。因为无论是股票还是房地产，股票和房地产的价格取决于人们对市场的预测。只要多数人估计乐观，股票和房地产的价格就一定上升。于是，炒股成风，开发房地产成风，到处动工，开挖地基，广告铺天盖地，再加上新闻媒体对暴发户的渲染，制造出一种轻易就可以发大财的气氛。① 非理性预期产生了一种不正常的幸福感，并产生强烈的边际效益递增效益。于是，投入泡沫经济的流动资金越来越多。但因其资金大部分来自银行的贷款，结果向银行的贷款量越来越大，银行为了追求利润，必然竭力争取社会流动资金。于是，会产生两种可能：第一，银行超额贷款，使得银行准备金不足，银行借贷结构恶化。一旦遇到外来的冲击，极易出现银行系统的信用危机。第二，社会流动资金来源枯竭。如果把生产领域所必需的资金也投入了投机活动，社会资源的再分配必然使生产部门萎缩，失业率上升。② 这些都表明经济系统脱离了支配间接劳动的正确轨道，造成了实物经济与虚拟经济的背离。

当前中国随着一线城市房价持续飙涨，出现一些疯狂的炒房现象。而与一线城市的火爆情形相比，全国房地产价格的差异度也在持续扩大，三四线城市的房产销售停滞，一些小房地产商出现资金链断裂。中国一线城市房地产价格之高，从居民收入和房价比来看已超过伦敦和纽约，“难以为继”并且可能影响到居民消费、投资、城市阶层流动等多重经济和社会问题。房市的最大危机应不在金融领域，而是它对中国制造业和国民创新精神造成了越来越严重的干扰，以及打乱了全社会财富秩序，造成新的贫富失

---

① 徐滇庆：《金融风暴与中国经济发展》，《经济学动态》1998 年第 4 期，第 45 ~ 55 页。

② 徐滇庆：《金融风暴与中国经济发展》，《经济学动态》1998 年第 4 期，第 45 ~ 55 页。

衡。搞清楚房地产问题的性质并且化解这个问题，将是中国面临的巨大考验。① 报道称，令人担心的是中国重复日本犯下的错误——不遏制过度信贷，并且没有足够快地让无力偿付的借款方倒闭，从而给世界第二大经济体的增长带来更长期的损害。

随着一线城市的房地产市场再度暴涨，不仅部分银行的房贷利率出现了“松动”，诸如“首付贷”“赎楼贷”等五花八门的民间“信贷产品”也应运而生。②

首先，为了解决上述问题，要认清一些非法放贷的本质，并采取有力措施抑制这类产品进入市场。首付贷这类配资的本质是放大了杠杆。中国央行、银监会等金融监管部门，正密切关注部分地区房地产行业融资风险；将要求商业银行对于住房贷款申请严格审查，如果首付资金来自高杠杆融资类贷款，则不应发放贷款；将打击部分中介机构、开发商、小额贷款公司、互联网金融平台等发放用于购房首付款的贷款的行为。③

其次，在生产力不是很发达的情况下，应重视服务业中生产性服务业发展。生产性服务业具体包括交通运输业、现代化物流业、金融服务业、信息服务业等。生产性服务业与直接的物质生产过程最近，对物质生产过程的影响最大。同时，由于生产性服务业所受的非经济因素干扰较少，发展的阻力也较小。诸多因素表明，在生产力不是很发达的情况下，应优先发展生产性服务业以促进物质生产部门的大发展才是合理的选择。在现有生产要素投入总量不变的前提下，通过经济资源的重新优化配置和进一步分工合作，提高现有生产要素的产出率。④

最后，要利用好外资分析。利用外资被认为是一种方便快捷有效的能促进经济发展和消除泡沫经济的手段。主要表现在对于缺乏资金的发展中国家，特别是经济高速增长的国家，外部资金流入之后与当地丰富的自然

---

① 单仁平：《房市泡沫牵动王健林和中国千家万户》，《环球时报》2016 年 9 月 30 日，第 15 版。

② 《不学德国优点就是中华千古罪人》，http://blog. sina. com，最后访问日期：2016 年 10 月 20 日。

③ 董少鹏：《“赶路”多年的中国正在转身》，《环球时报》2016 年 3 月 24 日，第 15 版。

④ 顾书桂：《从劳动价值论看非生产性劳动的内涵》，《社会主义研究》2011 年第 1 期，第 11～16 页。

资源、廉价的劳动力相结合，很快就会产生良好的经济效益。如果外资流入实质生产部门，则提高了生产能力和科学技术水平，促进了当地经济的高速发展，增强了国家的综合国力和在国际市场上的竞争力，增强国家创汇的能力，提高外汇储备，有助于抵御金融风暴。①

3. 理顺支配总体劳动的途径

非生产性部门是建立在商品经济充分发展基础之上的。没有物质部门的极大发展、工业和其他产业，没有高度发达的商品生产和商品交换，发展非生产性部门将成为无源之水、无本之木。

理顺支配总体劳动的途径是指通过无形资产、特别是在经济领域里制定的各种制度和规则来实现对科技价值的吸收，使科技价值转化为现实价值，虚拟经济转化为现实经济。② 具体做法有以下几点。

第一，“金融中心论”须被摒弃。正如2008年危机及其持久的影响力所昭示的那样，靠金融化推动经济增长的时代行将结束。我们需要一种新的模式，要能为多数人而非少数人带来财富，要实现更加可持续的发展。我们需要结构公平的市场，需要提供平等的入市机会。就像亚当·斯密在《国富论》里描述的那样，我们需要一个不为金融利益所掌控的经济管理体制。而且，我们需要一个能够支撑经济、而非干扰经济的金融部门。应该遏制40年来的金融化趋势，遏制金融化对企业和社会的扭曲影响。在“共享经济”环境下，信息交流更加自由，资本重要性有所降低，因此“共享经济”将使社会以新的更强大的方式与金融资本家做斗争。③

第二，债务重组。债务重组是国际通用的解决银行危机的方式。政府可以通过发行贷款或者向外国银行融资，筹集一笔资金，借给陷入困境的银行，用来延缓银行欠债的偿还期。或者让银行拿出来一部分股份，以股顶债；同时向银行注入必需的准备金和流动资金，让银行先活起来；然后，让这家银行利用自己的利润逐年偿还欠债。这种做法的前提是要确认这家银行具有盈利能力，能够在预定的时间内偿还这笔借债。在原则上，只救

① 郑文范：《科技价值论》，东北大学出版社，2005，第110页。

② 郑文范：《科技价值论》，东北大学出版社，2005，第102页。

③ 英媒：《经济金融化致欧美资本主义崩溃》，《参考消息》2016年5月27日，第10版。

那些在短期内出现流动性困难，但是从长期来看能够恢复竞争力的银行，而绝不拯救那些在结构和素质上都存在严重问题的银行。

第三，充分发挥托宾税的作用。金融市场最基本的目的是促进商品和劳务流动，加强生产资料（包括资本）的分配效率。但是，由于金融资产的流动性大大高于商品和劳务市场，因此，金融市场有可能脱离商品和市场，成为投机活动的工具。为此诺贝尔奖得主、美国耶鲁大学教授托宾提出应当对外汇交易征税（比如0.1%或0.5%），简称托宾税。

托宾税是金融投资活动的克星。如果能够增大投机活动的营运成本，势必降低利润，产生抑制投机活动的作用。①

征收托宾税可以减少交易次数，减少金融市场的振荡幅度，与此同时减少投机活动对企业的支配程度。在外汇市场上减少从一种货币到另一种货币的短期金融循环中获得的利润。由于贸易和投资循环要比金融慢得多，托宾税的征收对长期的贸易和投资不会产生很大的影响。进口商和长期投资者从汇率稳定中得到的好处要远远超过他们支付的托宾税。因此中国今后在对金融市场的监管中，要加大对托宾税的征收力度，充分发挥托宾税的作用。②

三　科技生产力时期有机构成问题

由资本的技术构成决定并且随技术构成变化而变化的价值构成才叫资本的有机构成。

价值构成与技术构成存在密切的联系。一般说来，资本技术构成提高，其价值构成亦随着提高。但也有例外，在技术构成不变的条件下，生产要素的价值发生了变化，其价值构成也会变化，或者价值构成不变，技术构成也可能发生变化。资本的有机构成实质上是对间接劳动与对直接劳动的支配之比。

资本价值构成的变化只是近似地反映技术构成的变化，原因是随着劳动生产率的提高，不仅是劳动所消耗的生产资料数量增大，而且生产资料

① 徐滇庆：《金融风暴与中国经济发展》，《经济学动态》1998年第4期，第45～55页。

② 郑文范：《科技价值论》，东北大学出版社，2005，第119页。

的价值比生产资料的量相对减少，因此资本价值构成比资本技术构成提高慢得多。[①] 作为由技术构成决定并反映资本技术构成变化的资本价值构成——资本有机构成也必然会提高。[②]

第二次世界大战以后主要资本主义国家资本有机构成基本稳定，这对于资本有机构成提高的总趋势来说，已经形成一个较大的曲折。20 世纪 50 ~70 年代，在发达资本主义国家中，资本有机构成提高的速度基本上是稳定的。如美国制造业中国家资本与工资的比值，1949 年为 1.45，1973 年为 1.69，24 年间只提高了 0.24，而且这个比值上升的只有 11 年，[③] 稳定和下降的有 13 年。

第二次世界大战后科技革命与生产自动化的迅速发展，为什么没有导致资本有机构成迅速提高呢？

第一，社会生产效率提高的途径发生了变化。随着生产发展，资本家更重视节约单位产品中生产资料消耗，即节约对间接劳动的支配。据苏联经济学家伊诺泽姆采夫主编的《现代垄断资本主义政治经济学》一书论证，在 19 世纪，社会生产率的提高，基本上是通过节约单位产品中的活劳动消耗这个途径进行的，但到 20 世纪中叶，社会生产效率的提高，既是通过节约单位产品中的活劳动消耗，同时也通过节约单位产品内的生产资料消耗这个途径来进行。由于科学技术发展，工艺流程的改进，同类产品日益精巧，单位产品所用的生产资料实物量大大减少，劳动生产率提高及新的更价廉的代用品的出现，使生产资料的价值大幅度降低，从而导致有机构成出现稳定和下降的趋势。

第二，第二次世界大战后，发达资本主义国家工人工资有了较大的增长，从而阻碍了可变资本比重的下降。因此，到 20 世纪 70 年代初，在资本增大时，对劳动力的需求不是相对地减少，而是随之增加。[④]

① 蒋绍进、李旭蔼：《〈资本论〉研究论综述》（上），福建人民出版社，1984，第 446 页。

② 陈征、严正：《〈资本论〉第一卷研究》，福建人民出版社，1983，第 451 页。

③ 仇启华、解德沅、黄苏：《资本主义积累的一般规律在当代》，《中国社会科学》1980 年第 2 期，第 185 ~210 页。

④ 仇启华、解德沅、黄苏：《资本主义积累的一般规律在当代》，《中国社会科学》1980 年第 2 期，第 185 ~210 页。

由于资本的有机构成实质上是对间接劳动与对直接劳动的支配之比。战后主要资本主义国家资本有机构成基本稳定，反映了科技生产力时期，由于科技劳动成为价值体，资本对间接劳动与对直接劳动的支配之比保持不变。

四 后工业时代政治经济学

1. 现代科学产业的形成

在这个发展阶段上科学发展成为独立的知识产业。当科学的社会效能越出物质生产的直接生产过程，并随着社会生活科学化程度的不断提高，当科学不仅成为物质生产部门而且成为整个社会需求量越来越大的产品时，科学研究就从直接生产过程中分离出来。从直接生产过程的一个环节、一道生产工序变成为一个新的社会产业部门、新的知识产业。

科学成为新兴的知识产业的主要标志是：科学技术研究成果的商品化，技术市场的形成，科学技术商品生产、经营系统的发展。

(1) 科学知识的商品化。科学研究的成果（现代技术几乎都源自科学。因此，现代技术几乎都是科学知识的实用形态，是科学知识的一种特殊的表现形式）能直接或间接地满足一定的社会需要，因而具有使用价值，它又是科学劳动者辛勤劳动的产物，凝结着一定的社会一般劳动，因而又具有价值。因此，科学研究的成果在一定历史条件下可以转化为商品，成为同一切商品一样可以进行交易的对象。

现代知识产权包括版权、专利权和商标权。知识产权被世界绝大多数国家所承认，并受到国际法律的保护，这一现象集中地表明，知识的价值不一定要通过某种物质形态来得到表现，而可以直接被社会所承认。科学技术知识商品的价值形态从过去的以间接形态为主，变成以直接形态为主了。现在，知识的价值得到了独立的表现，因此，不仅没有物化的知识可以成为商品，即使不能物化的知识同样可以成为商品。现在广泛流行的技术秘密（Know How）贸易有两种形式，一种是以图纸、资料等形式表现的技术知识，一种是秘密存在于技术人员头脑中的技术知识，它们都是没有物化的知识商品的形式；咨询（有偿咨询）是一种特殊的知识商品交易，被咨询者按一定的价格向咨询者传递一定的知识，知识是作为商品进行交换的，咨询的范围十分广泛，可以是某种有利于完成工业目的的技术知识，也可以是与工业目的无关的某种情况、理论、程序或决策。①

（2）技术市场形成和不断扩大。当知识商品、科学知识及作为其实用形态的技术知识日益成为各企业取得发展的基本条件，成为有效地解决各种经济、社会发展问题的重要手段，甚至成为一个国家实现发展目标的基本保证时，知识商品的交易不仅在发达国家内部迅速形成和扩大，也日益成为国际贸易的重要对象。知识商品贸易的迅猛增长是20世纪中叶以来国际经济发展中引人注目的一个重要特征。

科学知识产业的产品是为了满足社会的需要而生产的，因此，在科学知识生产和消费之间同样存在流通问题，科学知识产业是社会高度分工的产物。在生产高度社会化的现代社会中，科学知识产品的流通与物质产品的流通相比，既有共性又有特殊性。研究科学知识产品流通的特点，有助于我们采取特殊的组织形式、政策和措施去促进科学知识产品的流通。随着科学技术的发展，技术在社会商品价值创造中所起的作用越来越大，越来越多的技术已经成为独立存在的知识形态商品，新的知识产业已经出现。20世纪80年代初，中国技术市场发展的实践表明，社会主义社会知识产业的发展有力地促进了科技与经济的结合，推动了企业的技术进步，加快了科技体制的改革，增强了科研部门的活力，密切了科研和教学的联系，提高了高等学校的教学水平，疏通了军工技术向民用转移的渠道，加速了科技人才的合理流动。但是，知识产业的大量基本理论问题还有待我们去研究，对这一系列问题做出马克思主义的科学的回答，是中国特色社会主义政治经济学光荣的历史任务。②

2. 科学产品的流通

从科学产品流通的社会形式来看，它有以下形式。

第一，知识商品贸易。在资本主义社会里，科技知识早已商品化。我国技术市场的经验也证明知识商品是科学产品流通的最有效的形式。

第二，物质技术商品的贸易。通过包含科技知识的物质商品贸易所进

① 陈敬燮：《科学产业的形成及其主要标志》，《科学学研究》1986年第1期，第72~77页。
② 陈敬燮：《科学产业的形成及其主要标志》，《科学学研究》1986年第1期，第72~77页。

行的科技知识流通，是为大家所熟悉的传统形式。

第三，包含在国际产业转移中的知识交易。20世纪中叶以来，世界经济国际化的趋势明显增强，产业的国际性转移成为当代经济发展的重要性。产业的国际转移包括资金转移、劳动力转移和技术转移。现代这种转移主要有跨国公司直接投资、特许证贸易、工业合作协室（即补偿贸易）、合资经营、联合设计、成套设备交易等形式。在所有这些形式中都包含一定的科学技术知识的交易。

第四，学术、科技情报交流。上面三种都是通过商品进行的科学产品的流通形式，实际上还有一种非商品的科技产品流通形式，这就是学术和科技情报交流。科学产品的商品化虽然限制了科技学术交流和情报交流的内容，但是学术和情报交流仍是不可取代的、十分活跃的科技知识的流通方式。

在开拓中国国内技术市场过程中，各地创造了十余种科技知识交易的形式：如举办科技交易会，组织引进移植国外先进技术，组织技术难题招标会，组织“大篷车”技术服务队，组织重点科技成果推广示范会，组织厂校、厂所协作，组织技术开发中心，组织技术开发总公司，开设技术经营门市部，组织退、离休科技人员服务队等。①

科学产品的流通本质上是信息的流通。它与物质产品的流通既有区别又有相同点。科学信息的流通有下列形式：第一，通过科学信息载体实现的科学信息的流通，如通过出版物、信息系统进行的科学信息交流；第二，通过科技工作者实现的科技信息流通，如美国大量吸收外国科技人才，实际上不仅无偿地占有了别国的科学信息，还占有了科学生产的主体；第三，科学信息的流通还表现在国际国内的各种学术交流上。

科学产品流通的社会形式有两种：商品和非商品。以学术交流形式进行的科学信息的流通，都采取非商品的形式；科学产业的形成和发展使越来越多的科学产品以商品的形式进入社会流通领域。近年来，中国一部分科学知识以技术商品的形式进入统一的社会主义商品市场，这部分科学产品也以商品的形式进入了国际的和国内的商品流通领域。国际上的科学知

---

① 陈敬燮：《科学产业的形成及其主要标志》，《科学学研究》1986年第1期，第72～77页。

识商品流通，称为“技术转移”，被看作国际产业转移的一个因素，已成为世界经济的一个专门的研究领域。各国间的技术转移又被看作现代国际分工的重要反映。这种分工既可被看作文化上的多样性，技术转移被看作国际文化交流的重要内容；这种分工又可看作是经济上的国际分工，以充分发挥各国的资源优势，在这种情况下技术转移则被看作是生产能力的转移。

从一般形态上看，科学产品的流通同物质生产部门产品的流通有其不同的特点。物质生产的产品流通是以物质产品的交换实现的，科学产品的流通则表现为信息的交流。科学信息进入流通领域并被他人占有以后，原科学信息持有者并不因此而丧失原有的科学信息，而是占有者的范围不断扩大，科学信息进入流通领域，就意味着科学信息向社会各个方面的扩展。

3. 知识商品流通特点

以商品形式进入社会（包括国际社会）流通领域的科学知识，既受一般商品流通规律的支配，又有其特殊的规律性。

一般商品的流通规律——等价交换规律、节约流通时间规律、供求平衡规律、竞争规律，支配一切商品的流通，科学知识商品也不能例外。

在商品交换中价格围绕价值上下波动，但科学知识商品的价格与价值背离的幅度比一般商品要更大。第一，科学知识商品往往是唯一的，其横向可比性差；第二，科学知识商品的转让是一个很复杂的过程，很难预测这个过程中必须支出的各种耗费。这种背离造成一种假象，似乎科学知识商品是不遵守等价交换原则，价值规律对科学知识商品是不起作用的。其实这是由于不了解科学劳动的特点和科学知识商品交换复杂性而引起的一种误会。

时间节约规律“在共同生产的基础上仍然是首要的经济规律，这甚至在更高得多的程度上成为规律”。[①] 这一规律在流通领域发挥作用的客观要求就是要尽量缩短流通时间。科学知识商品在现代社会中生命周期越来越

① 郜丽文、陈敬燮、何绍文：《技术商品流通的特殊性》，《科学学研究》1987 年第 2 期，第 36 ~ 46 页。

短以及它使用价值的特殊性，使节约流通时间对它有着特别重要的意义。

尽量减少在商品价值实现过程中的劳动消耗，可以降低费用，加速社会再生产速度，科学知识商品生产对此同样是有重要意义的。但是，科学知识商品由于在现代社会的无形损耗呈加速规律发展①，如果其流通时间过长，不但不能充分发挥其使用价值（对知识生产者和整个社会来讲都是如此），甚至还没有得到实际应用，这一知识商品已经被更新的知识商品所取代，它的“市场窗口”已经关闭，从而不得不退出流通领域，而生产它的价值也就永远得不到实现。

科学知识商品交换的成败对环境的依赖性是它的又一重要特点。科学知识商品交换并不是到订立合同就算完成的，它要到合同规定的全部条款实现后才算完成，所以交易的成功还要依赖于相应的科技环境、经济环境、社会环境、文化环境和自然环境。交易双方科技水平相差太大，不论何种形式的科学技术知识都很难能够取得成功，一般来说只有双方科技水平匹配的条件下，这种交易才有成功的希望。不言而喻，这种交换还与经济关系极为密切，这不仅指购买方的支付的能力，还与购买方的经济体制、经营管理有关的种种法律、制度、习惯等有很大关系。此外，科学知识商品的交换在某种意义上又是交换交流，它必然要与接受方的社会环境、特别与传统文化影响发生深刻的联系，一些重大的科学知识商品的交易会给接受国带来深刻的历史影响，极大地改变整个社会的面貌。中国的三大发明曾促进了欧洲资产阶级革命的发展；②而西方的现代科学技术也曾反过来加速了中国封建制度的崩溃，现代微电子技术的广泛传播正在改变着整个世纪的面貌。

4. 科学产品的消费特征

在传统上人们把科学发展的加速积累当作是一种自然过程，对现代科学来说，仅仅这样看已不够了，实际上，科学产品的消费对科学生产正起着越来越大的促进作用。

由于科学产品的信息性，科学产品的消费又有自己的特点。

---

① 《马克思恩格斯全集》第46卷（上册），人民出版社，1979，第120页。

② 播博：《无形损耗新探》，《中国社会科学》1985年第1期，第35～52页。

科学产品的精神消费。科学知识通过各种媒介被社会作为精神财富所消费，产生新的精神力量。在这种情况下，科学是社会精神文明发展的要素，科学信息的社会消费所产生的结果是社会精神文明的进步。但科学产品的信息性使它不论在何种意义上被消费，对科学生产者来讲，它并没有因此失去这些信息，科学信息的这种不灭性使它在原则上可以被无限次地利用和消费，这就是科学产品消费的重复性。

科学产品的不灭性和重复性，一方面无限扩大了它的使用价值，原则上一个科学产品可以被无限个单位、无限次地加以利用；另一方面又使它的价值实现具有很大的不确定性。从原则上讲它的价格取决于出售、使用的次数。由于实际出售或使用次数不能事先确定，所以，它的价格或根据某种法律规定来确定（如专利法）或由交易双方协商决定。在一定情况下一些科学产品又是无偿的，因而对科学的利用又表现为一种社会的馈赠。

5. 科学与物质生产的融合

现代科学与物质生产的结合。一方面表明物质生产终于有能力将自身的智力因素不断转化为科学，所以现代科学得以迅速发展；另一方面则是物质生产的不断科学化，表现了科学改造社会的巨大能动作用。20 世纪中叶以来，由于人类智力的物化，科学与物质生产的相互作用已经促使脑力劳动和体力劳动在直接生产过程中重新结合起来，科学劳动与生产劳动之间的界限也显得模糊不清。以信息活动为中心的现代科学，作为一种特殊的精神生产，已构成在国民生产总值、劳动就业人口和国内外流通领域占有越来越大比例的新的产业部门。科学与物质生产的相互作用必将导致科学劳动与物质生产成为一个统一的过程，直接劳动、间接劳动、科技劳动完全融合，社会生存和发展的物质资料，将由科学所控制的自然力本身源源不断地提供，实现科技转化能力的极大丰富。

需要指出的是，那时科学作为精神因素，将成为人类丰富多彩的精神生产的重要内容，不管是为了满足人类的好奇心，还是为了满足别的精神需要，人类精神方面的需要肯定会对科学的发展产生越来越大的影响。既然人类已经可以将谋取物质生产资料的时间压缩到最少，科学还有什么必要为物质资料的生产耗费它的全部时间和精力呢？但是，精神生产不能没有物质条件，更不能取消物质生产；社会与自然的信息交流控制着社会与自然之间的物质交流和能量转化，但它不能取代物质交换和能量转化；社会与自然之间的物质交换和能量转化，只要停止哪怕一个星期，整个社会就会崩溃。人类社会的物质生产资料的生产将永远是社会发展的基础。因而人类社会的发展归根到底要由物质生活资料的生产来说明。

6. 科学产生经济价值的消失

正如商品并不是永恒的社会历史现象一样，科学产品也不会永远以商品的形式出现。

科学的发展最终会使科学生产和物质生产相融合，并改变自身的存在形式。马克思分析机器大生产发展的历史趋势时指出："随着大工业的发展，现实财富的创造较少地取决于劳动时间和已耗费的劳动量，较多地取决于在劳动时间以内所运用的动因的力量，而这种动因自身——它们的巨大效率——又和生产它们所花费的直接劳动时间不成比例，相反地却决定于一般的科学水平和技术进步，或者说取决于科学在生产上的应用。"① 一个多世纪历史完全证实了马克思的这一论断。在电子计算机、智能机器人基础上实现全自动化生产，使生产这些机器所耗费的直接劳动时间与它们所创造的巨大财富根本不成比例，凝结在每一个产品中的活劳动，被压缩到了最小。因而，把劳动时间当作衡量财富的尺度也就失去了意义。以劳动时间为基础的商品也就不复存在。当这种情况出现以后，科学产品同样也失去了它们的经济价值，而只保留它的文化价值和社会价值。

① 《马克思恩格斯全集》第46卷（下卷），人民出版社，1980，第217页。

第五章　社会主义政治经济学视域下的市场经济论

第一节　社会主义市场经济论

一　市场的基本内涵

市场的内涵是不断发展的。古时人类把固定时段或地点进行交易的场所称作市场。市场可以让人们在此提供货物以及买卖服务，方便人们寻找货物及洽谈生意。随着社会分工的发展，市场的概念也在不断地发展和深化，主要有三层含义。①市场是指商品交换的场所；②市场是各种市场主体之间交换关系乃至全部经济关系的总和；③市场表现为对某种或某类商品的消费需求。[①]

市场是具有历史性特征的。原始社会以来的人类社会发展的不同阶段，都存在着市场，只是其存在的基础、规模和时代功能不同而已。市场存在的基础有公有制基础和私有制基础两种。[②] 现代社会的市场已经成为调节资源配置的重要手段，逐渐形成市场体制。市场能深入社会微观企业和个体，反映经济各方面的信息和需求，具备了通过竞争刺激市场主体创新、激励社会化大生产的条件。

---

① 张一芳：《中原经济区汽车后市场环境与产业提升研究》，《中国商贸》2014 年第 9 期，第 138 ~ 140 页。

② 大西広、孙世强：《马克思经济学：基于最优经济增长理论与模型视角》，中国经济出版社，2014，第 91 页。

二　社会主义市场经济体制的特点

从市场经济运行的一般规律和要求来看，社会主义市场经济与资本主义市场经济两者具有共性，因此发达资本主义国家在发展市场经济过程中一切有益的做法和经验都值得我们借鉴和吸收。但社会主义市场经济与资本主义市场经济又是两种不同的社会制度与市场经济的结合，它们体现的是不同社会经济制度下的市场经济。市场经济与不同的经济制度结合就会体现不同的制度特征。

社会主义市场经济一方面具有市场机制信息灵敏、效率较高、激励有效、调节灵活等优点，使更多的人的劳动参与到经济活动中来，扩大了财富的源泉；另一方面这种社会主义经济具有能够有效调动全局资源、集中力量干大事的制度优势，把市场经济的长处和社会主义制度的优越性有机结合起来，建立公有制的目的就是要克服生产社会化与生产资料资本主义私人占有制之间的基本矛盾，按照社会的需要计划组织生产，满足社会成员的共同利益，实现人的全面发展和社会的共同富裕。当前坚持社会主义市场经济的改革方向实际上包括两方面内容：一是发挥市场在资源配置中的决定性作用，利用好市场经济的长处；二是完善社会主义基本制度，发挥社会主义制度的优越性。这两个方面放在一起，才能充分体现社会主义市场经济的本质，进而实现完善和发展中国特色社会主义制度这一改革总目标。①

市场和政府"两个作用"有机统一、缺一不可，应该优势互补、相辅相成。② 要使市场在资源配置中发挥决定性作用，主要涉及经济体制改革，但必然会影响政治、文化、社会、生态文明和党的建设等各个领域。要使各方面体制改革朝着建立完善的社会主义市场经济体制这一方向协同推进，也要使各方面自身相关环节更好地适应社会主义市场经济发展提出的新要求。为此，确立和发展社会主义市场经济体制，是生产力发展的必然要求。

① 张雄、姜义华、张宇、权衡、孙力、鲁品越：《全面深化改革的理论预设：重新认识市场经济模式》，《上海财经大学学报》2014 年第 4 期，第 4 ~ 9 页。

② 廖富洲：《试论十八届三中全会关于经济体制改革的创新》，《中共郑州市委党校学报》2014 年第 1 期，第 5 ~ 9 页。

因此，在社会主义市场经济体制完善和继续发展的过程中既要发挥市场在资源配置中的决定性作用，又要加强宏观指导。[①]

第二节 市场经济的建立机理

一 作为资源配置方式的计划与市场

从物质生产角度来看，政治经济学的研究不能回避生产要素的配置问题，这个问题在西方经济学中一般也被称作稀缺资源的配置问题。无论是各种生产要素的配置还是稀缺资源的配置问题，都离不开一定的制度安排和竞技规则设定，即建立一定的经济体制。说到底，经济体制是由处理生产问题的需要产生的，它的首要功能，便是有效地配置资源。[②] 在社会化生产中，资源可以通过两种方法和手段来配置：一种手段是行政命令，例如，不论在哪一种经济体制下，在一个经济行为主体（如一个生产单位）内部，通常运用行政手段来配置资源；另一种手段是市场力量，即通过商品在市场上按照价格进行的交换，在不同的经济行为主体（部门、地区、企业、个人等）之间配置资源[③]。针对这两种体制哪种更有利于资源配置的问题，有必要对两种体制进行收益和成本分析。

二 两种经济体制的收益和成本分析

（一）制度收益和制度成本的含义

所谓制度收益是指由于在经济活动中引用某个新制度得到的收益，所谓制度成本是指为实施此制度必须付出的成本。制度收益和成本具体包括以下几点。

第一，激励收益和激励成本。在其他条件不变的情况下，由于采取某项激励措施增加的收益为激励收益，采取该措施花费的成本为激励成本。

---

① 《光明日报新年献词——改革再启程　筑梦新生活》，《青年记者》2014 年第 4 期。

② 吴敬琏：《论作为资源配置方式的计划与市场》，《中国社会科学》1991 年第 6 期，第 125 ~ 144 页。

③ 高斯：《企业的性质》，《经济社会体制比较》1988 年第 2 期。

包括：①测定人努力的程度；②测定报酬费用；③使努力程度与报酬挂钩的费用。

第二，配置收益和配置成本。配置收益是指在把资源由一种用途转向另一种用途或把资源由未被利用状态转向利用状态期间取得的收益和成本。其包括：①在配置过程中所需的各种投入：信息的搜集、传播、处理有关资源配置的费用（信息搜集成本）；②决策费用成本；③谈判、合约等执行费用；④专用性资产配置损失。

上述收益和成本之和构成总收益和总成本。总成本的大小除了和单项成本的大小有关以外，还和单项成本的分布状况有关：当单项成本大小不变时，各项成本的共有成本越大，总成本越小。

制度的总收益和总成本之差构成了制度的纯收益。两种制度对无形价值吸收的度量可以通过比较两种制度纯收益的大小进行。下面以对计划体制和市场组织的分析为例加以说明。[①]

（二）计划体制分析

计划体制是指建立在统一计划并采用行政命令基础上的体制，其收益和制度成本分析如下。

1. 激励收益和激励成本

任何一种资源配置方式的首要任务都是建立一套激励机制，这是保证资源配置决策能够得到贯彻执行的基础。在集中计划的资源配置方式下，经济决策是由代表社会全体成员整体利益的中央计划机关集中做出，并通过由层级制原则组织起来的“整个社会”去执行的。计划体制配置资源的前提条件是要求全社会的各种组织，包括所有的基层组织、中介组织乃至计划机关自己除了不折不扣地完成社会规定的任务之外没有自己的任何特殊利益和要求，这样才能在执行社会统一计划时，不会有任何偏差。事实证明，这一前提在社会主义条件下也是不可能得到满足的。在社会主义阶段，每一个经济活动当事人，包括计划的制定者和执行者，都有他们自身的利益。这种利益同社会的整体利益经常有矛盾。采用行政手段协调众多

① 郑文范：《科技进步与劳动价值论的发展》，博士学位论文，东北大学，2001。

经济活动当事人之间的利益矛盾的妥善办法到目前为止还没有。[①] 同时在计划体制内部用使用价值来测量人努力程度，缺乏统一的度量标准，加上在计划体制中要建立专门的激励部门，形成不了共有成本，这使得激励成本增加，所以计划体制激励收益低，激励成本高。

2. 配置收益和配置成本

从配置效益和成本来看，在计划经济的资源配置方式下，稀缺资源是这样进行配置的：首先，中央机关掌握有关稀缺资源的状况、生产的技术可能性和生产与消费需求的各种信息；然后计算稀缺资源应当怎样在不同部门、不同地区和不同生产单位之间配置，最后根据计算结果，编制统一的国民经济计划，并把这个计划层层分解下达，一直到基层执行单位。[②]

可见，这种体制为了保证资源配置决策正确，必须解决信息的收集、传输、处理等问题，中央制定的决策还要把它层层分解下达，直到基层单位去执行。

在应付某些全局性或突发性的经济活动时期，计划体制在资源配置中有效，这使计划体制的配置收益大、配置成本低。但在正常情况下计划体制在资源配置中存在信息失真问题，如欺下瞒上、信息时滞问题，这些使得计划体制的配置收益小、配置成本高。[③]

苏俄新经济政策之后，苏俄政权建立了集中计划经济体制。此后，包括中国在内的一系列社会主义国家根据这种原型纷纷在本国进行了长时期的实践。实践的结果表明，只有在革命初期的紧急状态下或战后恢复时期，在经济结构比较简单、人民群众革命热情高涨和国家目标居于绝对领先地位的条件下，这种集中计划体制才能为公众所接受。但是，当进入和平建设时期，特别是进入集约增长阶段以后，这种集中计划体制的缺陷就充分暴露出来了。实行计划经济体制极大地妨碍了社会主义各国生产力潜能的发挥，使经济效率难以提高，说明这种运行机制存在根本性的缺陷。[④]

---

① 吴敬琏：《计划经济还是市场经济》，中国经济出版社，1992，第165页。

② 吴敬琏：《论作为资源配置方式的计划与市场》，《中国社会科学》1991年第6期，第125～144页。

③ 郑文范：《科技进步与劳动价值论的发展》，博士学位论文，东北大学，2001。

④ 吴敬琏：《计划经济还是市场经济》，中国经济出版社，1992，第162页。

（三）市场组织分析

市场组织是指建立在志愿基础上的、靠价格机制运行的组织，这里假定市场为完全竞争市场，价格成本在多数情况下以市场制度成本中的共有成本身份出现。对市场组织进行的制度收益和制度成本分析如下。

1. 激励收益和激励成本

从激励收益和成本来看，由于市场组织是用价值（边际价格）测定努力程度，因此市场机制可以充分调动各种社会积极性；主张“放手让一切劳动、知识、技术、管理和资本的活力竞相迸发，让一切创造社会财富的源泉充分涌流”。[①] 所以市场组织是一个高激励组织。市场组织激励收益高、激励成本低。

2. 配置收益和配置成本

市场交易和相对价格的确定，使每个经济活动的当事人都可以分享分散在整个经济领域内各个角落的供求信息，从而解决了在社会化大生产中信息广泛发生同集中处理的需要之间的矛盾。[②] 在市场经济条件下，各种资源配置决策是根据市场信号通过对自身利益的计算自主地做出并自愿地执行的，从而能够使局部利益同社会利益协调起来。因而既能克服在传统体制下决策权力过分集中的缺点，又不至于出现混乱无序的状态。所以在一般情况下，市场组织的配置收益高、配置成本低。

三　价值中性视域下市场经济的建立机理

早在1979年初，邓小平就提出“社会主义也可以搞市场经济”。在邓小平同志看来，市场和科学技术一样，都是价值中性的，它们都只是手段，目的是更好更快地发展生产力市场，市场和科学技术一样，既有被私有性占有的一面，也有服务于社会化的一面。所以，市场经济并不等于资本主义，市场经济同样也可以为社会主义服务。江泽民在提出建立社会主义市场经济体制时，强调“社会主义市场经济体制是同社会主义基本制度结合在一起的”。胡锦涛在总结改革开放30年的经验时，也指出“必须把坚持

① 《十六大以来党和国家重要文献选编》（上），人民出版社，2005，第158页。

② 吴敬琏：《计划经济还是市场经济》，中国经济出版社，1992，第63页。

社会主义基本制度同发展市场经济结合起来”。可见，市场经济，也是完全可以和社会主义基本制度相结合的一种经济体制。而社会主义初级阶段的最根本任务就是要综合地利用市场和计划这两种手段，促进这种现代社会化程度越来越高的生产力。

综上所述，社会主义商品经济同资本主义商品经济的区别在于所有制基础不同；社会主义市场经济同资本主义市场经济的区别也只在于此。计划经济手段配置资源并不能保证经济无危机地发展。① 相反，在完善市场的基础上，辅之以计划指导，是可以减小经济波动，避免严重危机的。

第三节 市场经济体制的演进

一 市场经济体制的纵向演进

从生产力与生产关系的矛盾运动来看，在生产力发展的不同阶段其主导生产要素是不同的，从纵向历史角度考察发现，生产力发展经历了手工工具生产力、机械化生产力再到现代科技生产力的演进过程。相应地，不同的主导生产要素对经济体制的要求是不同的，不断进行经济体制改革是经济长期持续发展的基本要求。

（一）手工工具生产力时期与自然经济体制

人类社会曾经经历了一个漫长的手工工具生产力发展时期。在原始社会的手工工具时代，较低的手工工具生产力形成的是原始的自然经济体制。奴隶社会后期，随着生产力水平由铜器向铁器的转变，生产有了一定程度的发展，加上奴隶逐渐转变成农民，一家一户的封建制的小农经济逐渐形成，由于在手工工具时代社会分工的不明显，社会生产主要集中在农业领域，封建社会的经济依然是自给自足的自然经济。

（二）机械化生产力时期与市场经济体制

随着人类社会的生产力水平发展到机械化时代，资本主义社会的经济形态主要是市场经济体制。机器大工业促进生产力飞速发展。随着各个落

① 吴敬琏：《计划经济还是市场经济》，中国经济出版社，1992，第140页。

后国家市场被强制打开，商品生产和交换具有了世界性的规模。市场经济体制在机械化时代的发展是机械化生产力提出的要求。资本主义社会早期的自由市场经济适应了早期机器大工业阶段生产力变化的要求，提高了资源配置和利用的效率，促进了当时经济的发展。通过市场进行信息的交换处理可以解决机械化时期信息配置各种资源需要收集信息的难题。因此，从这个角度来看，机械化生产力与市场经济是相容的。

19 世纪末 20 世纪初，欧美社会进入电气化发展时期，生产和资本集中加剧，社会分工更加专业化，社会交往向全球化方向发展。现代通信工具的发明和应用，使得社会获取信息的能力增强，使大的组织获取多样化信息成为可能，市场经济更加发展，同时由于生产的电气化，世界市场的统一，使商品和资本从国家和地区走出来涌向全球，进而导致了生产社会化与生产资料私有制之间矛盾的激化，资本主义社会中的现有生产关系不适应生产力的状况凸显。

（三）现代科技生产力时期与两种经济体制

机械化向现代科技生产力的发展，对经济体制提出了新的要求。信息化初期信息处理能力不足要求建立市场机制。现代科技生产力的发展促使人类社会进入信息化时代。随着互联网经济的发展、电子商务的兴起，整个社会的商品生产和交换等运行方式都发生了深刻的变化。尤其是 21 世纪以来的互联网时代使信息更加透明，使市场配置资源的功能获得质的提升。

互联网时代的社会经济运行体制需要发挥计划体制和市场体制这两种机制的协调配合功能。社会资源的基础配置功能由政府转向市场，充分发挥市场在资源配置上的决定性作用。同时，履行政府在宏观领域的调控职能。

二　市场经济体制的横向演进

（一）苏联经济体制的演进

苏联经济体制的演进经历了从高度的计划经济体制向完全的市场经济体制过渡阶段。1917 年，生产力发展水平落后的俄国首先取得了社会主义革命的胜利。列宁明确提出："电气时代是社会主义时代。"[①] 苏维埃俄国在推进社会主义建设的同时逐渐确立了计划经济体制。苏联的计划经济体制在一定程度上适应了当时的生产力水平，在1928年至1975年大约50年的时间里，苏联经济发展的速度是非常快的，这使苏联在较短的时间内完成了第二次世界大战后的经济复苏，也使苏联迅速发展成仅次于美国并可以与其相抗衡的超级大国，其经济总量在20世纪70年代中期一度达到美国的80%。可见，计划经济体制在一定条件下有助于推动社会的经济发展和显示社会主义制度的优越性。

苏联的计划体制随着时间推移，在实践中越来越成为经济进步和社会发展的障碍。在20世纪70年代以后逐渐显现出来，经济体制的改革被提上了日程。建立具有效宏观调控能力的市场经济体制以适应这种变化成为社会主义不得不做出的选择。在戈尔巴乔夫时期，苏联的改革最先从经济领域开始。改革除了在制度上进行转换外，在体制上也进行了相应的改革。在制度上，由社会主义公有制向私有制转变；在体制上，由计划体制向市场体制转型。基本制度的转变导致苏联丧失了其社会主义制度存在的基础——生产资料公有制。经济体制由计划向市场的转型一方面适应了生产力的发展，市场配置资源能够降低计划成本，另一方面向市场的完全转变抛弃了计划手段使经济滑向了深渊。

（二）美国经济体制的演进

美国经济运行机制的演进，大体上可以分为三个阶段：第一阶段是市场调节机制的确立和充分发挥作用及其市场机制缺陷逐渐暴露的阶段；第二阶段是政府调节机制的确立和发挥作用及政府干预经济政策的弊端逐渐暴露的阶段；第三阶段是市场调节与政府调节共同发挥作用的调整阶段。

迄今为止，包括美国在内的资本主义国家在市场调节与政府调节相结合上，并没有完全找到一个最佳的结合点，也没有形成一个一般的、稳定的、具有普遍性意义的既能克服市场机制缺陷，又能克服政府干预弊端，同时能够充分发挥市场作用和政府调节作用，实现市场与政府调节机制有机融合和互补的经济运行机制。

---

① 《列宁全集》第30卷，人民出版社，1957，第303页。

第四节　对社会主义市场经济的认识和探索

一　马克思主义经典作家的认识

马克思和恩格斯主要讨论的市场配置资源的方式是围绕资本主义经济运行方式展开的。他们认为，第一，按一定比例分配社会劳动和其他资源的职能，是由随供求情况的变化而经常发生波动的市场价格承担的；第二，这种资源配置方式必然导致的运行状态，则是生产的无政府状态和反复出现的严重经济危机。①

二　列宁的探索

列宁在从事革命活动的相当长时期内，一直坚持马克思主义关于计划和市场的传统看法。他说："只要是存在着市场经济，只要还保持着货币权力和资本力量；世界上任何法律也无力消灭不平等的剥削。只有实行巨大的社会化的计划经济制度，同时把所有的土地、工厂、工具所有权转交给工人阶级，才可能消灭剥削。"② 与此相适应，列宁长期坚持认为："经常的、自觉地保持的平衡，实际上就是计划性，然而这并不是仅仅从经常发生的许多波动中确立的平均量的平衡"。③

20 世纪 20 年代前后，在从战时共产主义政策转向新经济政策的过程中，苏俄现实的经济实践促使列宁的思想发生重大转变。列宁开始认识到，那种"直接用无产阶级国家的法令，在一个小农国家里按共产主义原则来调整国家的生产和产品的分配"④ 的做法是错误的。列宁指出："我们不得不承认我们对社会主义的整个看法根本改变了。"通过市场机制实现统一的国家计划同计划经济并不矛盾：新经济政策并不是要改变统一的国家计划，

---

① 吴敬琏：《论作为资源配置方式的计划与市场》，《中国社会科学》1991 年第 6 期，第 125 ~ 144 页。

② 《列宁全集》第 10 卷，人民出版社，第 406 ~ 407 页。

③ 《列宁全集》第 3 卷，人民出版社，第 566 页。

④ 《列宁选集》第 4 卷，人民出版社，第 571 页。

不是要超过这个计划的范围，而是要改变实现这个计划的办法。①

三 斯大林的做法

新经济政策的执行因列宁的早逝而面临挑战。20 世纪 20 年代末期，苏联领导层就新经济政策的存废问题进行了一轮新的论战。争论的一个主要问题，是应当继续通过市场还是改用直接计划去配置资源②。在这场论战中，以斯大林为首的主流派掀起了批判“迷信市场自发力量”的运动，说是新经济政策已经过时，需要根除它的影响。在这场政治运动的基础上，建立了斯大林的集中计划经济模式。③ 在政治上和组织上彻底击溃了“左派”和“右派”，在理论和政策方面否定了新经济政策。

这样对市场作用的否定和对价值规律的忽视的认识和做法带来的后果在日后逐渐显现，战后时期的苏联和其他社会主义国家的体制失灵和经济停滞，显然同这种僵化理论和这种理论基础上的资源配置方式有直接的关系。④

四 当代的认识和探索

1. 公有制基础上有计划的商品经济的提出

在 1956 年社会主义改造完成以后，中国开始了社会主义经济建设的探索。尤其是在 1978 年党的十一届三中全会以后，经济领域的体制改革随着广大人民群众艰苦卓绝的实践探索，被提上了日程。据吴敬琏等专家回忆，改革初期大多数经济学家就已认识到，中国的社会主义经济应当是“有计划的商品经济”。1980 年有关经济改革的第一个政府文件《关于经济体制改革的初步意见》明确指出：“我国现阶段的社会主义经济是生产资料公有制占优势，各种经济成分并存的商品经济”；中国经济改革的原则和方向是，

---

① 《列宁全集》第 35 卷，人民出版社，第 534 页。

② 叶·阿·普列奥布拉任斯基：《新经济学》，生活·读书·新知三联书店，1984，第 10～12 页。

③ 吴敬琏：《计划经济还是市场经济》，中国经济出版社，1992，第 49～53 页。

④ 吴敬琏：《确立社会主义市场经济的目标模式》，《马克思主义与现实》1992 年第 3 期，第 25～36 页。

按照发展商品经济和促进社会化大生产的要求，“把单一的计划调节，改为在计划的指导下充分发挥市场调节的作用”。[①]但受到社会舆论和传统既得利益者的不断反对和批判。

在现实的实践中，由家庭联产承包责任制带动起来的农村改革和对外开放获得了巨大成功，为改革进程注入了巨大活力，这为“社会主义商品经济”口号的恢复提供了坚实的物质生产基础。相应地，人们希望缺乏活力的国有经济通过改革成为独立的商品经营者。

1984 年夏秋之际，一些经济学家向中央提出，应当恢复社会主义有计划商品经济的提法。随后出台的中央文件《关于经济体制改革的决定》对新经济体制做了具体规定，指出在中国建立的是以市场配置为基础的资源配置方式。所谓社会主义有计划的商品经济也就是社会主义有宏观总量管理和政府干预（计划指导）的市场经济。[②]

2. 社会主义市场经济的确立

正如吴敬琏指出的，经过 13 年的改革，市场的因素已经在原有的计划经济的“缝隙”和“边缘地带”茁壮地成长起来，使走向市场经济的改革越过了临界点，成为不可逆转的趋势。[③] 1992 年，邓小平同志的南方谈话指出：“计划多一点还是市场多一点，不是社会主义与资本主义的本质区别。计划经济不等于社会主义，资本主义也有计划；市场经济不等于资本主义，社会主义也有市场。计划和市场都是经济手段。”[④] 党的十四大明确建立社会主义市场经济体制的改革目标，这是社会主义政治经济学的重大突破与发展。

从 1978 年以来，十多年的经济改革实践，让大众对市场经济体制的运行机制的认识逐步深化，学界和社会多数人意识到克服传统经济体制的种种弊端，在于改变资源配置方式，建立起完善的市场经济体制。以市场配

① 吴敬琏：《为什么要确立社会主义市场经济的改革目标?》，《中国工商管理研究》1992 年第 2 期，第 2 ~ 9 页。

② 吴敬琏：《为什么要确立社会主义市场经济的改革目标?》，《中国工商管理研究》1992 年第 2 期，第 2 ~ 9 页。

③ 吴敬琏：《为什么要确立社会主义市场经济的改革目标?》，《中国工商管理研究》1992 年第 2 期，第 2 ~ 9 页。

④ 《邓小平文选》第 3 卷，人民出版社，1993，第 373 页。

置为基础的经济运行方式是一种适合于社会化大生产、能够保证有效率地成长的经济体制。目前中国的经济体制改革的市场经济取向已经确立。

第五节 中国社会主义市场经济体制改革过程

关于中国社会主义市场经济体制改革过程，如习近平总书记指出的："20 多年来，我们围绕建立社会主义市场经济体制这个目标，推进经济体制以及其他各方面体制改革，使我国成功实现了从高度集中的计划经济体制到充满活力的社会主义市场经济体制、从封闭半封闭到全方位开放的伟大历史转折……极大促进了社会生产力发展，极大增强了党和国家生机活力。"①

一 中国市场经济改革路径

中国改革的目标是建立社会主义市场经济，中国市场经济改革路径有以下几点。

1. 确立中国市场经济的总体框架

任何一个现代市场经济，都有以下几个基本的要素：第一，建立在明确界定的产权基础上、独立自主地进行决策、并负完全经济责任的厂商（企业）；第二，企业有权自由进入、彼此间平等自由竞争、能够提供正确价格参数的市场。第三，政府的宏观（总量）管理和行政指导。

从市场经济的这些内在要求出发，中国市场经济的总体框架或者说基本结构大致有以下几个方面。①以自主企业制度为基础，不论企业的所有制性质如何，它们都是自主经营、自负盈亏的独立主体（自然人和法人），在市场中平等竞争。②竞争性的市场既是它们活动的场所，也是它们的联系方式。通过市场把处于社会分工体系各个分支中的企业联结起来，并使其活动彼此协调。这里所说的市场包括货物市场和要素市场。由竞争所形成的价格，则是这个经济系统的基本参数。它决定着系统各组成部分的运

---

① 习近平：《切实把思想统一到党的十八届三中全会精神上来》，《人民日报》2014 年 1 月 1 日，第 2 版。

行轨迹。③政府作为社会的代表，通过经济的、法律的、行政的乃至道德的手段，对市场活动进行调节。上述三个方面是一个有机的整体。它们之间彼此联系、相互制约，组成一个具有互动关系的体系，发挥有效配置资源的功能。

2. 竞争性的市场体系

市场的首要功能是传递信息。在传统体制下，经济信息结构是自上而下或自下而上地纵向传输的。这种结构下的信息成本很高。市场经济中的信息结构是横向的，企业间的信息传递通过价格机制进行。价格升降是生产活动和购销活动的指示器。① 当一种产品价格上升时，消费者就会尽可能地节约使用它，而生产者则会尽可能增加其供给；反之则减少供给。通过这一过程，企业就可以按照社会的需求进行生产，因此，市场必须具有竞争性。

3. 以间接调控为主的宏观调控体系

从西方发达的市场经济的情况来看，20 世纪后，自由放任的市场竞争不能适应现代经济的发展，已变得十分明显。市场有所不能和多有缺陷已被社会公认，因而在市场经济下各国的政府不得不更多地负起责任，加强对宏观经济的管理，并在“市场失灵”方面对经济活动进行干预。一般来说，由于“市场失灵”，所以需要进行宏观管理和行政干预的领域大体有以下几个。②

（1）由于市场调节是一种事后调节，从价格形成、信号反馈到产品产出，时间上有一定的滞后性，所以调节过程中往往发生“蛛网原理”所描述的波动。这在那些生产周期较长的产业部门，如粮食生产、牲畜养殖中表现得更为明显。为了减少经济波动，保持稳定发展，除了要在市场制度的范围内寻求改进的办法外，国家还可以在中长期预测的基础上制订中长期计划，对今后的发展规定某些重要的社会经济目标（如国民生产总值增长率、通货膨胀率、失业率、进出口增长率），为迎接未来挑战而提出政策

① 冯建平：《打破计划经济旧框框　建立市场经济新机制》，《金山企业管理》1995 年第 2 期，第 14 ~ 15 页。

② 吴敬琏：《市场经济的组织结构、基本功能及约束条件》，《理论前沿》1992 年第 22 期，第 4 ~ 8 页。

措施，并提供有经济当前状况和发展趋势的信息，为企业和其他经济行为主体的微观经济决策提供指导。

（2）当所谓外部性存在，即某些经济活动导致外部其他人受益（外部效益）或受损（外部负效益），而没有计入有关产品的个体成本之中时，市场机制有效率地配置社会资源的前提便在一定程度上受到了破坏。这时便需要政府进行干预，采取行政规制或经济奖惩的办法来加以处理。至于那些具有极强外部性、在享用上又不具有排他性的所谓“共用品”，如社会治安、国防等的生产，一般更应由社会负责，而不能靠市场机制提供。[①]

（3）在规模经济意义显著的行业，市场有产生垄断的倾向，垄断又反过来抑制市场机制的有效运用，妨碍效率的提高。因此，反对垄断和非公正竞争是政府的重要职责。政府应当通过司法和行政的办法防止垄断产生和保持竞争秩序。

（4）公正的收入分配，是社会主义的重要社会目标。然而，市场不可能自动实现这一社会目标，保证收入分配的相对平等。因此，需要政府采取行动，通过实施正确的税收政策和收入政策来维护分配的公正性，并根据经济力量的可能建立适当的社会保障体系。可以说，通过实施目标明确的社会政策尽可能实现社会公正，乃是社会主义市场经济的一个重要的特征。

如果采用需求管理和供给管理的两分法，需求管理中掌握财政税收政策、货币政策和收入政策的机构，主要是财政部门和中央银行。从供给管理来说，还需有类似于日本的通商产业省（通产省）那样的、紧紧依靠市场来制定和实施产业政策，包括产业结构政策和产业组织政策的机构。由这些宏观管理机构制定和实施财政税收政策、货币政策、收入政策、产业结构政策和产业组织政策等五大类政策。[②]

二　改革的路径

十一届三中全会后，中国步入改革开放时代，逐步在理论和实践上探

① 吴敬琏：《计划经济还是市场经济》，中国经济出版社，1992，第175～183页。

② 吴敬琏：《市场经济的组织结构、基本功能及约束条件》，《理论前沿》1992年第22期，第4～8页。

索对计划经济体制进行改革。在1979年4月的中央工作会议上，提出了“在我们的整个国民经济中，以计划经济为主，同时充分重视市场调节的辅助作用”的思想。在党的十二大报告中，提出了要以“计划经济为主，市场调节为辅”。党的文献中明确地引入了市场的概念，表明党对市场经济的认识在发生着变化。党的十二届三中全会，通过的《中共中央关于经济体制改革的决定》，明确指出社会主义经济是“公有制基础上的有计划的商品经济”。中国经济体制的改革主要有以下几个阶段。

第一个阶段：启动和局部试验阶段（十一届三中全会到十二届三中全会）。1978年12月党的十一届三中全会的召开，拉开了中国改革的大幕。中国的改革是从农村开始的，家庭联产承包责任制、统分结合的双层经营体制取代了人民公社制度。这一改革一经启动，就激起了广大农民的生产积极性，改善了农民的生活状况，彻底改变了中国农业和农村经济极端落后的局面。1982年以后，其他方面改革的试验也开始起步。扩大企业自主权试点，逐步推进“划分收支、分级包干”的财政体制改革，废除了农副产品的统购统销制度，不断减少的集体经济和几乎绝迹的个体经济逐步恢复和发展，探索建立经济特区等。

第二个阶段：改革的全面探索阶段（1984年到1992年）。当改革从各个领域深入相关体制的时候，中国的改革就进入了全面探索阶段。1984年党的十二届三中全会通过的《中共中央关于经济体制改革决定》，开启了市场经济体制改革的探索。从1984年提出改革的目标到1992年从理论上确认市场经济在社会主义制度中的地位，为改革由单个领域向全面深化打下了坚实的理论基础。这一阶段的改革主要围绕企业改革的探索展开。同时，政治、科技、教育、体育等领域的改革也逐渐启动。

第三个阶段：社会主义市场经济体制初步建立阶段（1992年到2001年）。党的十四大确立了建立社会主义市场经济体制的改革目标，党的十五大确立了以公有制为主体、多种所有制经济共同发展的基本经济制度。重点进行了国有企业改革。同时，科技、教育等体制改革取得重要进展。通过几年的努力，社会主义市场经济体制基本得到了确立。

第四个阶段：社会主义市场经济体制发展完善（2002年至现在）。当社会主义市场经济体制基本确立的时候，党提出了经济体制改革的更高目标，提出用21世纪的头20年继续完善社会主义市场经济体制的任务，对完善社会主义市场经济体制进行全面的部署。在完善社会主义市场经济体制阶段，改革的重点是经济体制改革的全面深化，以使经济发展的各个领域在市场经济体制下协调发展、持续发展。

社会主义市场经济体制的建立和完善是适应主导生产要素由机械化、自动化向信息化转变的必然要求，是中国经济改革坚持马克思主义基本原则的必然选择。中国由计划经济体制向具有较强宏观调控能力的市场经济体制的根本性转变推动了生产力的快速发展，改善了人民生活，实现了由温饱向小康的转变，形成了独具特色的发展模式，为其他国家的体制改革指明了方向。当前乃至今后一个时期，随着自动化、信息化主导生产要素的确立，继续推动中国经济体制改革和深入发展是生产力发展的必然趋势。

五　科技生产力时期社会主义市场经济的进一步完善

（一）现代科技生产力要求继续坚持和完善基本经济制度

党的十八届三中全会把“坚持和完善公有制为主体、多种所有制经济共同发展的基本经济制度”作为深化经济体制改革的制度根基来秉持，为完善和发展中国特色社会主义制度，推进国家治理体系和治理能力现代化，奠定了坚实的中国特色的国家经济制度基础。① 虽然在现代科技生产力时代，市场经济体制的建立是必要的，但是一定程度的计划也是生产力发展的必然要求。这是因为生产力的发展和主导生产要素由机械化、自动化向信息化的转变，都是要求计划、调控在一定程度上存在的。无论是计划还是调控，其基础都是生产资料的所有制，在生产资料公有制条件下，计划或者调控是可以顺利完成的。针对非公有制经济部分，更多的是通过法律或者税收的形式进行调控，它仍然在一定程度上制约着调控的效果。

（二）深化对公有制经济和非公有制经济的思想认识

发展公有制经济是生产力由手工工具到机械化发展的必然要求。党的十八届三中全会指出：必须毫不动摇地巩固和发展公有制经济，坚持公有

① 田应奎：《深化经济体制改革根本性问题研究》，《理论探索》2014年第4期，第5～10页。

制主体地位，发挥国有经济主导作用，不断增强国有经济活力、控制力、影响力。一方面，进一步完善国有资本管理体制。[①] 在改革开放以来的发展中，国有资本对于国家安全、公共服务和国家的生产力进步起到了基本的保障作用。深化对国有资本的控制和利用能够更好地体现社会主义的优越性。

非公有制经济发展是由生产力发展层次性决定的，在生产力发展水平较低的行业和领域发展非公有制经济，是对公有制经济的重要补充。非公有制经济在经济社会发展中发挥重要的作用，不仅有利于解决就业，对促进竞争，推动创新等方面也发挥非常重要的作用。同时，由于生产力的发展要求建立市场经济体制，中国就必须提供不同的市场主体，因此，支持和鼓励非公有制经济发展成为市场经济的必然路径。

处理好公有制非公有制经济的关系。处理好公有制经济和非公有制经济的关系无论是在改革以来还是未来的改革中都是中国经济社会健康、快速发展的关键。允许非公有制经济存在和发展，就要求对它进行合法性认定和保护，这是中国所有制关系的重要内容。同时，应促进二者的协调发展，深入贯彻公平竞争原则。随着生产力发展水平的提升，努力实现公有制经济规模的提升，特别要在提升国有经济控制力、主导力和普惠性上下功夫。另外要处理好公有制经济和非公有制经济的作用边界，发挥非公有制经济和公有制经济的比较优势，使它们在推动中国经济社会发展和实现中华民族伟大复兴中发挥应有的作用。

（三）处理好政府与市场的关系

随着生产力的发展和主导生产要素由机械化向自动化、信息化的转变，中国在社会主义市场经济体制完善和继续发展的过程中既要发挥市场在资源配置中的决定性作用，又要加强宏观指导。

党的十八届三中全会通过的《中共中央关于全面深化改革若干重大问题的决定》（以下简称《决定》）提出，经济体制改革的核心问题是处理好政府和市场的关系，使市场在资源配置中起决定性作用和更好地发挥政府作用。《决定》符合生产力发展对经济体制提出的基本要求，是理论创新与

① 《中国共产党十八届三中全会公报》，《中国合作经济》2013 年第 11 期，第 4 ~6 页。

生产力发展实际结合的最好体现。[①]

将充分发挥市场在资源配置中的决定性作用作为中国经济体制改革的核心，标志着党对市场经济规律的认识指向一个新的高度。从市场经济在资源配置中的基础性作用到市场的决定性作用是生产力的主导生产要素由机械化、自动化向信息化发展的必然要求。发挥市场的决定性作用就是要充分发挥市场在资源配置中的绝对主体地位，从各种生产要素的价格到商品的价格，都由市场而不是由政府决定，这是对市场作用的进一步强化，是要充分发挥市场这只“看不见的手”的巨大作用。在充分相信和发挥市场作用的同时，也要注意发挥政府在经济中的宏观指导作用，加强市场监管，维护市场秩序，纠正市场失灵。

（四）大力发挥第三部门的职能优势

有学者指出，市场体制和计划体制是第二次世界大战后在全球社会经济发展过程中运用的主要制度工具。但是，不论它们是被单独使用、交替使用还是结合使用，这两种制度工具都有着其固有的局限性。[②] 进一步假设如果市场和政府两种手段同时失灵，社会如何来应对呢？为此，国内外一些学者提出了第三部门的理论命题。他们认为，在政府和市场之间有一个中间层，活跃在这一领域并起主导作用的是第三部门。第三部门自 20 世纪 70 年代在国外开始出现后，就以迅猛的速度发展。据 1985 年的统计，从事这类组织的雇佣人员已超过美国就业人员的 25%，拥有国民私人财富的 15%。[③]

第三部门作为一种组织创新，同市场体制中的企业和国家体制中的政府有着明显不同的职能优势。主要有以下几方面职能优势。

第一，非营利性。第三部门的非营利性是指它们不以营利为目的，法律也禁止它们将盈利分配给组织的经营者。这些组织的非营利性有利于他们涉及一些无利可图的领域如慈善或环保事业等，同时增加公众的信任度。

---

① 廖富洲：《试论十八届三中全会关于经济体制改革的创新》，《中共郑州市委党校学报》2014 年第 1 期，第 5 ~ 9 页。

② 张慧鹏：《我国非营利组织“行政化”问题研究》，硕士学位论文，河南大学，2009。

③ 李勇军、路金亮：《西方第三部门的兴起及其对我国发展第三部门的启示》，《成都行政学院学报》（哲学社会科学版）2002 年第 5 期，第 23 ~ 24 页。

第二，沟通性。第三部门的沟通性表现为第三部门具有深入社会基层、贴近公众的优势。第三部门的成员一般既能深入社会基层的民众中间，又能同政府保持较密切的关系。作为一条重要的纽带，在其所服务的社会基层民众同企业、学术界、新闻媒介以及社会公众之间发挥着沟通作用。

通过这些组织的调查、研究报告、咨询服务等活动，为公共政策的确定提供现实依据。

第三，创新性。在第三部门当中，汇聚了一大批优秀的学者、专业技术人才和管理人才，他们发挥聪明才智，引领新技术、新技能和新的生产方式的创新，积极引用和推广新的适用技术，对于推动经济发展和社会进步发挥着不可低估的作用，使第三部门具有很强的创新性。

由于第三部门具有比政府公共部门更灵活、更好的创新机制和更为广泛的参与基础，所以它能够使公民的参与需要得到满足，缓解社会突出问题的压力，并起着制度创新的作用，解决了一些政府解决不了的问题，从而避免“政府失灵”现象的产生。同时，由于第三部门具有非营利性、社会志愿的特点，所以它能通过社会福利服务这种利他行动来促进社会性伦理的完善，增进社会的信任基础。为此在科学技术是第一生产力时期，要大力发展第三部门。①

① 崔运武：《公共事业管理概论》，北京高等教育出版社，2002，第70～104页。

第六章　社会主义政治经济学视域下的改革理论

第一节　关于改革的理论探讨

从党的十一届三中全会开始改革到全面深化改革取得举世瞩目的重大成就，曾经国外主流经济学家不看好中国经济，后来许多人的认识发生了转变。当前中国正处于改革攻关的关键期，进一步思考改革的逻辑和理论渊源比以往显得更为重要，因为，改革的逻辑决定了改革的走向和改革的成败，改革理论的渊源则决定了人们对改革的认同度。① 在社会主义政治经济学视域下回顾和探讨改革理论是有必要的。

一　改革的生产力与生产关系逻辑

由第二章生产力与生产关系的辩证关系原理可知，一定条件下生产关系能够适应生产力的发展，一定条件下一定的生产关系不能适应生产力的变化，成为生产力进一步发展的障碍。生产力与生产关系的矛盾关系在发展变化的过程中有如下表现。

（一）生产力与生产关系相适应

生产力处在经常的变化发展中。变化的原因是生产力是不断发展的，即使有偶尔某一个时期的后退，但总体上是前进的。生产力的发展变化是以前人的发展创新为基础的，任何一代人都不可能抛弃前人的成

① 林毅夫：《解读中国经济》，北京大学出版社，2012，第244页。

就从头再来。所以，生产力的发展是代代相传的，它表现为人类文明的不断进步，也是人类历史连续性的根源。然而，生产力在一定的发展阶段上有其特定的客观性，这种客观性从质的方面来说，一种新的生产力已经形成；从量的方面来说，新的生产力已不再如其刚刚萌芽时期，而是大量地、普遍地被应用于社会生产中，成为新的主导生产要素。与这种新形成的生产力相适应，需要建立起相应的生产关系。生产力在质与量上的相对稳定性，决定了生产关系的质与量在一定历史时期的相对稳定性。

生产力与生产关系相互适应具体体现在主导生产要素及其人格化机制的适应上。不同的主导生产要素与其对应的人格化机制的表现是不同的。在原始共同体的尽头，逐渐产生了奴隶主阶级，他们拥有对奴隶的所有权和使用权，将奴隶作为会说话的工具。此时，由于生产工具的落后，依靠奴隶体力劳动进行社会生产成为奴隶主阶级的必然选择，所以，奴隶劳动成为奴隶社会的主导生产要素，是形成奴隶社会主导生产要素人格化机制的决定性因素。随着生产力的发展，手工工具在生产中的作用越来越大，地主阶级逐渐形成，土地与劳动工具成为封建社会的主导生产要素。地主阶级对土地拥有所有权，他们同时拥有生产工具，此时，依靠地主阶级掌握的生产要素是推进生产劳动的必然要求。这就形成了封建土地所有制及其人格化机制。18 世纪 60 年代开始的工业革命，使人类社会进入机器大生产时代，机器成为这一时期的主导生产要素，而对生产资料的占有以及对机器的所有权，形成了资本家占有直接工人劳动和间接工人劳动这样的人格化机制，这就是“以资为本”的机制，即资本主义制度。在当代，由于生产力的发展，现代科学技术成了主导生产要素，为此同样必须建立起与之相适应的人格化机制，这就是“以知为本”的机制。这种机制能够充分发挥知识分子的作用，发挥科技型企业家的作用，使整个社会的资源有效整合，使一切社会创新的活力竞相涌流。因此，科技创新的人格化机制正是这种要求的首选。

（二）生产力与生产关系不相适应

伴随着生产力水平的不断提升，如果不能建立起与一定时期的主导生产要素相适应的人格化机制，那么就会存在生产力与生产关系的不适应问题。生产关系一定要适应生产力发展的要求是社会进行改革的唯物史观依据。随着生产工具由铜器时代向铁器时代的转变，劳动工具比以往大大提升了生产效率，广大的土地被开垦出来。释放奴隶的生产积极性，将大量的土地高效率的利用起来是铁器时代对其人格化机制的必然要求。产业革命的发生，使机器设备成为主导生产要素，这样资本化的人格化机制必然是和以地主阶级为代表的土地的人格化机制发生冲突的。当代，现代科学技术成了主导生产要素。建立与现代科学技术相适应的人格化机制，是以科学技术为主导生产要素的生产力的必然要求。这种机制必须实现科学技术知识与知识分子或科技型企业家的直接结合，而这是同机器大工业时代机器主导生产要素及其人格化机制相冲突的。为此，建立起以现代科学技术为本的发展模式，以及逐步完善其人格化机制，是新时期改革的重要目标。

（三）生产力与生产关系的对应

20 世纪 50 年代，学界一般认为只有落后的旧的生产关系，才对生产力的发展起阻碍作用，甚至还有人认为，超越生产力发展阶段的生产关系，也是适合生产力性质的。20 世纪 60 年代初，开始有人认识到，超越生产力发展阶段的生产关系也会阻碍甚至破坏生产力的发展。粉碎“四人帮”之后，越来越多的人认识到了这一点，即超越生产力发展阶段的生产关系，同落后于生产力的生产关系一样，同样是不适合生产力性质的。而生产力与生产关系之间有如下的对应关系。①

1. 一一对应

当生产关系与生产力基本适应的时候，生产关系就会成为生产力发展的助推器，不断推动生产力向前发展。生产力与生产关系之间存在这种确定的对应关系，这种对应可称为主对应。如原始社会对应石器生产力，奴隶社会对应铜器生产力，封建社会对应铁器生产力，资本主义社会对应机器大工业生产力，社会主义社会对应现代科技生产力等。

2. 非一一对应

生产力与生产关系之间除了存在主对应关系外，还存在非主对应关系，

① 蒋绍进、李旭蔼：《〈资本论〉研究论综述》（上），福建人民出版社，1984，第 384 页。

或非一一对应关系。如封建社会也可以对应机器大工业生产力，资本主义社会也可以对应手工业生产力或现代科技生产力，社会主义社会也可以对应机器大工业生产力等。

因此，从纵向来看，以一定时期的生产力发展为基础，这三种对应表现为：第一阶段是生产力发展落后于生产关系，我们称为前不适应期。它主要存在于一种新的生产关系刚刚建立的时候及其发展的前期，这个阶段新的生产关系对生产力发展是起着促进作用的，但是由于生产力尚落后于与之对应的生产关系，它们之间又是存在矛盾的。第二阶段是生产力与生产关系的基本适应阶段。随着生产力的发展，其逐渐与新的生产关系相适应，这个时期表现为生产力的快速发展，一般为一种社会形态发展的中期。第三阶段是生产力发展了，和现存的生产关系发生矛盾，生产关系又阻碍生产力的发展，这个时期称为后不适应期。因此，生产关系与生产力之间遵循着这样一个过程：基本不适应——相适应——基本不适应。人类社会正是在这种辩证运动中不断地发展着。

当前，社会主义社会仍然处在初级阶段，现阶段生产力主导生产要素的多样性决定了社会主义生产关系的多样性。这种多样性主要表现在，社会主义生产关系与智能现代科技生产力之间的对应是主对应，与手工生产力及机器生产力的对应是前矛盾期，与高级信息科技生产力的对应是后矛盾期（见图 6－1）。

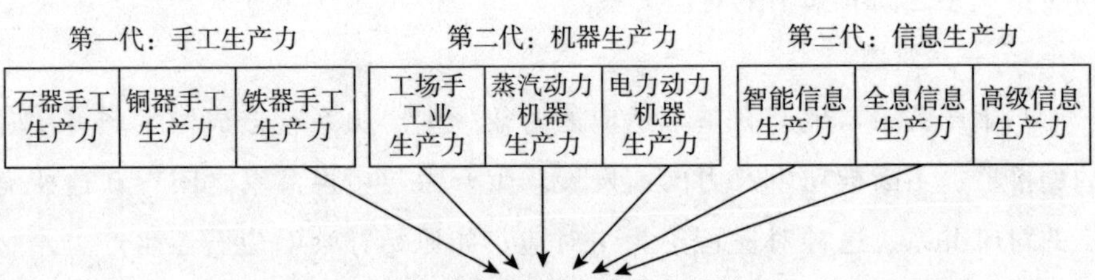

图 6－1　社会主义生产关系与生产力的对应

二　改革的实质及其作用

历史唯物主义认为，生产力与生产关系之间的矛盾运动是推动社会发展的根本动力。而社会主义政治经济学认为，生产力与生产关系之间的矛盾是改革的基本动因。改革就是要不断调整生产关系使之适应生产力的发展。同时生产力与生产关系不断调整的过程也是社会主义制度不断完善的过程。

从类型来看，改革无非包括两种形式：自上而下和自下而上。无论是前者还是后者，都是在不改变原有社会制度的前提下对现有制度的完善和发展。自上而下是由统治者主导推动的，往往是在制度建立的初期。自下而上一般是从民间发动又倒逼统治者顺应的改革。在一种制度建立的中后期，改革在完善制度的同时实际上也是在为新的制度的产生创造条件。改革也是转变经济增长方式、优化产业结构、实现资源、环境与社会协调发展的基本手段。改革实践的发展，同时会推动人们思想的变化，破旧立新就成为习惯，整个社会的思想观念和价值观念的变化也是改革的必然结果。

三　改革的动力和阻力以及基本模式的主要路径

2014 年习近平在中央全面深化改革领导小组第四次会议上指出，“党的十八届三中全会重要改革举措实施规划（2014－2020 年），对未来 7 年的改革实施工作做出整体安排，突出了每项改革举措的改革路径、成果形式、时间进度，是指导今后一个时期改革的总施工图和总台账……力争把改革任务做实”。[①] 这段话深刻表明，基于唯物史观立场明晰当前改革的权力和阻力，了解改革的基本模式、摸清改革的主要路径，关系着大众对进一步深化改革的认可度与接受度，关系着改革的直接效果与得失成败。

（一）改革的动力与阻力

从生产力与生产关系的适应性规律研究改革的动力与阻力有助于坚持改革的自觉性，有助于把握改革的规律性，有助于增强改革者的责任意识，有助于有据可依地深化改革。

从生产力与生产关系的关系来看，改革首先是一个利益变动过程，生产力和生产关系相适应，获得了改革利益，产生了改革动力。生产力和生

① 习近平：《共同为改革想招　一起为改革发力　群策群力把各项改革工作抓到位》，《人民日报》2014 年 8 月 19 日，第 1 版。

产关系不适应，遭受到了改革损失，产生了改革阻力，这种阻力可称为摩擦阻力，由于改革过程中的利益变动是不断深化的过程，所以摩擦阻力是改革进程的增函数。

另外，改革过程是一个规则变动过程，改革由熟悉旧规则到熟悉新规则，特别是由熟悉计划规则到熟悉市场规则，同样需要付出成本，这种成本可称为实施成本。由于在改革过程中人们对市场规则越来越熟悉，所以实施成本是改革进程的减函数。改革的摩擦阻力和实施阻力都是改革的总成本。由上述两个函数的特点，它们的合函数必有一个最小值点，这个最小值点就是改革方案推出的最佳点。

（二）改革的基本模式

改革模式是指改革主体为实现一定的目标所采取的改革形式等方面的总和。依据生产力与生产关系适应运动的规律，从改革的速度角度来说，改革的模式可以分为渐进式改革和激进式改革，从改革的领域和社会效果来说可以分为增量改革和存量改革等。上述两个函数的性质，特别是摩擦成本函数的性质，决定了改革模式的选择。在改革实践中，形成的主要改革模式有以下几种。

1. 增量存量式改革

所谓增量存量式改革，也叫作体制外向体制内转向的改革，就是改革首先从增量入手（体制外），而后转向存量（体制内），最后完成全部改革。采取这种模式的优点是：由于改革首先从增量入手，涉及的是新增加的利益，不涉及原有利益的分配，因此摩擦阻力小。当改革产生的利益足够大时再转向存量改革，就可能有效地克服存量改革带来的利益损失，最后能够使改革顺利完成。

2. 渐进式改革

所谓渐进式改革，是指分局部的和分阶段的进行的改革。在激进式改革和渐进式两种改革模式上，中国基本上采取渐进式改革，采取渐进式改革的好处是，首先对于克服摩擦成本来说，由于渐进式改革是局部的和分阶段的，所以能够用前期的改革收益，来补偿当前的改革损失，有效地克服摩擦阻力，同时渐进式改革又给了较充足的熟悉新规则的时间，有效地克服实施阻力。

3. 让利式改革

让利式改革的模式主要适用于改革的启动阶段，在该阶段启动改革需要利益驱动，但改革并没有产生利益，需要第三方进行让利，克服摩擦阻力启动改革。通常情况下，由于第三方通常是政府进行让利，故称为让利式改革。采用该模式的条件是改革开始的时机不宜过晚，否则可能造成第三方无力让利。

4. 局部式改革

所谓局部式改革是指从改革的地域来说，改革首先从若干局部开始逐步推向全局，即典型引路的方法。采用局部式改革，一方面可以用局部的改革利益来启动新的改革从而有效克服摩擦阻力，另一方面可以通过局部取得的经验向全局推广，从而有效克服实施阻力。

实践表明，无论采取哪种或哪几种基本模式，在改革过程中特别要注意处理好改革、发展、稳定的关系，使改革过程不超过社会发展的承受能力。当某一领域的改革所受阻力小时，可增大改革的进程；反之则缩小改革的进程。改革过程要防止改革阻力演化为对抗，最终导致改革失败。

（三）中国改革的主要路径

从生产力与生产关系原理出发分析中国改革的基本路径，是政治经济学基本原理对现实的一种理论观照，对当前进一步深化改革的意义重大。中国对社会主义生产关系的调整，是从生产领域即经济领域起步的。在中国整个的经济改革中，农村无疑是改革的起点，然后改革从农村到城市，从企业到整个经济体制，经济改革的基本思路是遵循生产力与生产关系适应性规律的基本逻辑。

1. 农村改革是中国改革实践的现实起点

理论与实践相结合并根据实践的变化推动实践创新是我们事业取得成功的重要法宝，中国的革命如此，中国的改革也是如此。曾经我们走出了一条农村包围城市的革命道路，中国的改革也走出了一条从农村推向城市的路径。农村改革拉开了中国改革的大幕，作为中国改革的现实起点，农村改革是对农业生产力问题的一种现实回应，农村改革的持续推进是遵循农业生产关系适应生产力变化规律的必然选择。

2. 企业改革是中国改革成败的试金石

企业作为国民经济的基本细胞和社会经济活动的基本单位不仅承担着推动经济发展的作用，而且是社会从业人员重要的就业渠道，工业革命以来形成的现代企业成为生产力发展水平的重要推动力量，企业的总体发展状况影响着大众的收入水平和生活质量，也影响着中国的现代化总体进程。为此，当时的企业改革行动也是呼之欲出。而农村改革的初步成功为当时中国的企业改革提供了重要经验和改革信心，企业改革的启动和推进促使中国的改革向纵深发展。

在社会主义市场经济体制下，明晰企业未来的改革方向，推动企业改革适应中国生产力发展阶段是中国企业支撑经济社会发展、发挥社会主义制度优势的关键所在。可见，企业改革是中国改革成败的试金石。

3. 经济体制改革是中国改革的基础

如果说推进农村改革是中国改革的起点，企业改革是中国改革成败的试金石，那么推进经济体制改革则是中国改革的基础。我国的经济体制改革的基本逻辑是立足农村改革和企业改革的实践基础上，根据生产力现阶段发展状况，遵循着生产关系要适应生产力状况的规律不断试点和摸索而展开的。我国的改革从经济领域启动，逐步向其他领域扩展和延伸，因此，经济体制方面的改革其重要地位和作用不言而喻。经济体制改革作为中国体制改革的重要着力点和突破口，其成败不仅直接决定着中国改革能否全面展开，更是直接关系到社会主义制度优越性的发挥。经济基础的决定性作用决定了经济体制改革是其他改革的先导和基础。

第二节　社会主义政治经济学视域下的农村改革探索

农村是否稳定，农民是否能够增收，农业能否发展，在当前被称为“三农问题”这一时代课题，曾经是困扰中国人的一大难题。农业作为第一产业是国民经济发展的基础和前提。实践表明无论是在革命时期还是建设时期，谁能解决好土地问题或农业生产力落后问题，谁就能够获得广泛的群众支持和拥护。可见，当前“三农问题”直接关系党的执政基础，关系中国现代化能否实现。因此，运用生产力与生产关系原理考察农村改革的曲折历程，反思农村改革的基本逻辑，有助于为未来深化农村改革路径提供理论借鉴。

总体来看，中国的农村改革道路探索根据农村生产力发展水平，走出了一条手工业生产力时期的农村改革、农业机械化时期的农村改革、现代科技生产力时期的农村改革之路。当前进一步推动农业现代化发展，推进农村多举措建设，提升农民增收能力，是全面建成小康社会的必然要求，也是全面深化改革的重要内容。

一　手工业生产力时期的农村改革

唯物史观揭示的变革生产关系一定要适应当时生产力的性质和发展水平状况，是一条不以人们意志为转移的客观规律。

从历史进程和生产力发展水平的维度来看，农业社会以后和工业革命发生之前的人类历史都属于手工工具生产力阶段。笔者综合考量认为，我国的生产力在中华人民共和国成立后到改革开放初期，基本处在这一时期水平。这一时期生产方式是手工工具、劳动者与土地的结合。为了适应手工工具生产力的要求，必须建立与之适应的生产关系，才能够调动奴隶或农民从事农业生产劳动的积极性，从而推动当时农业生产的发展。从理论上来说，调动农村劳动者的积极性，建立起与手工工具生产力相适应的生产关系，应该遵循的基本原则有以下几点。

第一，从所有制关系来看，要形成主导生产要素的人格化机制，也就是劳动者要拥有一定生产资料，即必须使农民与生产工具和土地等生产要素结合起来进行农业劳动才能更好地提高劳动生产率，这是农业经济发展的前提和基础。

第二，从生产过程来看，要形成劳动者支配劳动的人格化机制，也就是劳动者对自身的劳动具有支配的权力，这是发挥劳动者积极性的关键。如果不能实现对自己劳动的支配，在农业生产中就会出现大量消极怠工的现象，导致生产效率的降低。

第三，从产品分配角度来看，要形成劳动者在一定程度上支配劳动成果的机制。在生产力水平还处在比较落后和低级阶段时，劳动产品和成果是劳动者生存的基本保障。这一阶段劳动成果分配若和劳动者的劳动直接挂钩，则能够刺激劳动者的劳动意愿和生产积极性，提高生产效率。

回顾中华人民共和国成立后中国的农村改革围绕着土地所有制改革，大体经历了这样几个阶段：1949～1955年土地分田到户的个体所有制阶段，1955～1978年土地集体化阶段，1978年至今家庭承包阶段 。手工业生产力时期的农村土地改革历程曲折，既有失败的教训，也有成功的探索。

（一）手工业生产力时期我国农业集体化的失败

中华人民共和国成立初期农村实行分田到户的土地改革政策确立了个体土地所有制，有学者指出，在把土地分给农民以后，虽然农民的生产积极性得到了提高，但农村发展并没有太多改观，因为这一时期中国生产力水平极为低下，农民缺少牲畜、农具、资金等生产资料。为了解决农业生产面临的农机具和农田水利等基础设施问题，从而开展了合作化运动。合作化运动最初是有利于农业生产力水平提高的。后来这一运动进程加快。

从互助组、初级社到高级社，用了不到三年的时间。

尤其是社会主义制度确立以后，如何使社会主义纯而又纯被当成当时中国制度建设的重要目标。自1958年河南建立第一个人民公社开始，人民公社在农村乡镇一级实现了生产资料公有化，这样在土地所有制方面就从个体所有制转向集体所有制，主要内容是土地归集体所有，集体统一劳动、劳动成果的分配也由集体统一进行。现实发展的实践证明，这些农业经济运行管理模式、大锅饭等平均主义的做法都超越了当时生产力的要求，导致了农村生产长期停滞不前。

从总体来看，在社会主义建设初期，当时真实的生产力水平是处在以手工工具为主导生产要素阶段，而以人民公社为主要模式的合作化运动远远超越了当时生产力发展的状况，试图通过仅仅调整生产关系来推动生产力发展的目标并不能实现，而且还严重阻碍了农村生产力的发展，损害了农民的生产积极性。实践表明，对其进行深入改革，建立起农村新的生产关系，既是现实的需要，又是农村生产力发展的必然要求。

（二）家庭联产承包责任制的建立

1. 家庭联产承包责任制的形成

“文化大革命”结束以后，安徽省农民首先对农村的土地承包责任制进行了探索。受“农业学大寨”运动和“文化大革命”的影响，安徽省也普遍存在农业发展落后、农村群体贫困和农民吃不饱肚子的现象，尤其是在遭受重大自然灾害后，农民的基本生存更加困难。1978 年冬安徽省凤阳县 18 户小岗村农民为了生存，自发签订了大包干的协议。农民们自发的探索得到了当地党委的支持和引导，也成为中国农村改革的新起点。随着一些地区进行“包产到户”后农业大丰收的不争事实出现，曾经的反对和争论声音消失了。

安徽农民的这一有效探索，后来得到了中共中央的认可，并通过家庭联产承包责任制的方式得到了制度性确认。并将其定性为社会主义集体生产责任制；其指出“联产承包制采取了统一经营与分散经营相结合的原则，使集体优越性和个人积极性同时得到发挥，这是在党的领导下中国农民的伟大创造，是马克思主义农业合作化理论在中国实践中的新发展”，这就为家庭承包制在全国的推广和深入的发展建立了政策基础；后来又出台了继续稳定和完善家庭承包制、延长承包期限、允许农村雇工和政社分离等一系列政策，以上这些措施标志着以家庭承包责任制为核心的农村经营体制基本确立。家庭联产承包责任制在中国的发展能够在短期内获得巨大的成就，其根本原因在于这种生产关系适应了当时中国生产力的实际状况：由手工工具为主导生产要素的生产力水平决定了建立家庭联产承包责任制这样的生产关系是适合的，从中华人民共和国成立到改革开放之初的一个相当长的历史时期，中国农村的主导生产要素是手工工具，这个时候农业生产主要依靠耕牛和铁犁等传统生产工具进行农业生产，农民主要依靠体力和经验进行农业生产。在这样的生产力发展水平下，将土地的经营权委托给家庭劳动单位，把收益权让渡给他们，在给予农民经营自主权的同时从收益上激励农民，使农民在农业生产中多投入、多收益，才能够充分调动农民的生产积极性。

2. 家庭联产承包责任制的优越性与不足

家庭联产承包责任制的建立由于适应了手工工具生产力的状况而具有一定的优越性。家庭联产承包责任制既符合现实的中国国情，又极大地促进了农村生产力的进步。

首先，家庭联产承包责任制虽然实现了所有权和经营权的两权分离，但农村仍坚持土地集体所有，并未改变土地公有制的性质，有助于农民与土地和劳动工具结合、提高劳动生产效率。

随着农业机械化的逐步推进，农业生产的机械化、自动化程度在步步提升，逐步在替代手工工具的农业生产方式。一家一户的分散经营的承包责任制制约着农业生产力的进一步发展。

条块分割、分散经营的承包经营体制在拥有大片土地和机械化程度高的地域逐渐显示出体制不足。单个农民小规模化的经营模式，不利于农业稳定发展和农民稳定增收；土地的条块分割不利于农田水利等基础设施建设，也限制了农户生产者间的协作和大型机械的使用，土地平均分配在单个的农户手中，与农业机械化的规模化经营要求相背离。尤其是对于单个农户来说，他们缺乏吸纳采用新技术、新设备以及发展创新的内在动力，对于现代农业科技的使用也难以形成自觉，导致农业生产效率低下。实践已经表明并将继续证明，家庭联产承包责任制虽能使农民实现初步小康，但很难使农民走向全面小康，这种生产关系目前已经不适合现阶段现代农村经济和农业生产力的进一步发展，对此进行深入改革是现实的需要。

二　农业机械化时期的农村改革

（一）家庭承包责任制不适应农业机械化

与手工工具主导生产要素相对应的家庭联产承包责任制存在分散经营、规模小、效益相对较低的问题。综上可见，家庭承包经营责任制适应不了以机械化为主导生产要素情况下的生产力状况，不利于农业生产的社会化、规模化和集约化的发展，制约着当前农村的进步和农村改革的步伐。这种不适应的深层次原因在于当农业生产由手工劳动转向机械化生产时，现有的农业组织方式就与之产生了矛盾。

（二）农村的机械化改革

随着生产力的发展，农村主导生产要素逐渐由手工工具向机械化工具转变，必然推动着农村生产关系的调整和变革，推动家庭承包经营责任制改革的深入发展。建立起与机械化生产力相适应的农村生产关系是农业生产力进一步发展的客观要求，具体操作如下。

首先，农业发展的规模化要求土地这一主导生产要素可流转。所谓机械化是在一定程度上以机器设备取代人力劳动而进行生产劳动的。大型的机器设备需要大量资金投入，其使用也需要有大量的可使用耕地提供保障。这要求土地使用权能够转让。这两者都需要实现农业生产的规模化。一般情况下，规模化发展不仅可以解决单个农户购买大型机器设备资金不足的问题，也有足量的土地使相关的设备得到高效利用。当然，除了资金投入、土地规模之外，人口因素也影响着农业在机械化时代的规模化发展。

其次，农业发展的市场化要求农民对自己劳动产品的支配权。机械化时代的规模化经营明显区别于手工工具时期自给自足的经济状态，生产不是为了自用消费而是为了市场上的交换。所以，对自己劳动产品的支配权是首要的也是最基本的要求，实现了这一点，市场主体和个人才能够实现农业真正的市场化。

最后，建立与农业机械化相对应的生产关系，除了坚持劳动者与主导生产要素的结合、劳动者对劳动成果的支配外，创新农业生产组织形式，鼓励资本参与农业经营是建立这样的生产关系的前提和基础。

创新农业生产组织形式，是农业生产方式转变的基本要求，也是顺应世界农业产业化的必然选择。农业的规模化和市场化都离不开大量的资金投入，为此积极鼓励和引导社会资本进入农业领域是必要的，在此基础上实现农业合作组织的创新。

一方面要发挥农业优势企业在合作中的引领作用，建立并完善农业生产合作机制。“农业合作经济组织的发展是加快农业现代化发展的重要路径”,① 农业优势企业的带动作用体现在巩固多方合作模式，将农业生产的各个环节和相关群体形成利益共享、风险共担的利益共同体。

另一方面，发挥政府服务和监管职能，加大体系建设和政策支持，如给予其税收优惠政策和倾向性农业补贴，推进建立规模经营资金保障体系和健全农业保险体系等，使农业发展和农民收入有基本保障。

三　现代科技生产力时期的农村改革

现代科技的迅猛发展表现为科学技术从发现和发明到投入生产使用的

① 陆倩、孙剑：《农业合作经济组织协同的结构特征、运行机制及驱动因素研究》，《农业现代化研究》2015 年第 5 期，第 438 ~443 页。

周期越来越短，在经济社会发展中的贡献率越来越大。在整个社会的生产力水平由机械化、自动化向以信息化为主导生产要素的现代科技生产力转变过程中，农业生产水平升级也迫在眉睫，推动农业生产力的再发展并建立起与之相适应的生产关系，必然是全面深化农村改革的战略选择。

（一）现代科技生产力时期的农村生产力与生产关系

1. 现代科技生产力时期的农村生产力

随着科学技术的发展，农业机械化生产力正在被更高的生产力所代替，传统的农业机械化正在被信息化、智能化的技术以及生物科技等创新性科技所代替，以信息技术为代表的现代科学技术正日益成为农业生产的主导生产要素。

现代科学技术对农业生产力的影响体现在：首先，信息化技术促使农业生产装备升级换代，越来越智能化，而互联网模块链和大数据等新技术延伸到生产源头和销售终端整个农业产业链；其次，现代生物技术的应用一方面可以实现对土壤的改良，一方面可以改善粮食品种，进而提高农产品的质量；最后，教育和管理等要素的持续性创新与集约式整合促进了农业的合作互助和一体化。

2. 现代科技生产力时期的农村生产关系

自动化、信息化和生物技术等正逐渐成为农业生产的主导生产要素，科技创新也是现代农业的根本动力。每一次的农业科技创新都充分体现了科技生产力的巨大推动力，同时也推动建立起与之相适应的生产关系，其基本要求有以下几点。

第一，在一体化的农业合作组织中，从事农业生产的劳动者同所属各类资产也形成了直接占有或间接享有的新关系。这些在生产和流通过程中出现的崭新的人与人、人与物之间的平等、协作、互联互通的新关系，逐渐形成了科技生产力时期新型人格化体制，在农业中这种新型生产关系也是适应现代科技生产力的客观要求。

第二，以信息化为基础，构建起生产关系的信息化服务体系，以实现为农产品生产全过程提供信息、技术、资金、生产资料等全方位服务，信息化快速便捷的服务，能使农民专注于农业生产，提高农产品的产量和质量。只有达到整个服务体系和环节、要素的平等，才能形成高效能的农业劳动生产率。

第三，在收入分配上，实现按劳分配与按生产要素分配的结合。实现农业收益的合理分配是实现农业规模化发展的必要条件。由于我国采取的是按劳分配为主，所以农村的收入分配仍然应坚持按劳分配。同时，农民可以以土地作为生产要素参与农业规模化生产，通过农村土地的流转方式实现收益的按生产要素进行分配。

（二）农村的现代化改革取向

1. 继续推进农业规模化和专业化经营方式

当前的农业发展趋势表明，农业规模化是发展现代农业的基础，而专业化则是发展现代农业的目标。为此，应建立适合中国国情农业规模化和专业化的经营方式。

农业规模化，是提升农业生产效率的重要途径。推动农业规模化不妨从以下几方面考虑：一是国家鼓励、支持和引导农民以土地使用权为基础自主组建农业合作经济组织；二是引导社会资本参与农业生产，组建现代农业企业；三是建立现代农业工人的教育、培训制度。①

专业化是现代科技生产力时代农业发展一体化的关键。推动农业专业化的路径探索，既要依靠农业科技创新因地制宜和因势利导地培育主导特色产业，着力打造品牌；也要通过龙头农业企业的引导作用实现品牌深化和农业生产的资本化运营。

2. 推进农业劳动力技能化和城镇化

一方面农业生产专业化、信息化、一体化的发展对劳动力提出了更高的要求。首先，如何实现劳动力的更新换代以及实现劳动力知识更新经常化使之适应自动化、信息化的要求，成为农村生产关系调整绕不开的问题。农业劳动力技能化需要多个部门协同，通过学习转化。

另一方面，农业规模化和专业化发展析出的剩余农业劳动力和转移也要考虑，其中农业劳动的城镇化转移是一个发展方向。城镇化不仅可以吸纳农村剩余劳动力，也可以解决信息处理、产品流通、人才支持、知识更

① 黄国勤：《规模化生产：我国现代农业发展的重要方向》，《中国井冈山干部学院学报》2014 年第 1 期，第 111～117 页。

新等一系列的问题。因此，农业信息化和知识经济发展与城镇化相伴而生是生产力发展的必然要求。

根据实践中的农村剩余劳动力城镇化转移的做法是立足中小城镇，因为一般的中、小城市和乡镇、村适宜发展科技含量低、劳动密集型的产业，主动承接大城市产业梯度转移，能够实现在农村“减少农民”与“富裕农民”并重的双重效果。①

第三节　社会主义政治经济学视域下的企业改革探索

中国企业改革的理论依据在于生产关系要适应生产力水平和发展状况的基本规律，从乡镇企业的建立到推动国有企业改革，中国的企业状况发生了深刻的变化，推进企业改革是中国经济改革中的重要步骤，给企业足够的自主权才能形成多样化的市场主体，才能推进市场经济体制的确立和完善，促进经济中的多种经济成分得到蓬勃发展。随着生产力和市场经济的发展，推动国有企业、民营企业发展和改革，仍然是市场经济体制下经济发展的首要选择。

一　企业改革的生产力与生产关系逻辑

企业是社会发展的产物，随着生产力的发展和社会分工的细化而成长壮大，企业形式也得到不断的发展和完善。从历史纵向维度来看，企业的演进主要经历了三个阶段。第一阶段，工场手工被视为企业的雏形时期，在封建社会的手工工具生产力时代的自然经济状态下，虽然存在着一定的商品交换，但生产还只是以个体的形式为主，家庭手工业占主导地位。16世纪至17世纪资本主义原始积累加快，家庭手工业急剧瓦解，开始向工场手工业转变。第二阶段，工厂制时期，18世纪西欧相继开展了工业革命，大机器的普遍使用，奠定了工厂制的基础。机器化大生产、集中式劳动、雇佣大量工人、分工深化是工厂制的主要特征。第三阶段，现代企业时期，

① 黄俊等：《国外城市发展模式选择对中国新型城镇化的启示》，《重庆邮电大学学报》（社会科学版）2015年第7期，第110～117页。

19 世纪末 20 世纪初，新技术的发展、生产规模的扩大以及职业化管理层和管理科学理论的形成，使企业逐渐走向成熟，成为现代企业。

（一）机械化生产力与现代企业建立

从唯物史观中的生产力与生产关系的辩证关系角度来审视，企业的出现和发展是适应生产力不断进步的一种组织创新，它随着主导生产要素的不断变迁而进行机制调整，成为社会经济活动的主要参与者和主导力量，成为资源配置的一种机制。生产和运用工具是人与动物的根本区别。在蒸汽机未产生时，人力、畜力和一定条件下的水力是生产的主要动力源。而蒸汽机的出现，推动了机器体系的快速发展。与手工木制工具相比，铁制机器能够更好地承受较大动力下的振动和损伤。以铁制机器为主的蒸汽动力逐渐代替了人力、畜力和风力成为主导生产要素，用机器制造机器的生产力变化推动了人类社会生产方式的转变。这样，人类社会的生产方式从手工业时代发展为机器大工业时代。不言而喻，这种机器大工业所代表的生产力就是机械化生产力。这种具有新特点的生产力也制约着生产关系的相应变化。具体的转变有以下几点。

第一，生产场所工厂化。生产从以家庭为单位进行转向手工工场，工人在工场里从事分工合作的生产劳动，通过分工合作实现某种商品的生产。当手工生产被机械化生产取代的时候，工厂制逐步形成。工场手工业后期，生产工具变革加速，机械化工具逐渐替代木制手工工具；另外，劳动者劳动技能的转变，从以前能操作手工工具到完全熟练地操控大量机器进行生产；劳动力的身份也从早期的学徒和雇工变成了现在的雇佣工人。机械化的应用和工厂化生产使机器生产和雇佣劳动制相结合，形成了资本主义生产的本质特征。

第二，资本积累集中化。实现手工工具向机械化的转变是以机器的大规模应用为标志的。机器的大量使用、雇佣生产工人、扩大生产规模等活动都需要资金的投入，在这样的生产条件下，资本积累是一种现实的客观需求。资本积累既是剥削雇佣劳动的过程，也是资本间的排挤和兼并的过程，尤其是在由自由资本主义向垄断资本主义过渡阶段这种集中化更加明显。这些方式使社会财富积聚在少数资本家手中，他们用大量的资本购置越来越多的机器实现规模更加庞大的社会化生产。

第三，生产过程专业化。就像马克思所说：“手推磨所决定的分工不用于蒸汽磨所决定的分工。”① 可见，生产力的性质和水平决定分工的程度和特点。工具积聚发展了，分工也随之发展。不同的主导生产要素对劳动分工的决定性要求是不同的，机械化比手工工具生产对专业化要求的更高。从亚当·斯密第一次提出劳动分工到20世纪初福特汽车制造的八千多道分工工序，实践表明生产过程伴随着分工的细化越来越专业化了。

伴随着机器化大生产成为主导的生产方式，当时各个主要资本主义国家向弱小国家的进发，蒸汽技术同时向世界各国推广，资本主义国家在向落后国家倾销商品的同时，生产的社会化已经由一国走向多国，世界市场也因此逐渐一体化。企业制度纷纷建立起来。而在这个时期的企业制度逐步得到确立。在现代企业的确立过程中，资本主义社会的基本矛盾也在加剧。具体体现在，劳动者由之前生产的主体变成了辅助，机器设备的大规模投入，不仅降低了商品生产的成本，同时也降低了劳动力价格，在利益的驱动下资本家利用机器进行生产，同时以较少的工资雇佣工人，形成了资本主义的生产方式。因此，也就有了生产资料的私人占有和社会化大生产之间的矛盾。改变工人劳动者经济上受剥削、政治上受压迫需要社会制度的变革，为此，马克思主义经典作家们认为建立起生产资料公有制的公有制企业，能够解决资本主义社会的基本矛盾。这种公有制企业在社会主义条件下，主要表现为国有企业和集体企业。

（二）现代科技生产力与科技型企业

1. 科技型企业应成为新生产力的引领者

现代科学技术已经成为越来越重要的生产力，为了充分发挥科技生产力的作用，需要形成相应的企业组织形式。科技型企业产生和发展的意义在于，科技型企业的出现能够为科技生产力的发挥提供相应的制度创新，特别是生产关系形式，使科技型企业能够通过创新驱动加快科技生产力的发展，奠定社会建设的生产力基础。

在现代科技生产力条件下，科技型企业承担着创新发展的历史使命，成为企业适应现代科技生产力的目标追求和重要形式。就科技型企业来说，

① 《马克思恩格斯选集》第1卷，人民出版社，1972，第127页。

主要分为两类：一类是大家通常的理解，从事的是涉及现代科学技术诸如生物技术、信息技术、新能源、新材料等，并以此为基础进行产品研发和生产的企业；另一类是以客户信息为基础，运用大数据、从客户需要和偏好出发建立的科技和知识密集型企业。

2. 现代科技生产力视域下科技型企业的特征

科技型企业的发展是以现代科学技术为依托的，它的特征是与现代科技生产力相伴而生的。主要有以下几点。

第一，“以知为本”的发展模式。科技型企业为了能够承担上述使命，必须确立自身特有的发展模式，这就是“以知为本”的发展模式，其含义是：科学知识作为第一生产力在科技型企业内要形成相应的人格化机制，“科技型企业的生存和发展是依靠一种能够不断转化科技价值库知识，不断使其实现由潜在向现实转化的发展模式”。具体体现在：知识决定转化的创新模式、知识支配管理的柔性化管理模式、知识支配分配的“按知分配”模式、知识支配盈利的投资模式、知识决定合作的协同协作创新模式、知识支配权利的职权动态分配模式、知识决定援助的政府支援模式等。①

第二，企业科研投入比例高，以技术或服务创新为根本。既然科技型企业是以研究为基础，以高技术服务为目标，那么雄厚的研发实力是企业生存和发展的基础。科技型企业与传统最大的不同是科学技术含量的不同，而科技型企业的科学技术含量主要体现在自身的研发和创新上。研发人员的工资占比总是高的，由于科学技术关涉企业生死，是企业生存和发展的基础，所以，研究与开发是科技型企业的生命。只有不断推出具有高技术含量的产品或服务才能够获得相应的收益，因此，对于技术或服务创新的追求是它们生存和发展的根本。

第三，企业物理规模小，易于空间集聚。有一些科技型企业是以人力资本和知识资源为基础，生产的都是高技术含量小而精的产品，基本不需要大型的厂房、设备和原料，所以其规模相对较小。加上在现代生产力条件下人类社会发展已经具备了较好的交通、能源和电力基础。因此，科技

---

① 翟翠霞、蔡晓峰、郑文范：《科技型企业“以知为本”发展模式探析》，《科技进步与对策》2013 年第 14 期，第 71～74 页。

型企业在空间集聚比较容易。企业之间的集聚不仅可以解决资源共享的问题，还可以带动和发展一批相应的服务型产业，有助于实现科技型企业对于经济社会发展的辐射作用。

二　加快推进企业改革的必要性

（一）企业改革是经济体制改革的中心环节

无论是民营企业还是国有企业，推进企业改革，使企业适应经济体制的发展要求是必要的，对于民营企业来说，社会主义市场经济体制的建立和完善，为民营企业的发展提供了制度保障。随着改革的不断深入，民营企业开始走出温室，走向国际市场。如何在当前现代科技生产力快速发展的情况下实现中国民营企业的做大做强，是中国市场经济能否被发达国家认可的关键，也是中国经济体制改革的重要环节。对于国有企业，改革的发展改变了过去国有企业“一家独大”的状况，改变了过去国有企业存在的诸多历史遗留问题。国有企业如何立足科技生产力的发展，逐渐发挥其引领作用，实现效益提升是改革的关键。在全面深化改革的关键时期，必须依据现代科技生产力的发展和主导生产要素在企业发展中的转变不遗余力地推进企业改革，充分发挥企业在市场经济体制中搏击的自主权和活力，为经济发展注入新的动力，才能够使中国经济由过去的高速增长实现向新常态的平稳过渡。

（二）深入推进企业改革是显示社会主义优越性的需要

从社会主义制度的建立到改革开放的今天，无论是国有企业还是民营企业作为经济实体对促进生产力进步都发挥了至关重要的作用。在当前推进建设创新型国家的关键时刻，充分发挥企业在推动生产力发展中的作用对于显示社会主义制度的优越性至关重要。国有企业作为特殊的企业形式，是社会主义国家实现经济管理职能和控制经济命脉的有效工具。对于民营企业来说，它们的发展同样是在社会主义制度下进行的，这些企业发展的好坏，直接关系到中国的制度环境，对于中国的企业发展壮大走出国门都具有决定性的影响。因此，在生产力视域下，深入推进企业改革是显示社会主义优越性的需要。

三 中国国有企业改革

传统国有企业存在和发展的原始条件是落后的工业化的历史背景，因此，传统国有企业表现出的基本特征其本质在于一定程度上适应机器大工业，还没能成为适应现代科技生产力的独立的市场主体。

（一）国有企业改革的历程

中国国有企业改革始于1978年党的十一届三中全会，在30多年的改革历程中，从最初的放权让利，到承包经营，再到沿市场化方向推进，而后实施战略性改组，直至进入国有资产管理体制改革新阶段。

经过30多年的摸索，国有企业改革取得了明显的成效。首先，建立了相对完善的现代企业制度，从所有制形式到经营管理体制都进行了相应的改革。其次，生产效率得到了提升，效益不断增加。国有企业改革提升了国有企业的生产效率，无论是在管理上还是在生产上国有企业代表国家先进生产力的要求实现得越来越充分，并且，绝大部分国有企业适应市场经济实现了扭亏为盈，实现了国有企业的保值增值。最后，生产力水平提升，国际竞争力增强。目前，国有企业的科技进步水平基本代表了国内企业生产力的最高水平，在国际上，国有企业在世界范围内经济实力逐年提升。国有企业在实现自身发展的前提下，还肩负了保障国家安全的特殊使命，为国家经济社会发展做出了巨大的贡献。

（二）国有企业改革的特征

中国国有企业改革是以渐进式改革为主，这种改革方式主要具有以下特征。

第一，以增量改革为起点逐步向存量深入。中国的国有企业改革初期是从资产增量的配置上逐渐引入市场机制，减少计划体制对国有企业的束缚，最终实现依靠市场配置资源。具体路径是，最初企业仍然按照国家的要求为国家生产一定份额的产品，多余的生产能力才能为企业自己生产，然后企业根据市场进行定价、销售和分配，即给予企业一定的自主权到后来逐步成为市场经济的主体。国有企业改革在不触动公有制性质的情况下进行的新尝试，这种以增量改革为起点逐步向存量推进的方式，既避免了暴风骤雨式的改革带来的问题，也避免了新的制度安排给人们带来的排斥心理的产生，使改革在蛋糕逐步做大的同时分配也更加合理。当然，增量改革的推进也积累着一定的问题，而这些问题正是改革由增量向存量推进的动力源泉。

第二，从局部着眼向整体铺开。国有企业改革是从发达地区或条件好的企业开始，“往往会选择一些条件比较好的地区来试验新制度安排，以尽快获得比较利益，并积累经验，使人们掌握有关新制度安排的知识，然后才予以推广”。① 在实践中，国有企业改革最先选择了沿海地区作为试点，这里不仅地理位置优越，还拥有比较好的基础设施和群众基础，从沿海推向内地，从局部向整体铺开，进而实现全方位的推进，使改革呈现了局部着眼向整体铺开的格局，当然也取得了较好的效果。

第三，实行从易到难稳步前进的方略。选取容易改革的方面推进改革，易于使改革取得成效，在此基础上形成继续推进改革的共识。就企业改革来说，农村改革的推进和成功激励着城市企业的改革，增强了企业推进改革的信心；同时，从放权让利到产权改革，给予企业更多的自主权，为使企业参与市场竞争奠定了基础；并且，在经济体制改革方面，从单纯的计划体制向以计划为主，市场为辅的体制转变，从大环境上为企业发展提供机遇。正是从易到难的稳步改革，为持续深化企业改革向前打下了坚实的基础。

（三）国有企业改革存在的问题

中国的国有企业改革虽然促进了国有经济的布局优化、产权进一步规范、竞争力不断增强、效益不断提升，取得了一定的成就；但从目前的情况来看，无论是从政策层面还是实践层面，中国国有企业改革仍然存在与生产力发展不相适应的地方，存在需要加以解决的问题。

第一，产权制度改革与生产力发展的不适应。国有企业内部治理方式还不能够完全符合市场经济需要，股东大会职能发挥有限，董事会和监事会职能不健全；一些高管还同时在政府部门中担任行政职位，这使所有权和经营权尚没有实现完全分离。

---

① 陈天祥：《论中国制度变迁的方式》，《中山大学学报》（社会科学版）2001 年第 3 期，第 86～93 页。

第二，资产管理与行政管理职能不分。国有资产管理体制有待进一步完善，政企不分、政资不分现象还不时存在。国资监管工作定位不够准确，对不少事项的监管，仍然沿用过去针对国有独资、控股企业的监管方式。国资监管部门监管权力行使范围越来越宽，对国有企业管得过细、管得过多、管得过死，导致资源配置分散，经营效率低下。

第三，国有企业在收入分配管理、资本经营预算、境外资产监管等方面的制度体系需要进一步完善。国有资本经营预算支出未体现全民共享收益的一面。有数据显示，2013 年底，中国共有国企 15.6 万家，就业人数在 2400 万左右，国有总资产 91.1 万亿元，净资产超过 30 万亿元，相当于当年财政收入的 2 倍多。但从国有资本经营预算支出结构来看，上交给国家的国有资本经营收益就其金额而言仍然太少，不足整体预算支出的 6%。

第四，平均劳动生产率较低，经济效益较差。国有企业经过多年发展，呈现国有资产规模庞大但运营效率、回报水平低下和流动性差的状态。根据国内百强上市公司榜单分析，国企百强上市公司的行业集中度相对较高，且多集中在具有垄断性质的行业。

（四）国有企业改革的指向

国有企业直接代表着国有经济，它的改革能否成功，直接关系着社会主义制度能否巩固和继续发展以及社会主义优越性的体现。适应生产力发展和主导生产要素转变的要求，持续推动国有企业改革是我们坚定不移的选择。

1. 通过多种途径保证国有经济的主体地位

党的十八届三中全会通过的《中共中央关于全面深化改革若干重大问题的决定》指出："以公有制为主体、多种所有制经济共同发展的基本经济制度，是中国特色社会主义制度的重要支柱，也是社会主义市场经济体制的根基。"① 因此，保证国有经济的主体地位是异常重要的。

第一，深化国有资产管理，强化国有经济的主导地位。随着一些行业和领域的国退民进，国有资产在整个国民经济中的比例在下降，如何保证国有经济在整个国民经济当中的主体和主导地位，这个关系到深化国有企

① 《中共中央关于全面深化改革若干重大问题的决定》，人民出版社，2013，第 7～8 页。

业改革要坚持的原则和底线的问题必须解决。完善国有资产监管体制，从以管理业为主转向以管资本为主，推进国有资产监管机构职能转变，实现所有权和经营权分离，确保国有资产不断保值和增值。

第二，通过科技驱动创新，不断增强国有企业的核心竞争力。国有企业改革要适应现代科技生产力发展的要求，通过原始创新和集成创新等多种方式的科技创新来增强竞争力，这种创新的领域和方式是“进一步推进国有资本向关系国家安全和国民经济命脉的重要行业和关键领域集中，培育一批拥有自主知识产权和知名品牌、国际竞争力较强的优势企业”。[①] 提升国有企业的核心竞争力。

第三，通过多样化的公有制实现形式，推进国有企业混合所有制改革，搞活国有企业的经营机制。改革开放以来，中国的国有企业改革一直在探索多种多样的实现形式，使国有资产的活力得到了增强，效益也有了明显提升。国有企业具有规模巨大、管理规范等优势，但也存在机制不灵活的问题，让民企参与更多经营权，激活经营体制，更加适应市场经济体制是必要的。继续探索公有制经济多样化实现形式，是推进国有企业改革的重要路径，也是巩固和增强公有制主体地位的必然选择。

2. 通过合理分配确保国有企业收益全民共享

公有制经济作为社会主义的基础，应该在调动人民积极性、发挥人民群众作用上起着关键性作用。因此，国企的收益分配制度改革关系到国有资产所有者权益，也关系到国企改革成果能否惠及全民共享。国企的收益分配制度改革顺利进行有助于继续夯实拥护社会主义制度的群众基础和稳固党的执政地位。

第一，国企收益分配制度改革的基本原则。一方面，坚持平等参与原则。在符合企业发展要求的前提下确保每个民众都有平等参与企业改革和企业发展的机会是调动人民群众积极性的前提。平等参与和共享改革成果是调动职工群众主人公意识和奉献精神的保障。另一方面，贯彻公平优先原则。中国有句古话，不患寡而患不均。坚持这一原则才能调动群众积极

① 肖香龙、谭劲松：《我国公有制主体地位现状与发展趋势研究》，《浙江理工大学学报》2010 年第 6 期，第 976 ~ 982 页。

性。我们应尽快探索出适合中国国情的国有企业收入分配方案，建立健全经营者收入分配机制，通过薪资或股权持有等形式探索国企职工合理的收入分配方案，规范企业内部分配制度，同时也要接受社会监督，在保障职工权益、调动职工积极性的同时提高民众对国有企业的认可和信心。

第二，尽快完善国有企业收益的外围使用机制，使国企改革红利惠及全民。国有企业收入分配制度改革已不仅是内部的改革，国有企业利润的外部分配使用还是继续推进国有企业改革的重点。分类提高国有资本收益上缴公共财政的比例，将国有资产和集体资产收益用于全民和集体，继续保障和改善民生，比如目前是通过划归部分国有资本收益来充实社会基金；未来国企的收益应该是通过一定的预算和立法，依法依规地被用在公益性医疗或教育等领域，从而普惠全民，这是对改革理论和路线的最好宣传，是对社会主义优越性的最好诠释。

3. 推动国有科技型企业的成长壮大

随着中国生产力发展水平的提升，现代科技生产力在经济社会发展中的作用越来越明显，推动国有企业向科技型企业发展，不仅是生产力发展的必然要求，也是中国建设创新型国家，提升国际竞争力的关键。推动科技型企业的建立和发展，首先要实行知识支配管理的柔性化管理模式。建立以知为本的发展模式是生产力发展对经济发展的必然要求。以知为本的发展模式必须同“以人为中心”的管理思想相适应。其次要提高知识、知本在分配中的比重。随着生产力的进步，企业在科技创新中的地位越来越高，科技型企业更是未来科技创新的主力军。提高知识、知本在科技型企业分配中的权重，是调动创新积极性的必然选择。一方面，明确企业各个生产要素的地位和比重，突出知识、知本在科技创造和创新中的特殊地位，这是分配改革的前提和基础。另一方面，建立知识、知本创新的激励机制，比如可以用股权、期权、分红等多种方式使“知本家”成为企业的主体，提升他们在企业中的地位和作用，使他们增强“认同和归属感，使劳动、知识以及企业家的管理贡献在新形势下得到了合理体现和报偿”①。再次要

① 翟翠霞、蔡晓峰、郑文范：《科技型企业“以知为本”发展模式探析》，《科技进步与对策》2013 年第 14 期，第 71 ~ 74 页。

推动产学研一体化和全城协同创新机制的健全完善。为了推动整个社会资源为企业创新所用，共同打造具有强大竞争力的国际性科技型企业。一方面，建立宏观管理机制，实现科研院所与企业的创新资源整合，目前，中国的军工企业正在努力实现这样的目标。另一方面，制订具体实施计划，“探索从思想路线图、市场路线图、产品路线图、技术路线图、组织路线图等制定企业创新路线图”，[①] 使计划步步实施，严格落实，真正推动科技型企业的创新发展。最后要发挥政府职能，建立政府长效支持机制。推动科技创新是政府当之无愧的责任和使命，随着企业在科技创新中地位的提升，政府主动建立针对企业科技创新的长效支持机制异常重要。这些长效机制不仅要包括对科技型企业科技创新的示范引导，还要包括与不同企业和科研院所的沟通协调；既要包括政策支持，还要包括资金支持、税收优惠；既要协助科技转化，也要鼓励技术转让；既要关注重点企业，也要关注普通个体，使政府职能充分发挥，形成各个企业相互竞争、共同发展的良好局面。

第四节　社会主义政治经济学视域下的经济体制改革

在计划经济体制初期，中国的生产力和经济社会各个方面得到了巨大发展，随着计划经济体制向市场经济体制的转变，从生产力与生产关系的互动探索经济体制改革的逻辑，是解决改革问题的关键。

一　经济体制改革的生产力与生产关系逻辑

生产力发展的不同阶段其主导生产要素是不同的，从手工工具生产力、机械化生产力到现代科技生产力，不同的主导生产要素所形成的生产关系总和对经济体制的要求是不同的，不断进行经济体制改革是生产力和经济长期持续发展的基本要求。

（一）手工工具生产力与自给自足经济体制

手工工具生产力的发展促进了自然经济体制的形成。从原始社会末期、

---

① 邢军伟：《辽宁创新型企业发展现状及对策研究》，《科技促进发展》2014 年第 5 期，第 91 ~ 100 页。

奴隶社会到封建社会，无论在中国还是西方，这些时期都是自然经济占主导地位的。原始社会阶段，在较低的生产力水平情况下，原始部落通过简单的初级工具进行采集、狩猎、种植等生产活动维持基本的生存，即使到了原始社会末期，劳动产品有了剩余，出现了一定的交换，但这个时期的生产劳动依然以自给自足为主，交换并非生产的主要目的。当人类社会进入奴隶社会时，社会劳动的主体是奴隶，奴隶主提供给奴隶的只是维持生命的基本物质，这一时期生产力水平的低下决定了其与原始社会一样还没有出现商品生产。一直到奴隶社会末期，随着劳动工具由铜器向铁器的转变，生产有了一定程度的发展，加上奴隶逐渐转变成农民，一家一户的封建制的小农经济逐渐形成，此时，农民个体经营是封建社会自然经济的显著特点。由于在手工工具时代社会分工的不明显，社会生产主要集中在农业领域，封建社会的地主阶级土地所有制，决定了封建社会的经济依然是自给自足的自然经济。在主导生产要素还没有实现从手工工具到机械化转变的时候，封建社会的自然经济就不会自动退出历史舞台。

（二）机械化生产力与市场经济体制

手工业向工场手工业的转变推动了生产社会化，机器生产取代工场手工业促进了生产社会化程度空前的大幅度提高。随着机械化工具在生产中的大规模应用，生产社会化程度越来越高。在整个机械化时代，由于经历了早期的机器大工业、中期的电气化和后期的自动化三个阶段，不同时期对经济体制的要求是不同的。

在早期的机器大工业时期，技术变革、技术发明和应用速度、规模和水平都超越了以往的社会阶段，商品生产和交换伴随着新兴市场的逐步开辟开始通向世界各地，自由竞争、等价交换、不断扩大的市场等因素共同促进了资本主义市场经济体制的形成，也使资本主义生产方式逐步得到确立。因此，资本主义社会早期这种自由市场经济适应了早期机器大工业阶段生产力变化的要求，提高了资源配置和利用的效率，促进了当时经济社会的发展。然而，随着生产的社会化程度的提升，市场配置资源的效率却大打折扣，这一时期市场对社会发展的负面作用也在显现，包括市场具有自发性、盲目性和滞后性等缺陷，尤其是社会化生产与生产资料私有制之间的矛盾越来越严重。

在中期的电气化发展时期，生产和资本开始集中，社会分工更加专业化，社会交往向国际化方向发展。现代通信工具的发明和应用，使社会信息能力增强，使组织获取多样化信息成为可能。同时，由于资本主义发展到了垄断阶段，国家获取信息的能力明显强于个人和市场，这种信息获取和处理的能力恰好与当时社会产生的信息量相对称。对一定信息量的控制、管理和利用有利于降低国家经济发展的成本，这就为国家制订计划、配置市场资源奠定了基础。此时，电气化的生产模式和逐渐统一的世界市场，使商品和资本走出单个国家和地区涌向全球，进而出现了生产社会化与生产资料私有制之间矛盾的激化，经济危机肆虐全球。此时，用一定程度的计划经济取代完全自由化的市场经济既克服资本主义生产的无政府状态又适应了生产力发展的实际，是世界经济发展的必然要求。

随着现代科技生产力开始出现，生产社会化进一步发展，新产品、新产业大量涌现，社会的信息量急剧增加，信息爆炸式增长使政府信息处理能力相对不足或大大降低，计划经济发展的成本开始大幅度上升，收益直线下降，政府甚至已无力实现对经济的计划和管控。计划经济体制由原来促进经济发展变成了生产力发展的障碍，对资源的配置必须由国家转向市场。建立起由市场配置资源的市场经济体制成为促进生产力发展的必然要求，而国家的作用则由以前的制订计划弱化为宏观调控。

（三）现代科技生产力与现代市场经济体制

1. 现代科技生产力的发展及特点

在现代科技生产力发展中，劳动者的知识水平和智力水平发挥的作用越来越重要。从大的方面来说，它制约着一个国家的科技发展水平，从小的方面来说，它决定着一个企业、行业的前途和命运。任何国家的科技发展无不是以劳动者知识水平和能力素质的提升为前提的。同时，劳动者知识水平和能力素质的提升又是科技生产力发展的必然结果。

在现代科技生产力发展中，新的技术的产生总能够起到引领作用。人们总是运用新的科学原理创造新的技术和工具，使生产工具提升到更高的层次。随着现代科学技术的发展，生产工具逐渐向自动化、智能化和网络化方向跃进，给整个世界的生产方式带来了根本性的变革。

在现代科技生产力发展中，随着人类科学技术水平的提升，过去人类接触和认识不到的东西正在成为人们认识和改造的对象，人类的劳动对象比以往任何时候都显得复杂和种类繁多。同时，随着机械化、自动化、智能化生产工具的投入使用，规模化和专业化生产已成为常态，生产组织和管理也因此发挥越来越重要的作用，它们已经成为影响生产力的一个不可缺少的重要因素。

2. 现代科技生产力对经济体制的新要求

随着机械化向现代科技生产力的转变，它对经济体制提出了新的要求，信息化初期信息处理能力不足要求建立市场机制。在信息化时期，由于信息爆炸现象的存在，政府信息处理能力与社会信息的不对称，使政府无力管理社会全部信息，从而，由政府制订统一计划、统一调动社会全部资源的目标仍然不能实现。社会资源的基础配置功能在不能由政府实现的情况下必须转向市场，充分发挥市场在资源配置上的决定性作用。与政府的信息处理能力相适应，政府的功能只能是处理宏观信息，进行国民经济的宏观管理，也就是进行宏观的调节和控制。因此可见，与现代科技生产力相对应的经济体制形式应该是既发挥市场决定性作用又发挥政府职能、制度安排，这种体制不妨称为现代市场经济体制。

二　苏联和美国的经济体制改革

（一）苏联计划经济体制的失败

1. 苏联计划经济体制的建立

1917 年，生产力发展水平落后的俄国首先取得了社会主义革命的胜利，这是马克思主义理论与时俱进的生动体现。列宁明确提出："电气时代是社会主义时代。"① 斯大林时期，苏联根据当时国际国内的政治经济形势，逐步建立了高度集中的计划经济体制，由于计划经济体制在一定程度上适应了当时的生产力水平，因而它推动了苏联社会主义制度下生产力的大发展。苏联从 1928 年到 1940 年在较短时期内基本实现了社会主义工业化，超越了当时资本主义的发展速度，取得了资本主义几十年发展才取得的成就。然而随着生产力由机械化向电气化的发展、苏联经济规模的急剧

① 《列宁全集》第 30 卷，人民出版社，1957，第 303 页。

扩张和经济联系的复杂化，这种体制的弊端越来越明显了，它越来越成为生产力发展的束缚。社会生产力向电气化、自动化的发展对计划经济体制提出了挑战，在客观上要求变革现有的经济体制模式，吸收和利用市场手段适应生产力的转向，并实现资源的有效配置。因此，在向市场经济体制过渡时完全否定计划经济的作用，在肯定市场经济的积极作用时完全否认市场经济的不足之处，这是后来俄罗斯经济改革的理论误区。

2. 机器大工业生产力发展与苏联计划经济体制的不适应

计划手段，从社会化大生产角度来看，是社会化生产把国民经济各部门联结为一个有机体，因而客观上要求它们之间保持一定的比例关系，通常以行政手段为主。对于整个国家来说，计划的实质就是通过行政手段配置整个国家的资源。作为计划，一方面应编制预案，另一方面是预案的严格执行。这两方面是相互支撑的，前者是基础和核心，后者是关键和保障，它们共同决定了整个国家经济计划能否成功。

计划经济要有序运行，对配置成本的控制至关重要，而配置成本中一个非常重要的内容就是信息成本。生产中产品结构、工艺步骤、生产方案具有非常多的选择，产品的销售和消费也日益广泛和复杂，每天产生的数以亿计的生产等各方面数据信息成为计划经济体制难以适应和解决的问题。

以计算机的应用为标志，生物工程、通信、新材料、新能源以及交叉学科迅速发展，现代科学技术呈现与之前生产力不同的特点。它们对苏联的计划经济体制提出了新的要求，使苏联产生于早期机械化时代的计划经济体制越来越不能应对。首先，现代科技生产力要求变革资源配置方式的同时，也提出了加强宏观调控的任务。但是，苏联长期实行计划经济的体制而排斥市场，导致苏联的资源配置一直坚持指令性计划，资源配置的效率非常低下。其次，现代科技生产力迅速发展并实现社会化应用，它客观上要求生产关系的相应调整即进行相应的体制创新，而苏联的计划经济体制始终如一，没有做出相应的调整。这种传统的社会主义计划经济模式与现代企业自主性要求存在尖锐矛盾，计划体制在实践中越来越成为经济进步和社会发展的障碍，也成为苏联解体的推动力之一。变革资源配置方式，建立具有有效宏观调控能力的市场经济体制以适应这种变化成为社会主义不得不做出的选择。

3. 苏联—俄罗斯经济体制改革失败

无论是苏联后期的经济改革，还是叶利钦时期放开价格控制、推进国有资产的私有化的做法，目的都是建立完全的市场经济体制。“休克疗法”是对经济的自由放任，使当时的改革彻底放弃了必要的宏观调控，给俄罗斯经济带来了近乎灾难的倒退。

从宏观角度来看，激进式的体制转变严重冲击了俄罗斯的经济，国民生产急剧下降，1992 年国内生产总值（GDP）下降了 18.5 个百分点，1993 年下降了 12 个百分点，1994 年下降了 15 个百分点。从微观角度来看，生活水平大幅度降低。虽然由于价格的放开和对外贸易的自由化使俄罗斯市场上的商品种类变得繁多起来，但严重的通货膨胀使人们的实际收入降低很多。同时，市场化也给俄罗斯带来了较高的失业率，根据欧洲“经济情报机构”估计，1992 年至 1994 年，俄罗斯的失业率分别为 4.8%、5.5% 和 7.1%。在福利与社会保险方面，私有化和市场化过程中，许多原有的福利也丧失了，只有医疗、交通、教育、住房等被保留着。

（二）美国经济体制演进

1. 美国经济体制演进的过程

第二次世界大战后直到 20 世纪 70 年代，美国以及西欧等发达国家的政府多数接受了凯恩斯主义的主张，加强了对经济的干预和调控力度避免新的危机发生是当时资产阶级的一致目标。他们认为，凯恩斯主义是实现这种目标的唯一有效途径。

到了 20 世纪 80 年代，新自由主义逐渐取代了凯恩斯主义成为西方资本主义国家推进经济改革的理论指导。但现实发展表明，美国等西方发达国家并未完全放弃国家层面的宏观调控。即使在克林顿政府时期，美国仍然坚持了被舆论普遍认为的混合经济。总之，美国的经济体制仍然是有计划的市场经济体制，凯恩斯主义与新自由主义本质上都是有计划的市场经济体制，所不同的无非是计划（政府干预）多一点还是少一点而已。

2. 美国经济体制演进的生产力决定及局限

资本主义经济制度及其市场经济体制建立后，市场自发调节机制对于资本主义在自由竞争阶段的发展起到了积极的推动作用。并且，由于在资本主义经济发展的上升时期，资本主义生产关系与社会化大生产的矛盾还未充分暴露，市场自动调节由于大体上符合当时的生产力水平而成为主要的经济运行调节机制。随着社会化大生产与资本主义生产关系之间矛盾的尖锐化，市场机制的缺陷和问题逐步暴露，促使政府不得不参与经济调节。在自由竞争的市场体制的基础上，加强政府对经济的干预和调节，有助于缓解生产力和生产关系的矛盾，在一定的历史时期推动资本主义经济的发展。由于现实经济运行中政府方面也存在政府失灵问题，于是，资本主义进入了市场调节和政府调节相结合的调整期。因而，美国资本主义经济运行机制的演变，大体上可以分为三个阶段：第一阶段是市场调节机制的确立和充分发挥作用及其市场机制缺陷逐渐暴露的阶段；第二阶段是政府调节机制的确立和发挥作用及政府干预经济政策的弊端逐渐暴露的阶段；第三阶段是市场调节与政府调节共同发挥作用的调整阶段。这一历史变迁过程表明，迄今为止，美国在市场调节与政府调节相结合方面，并没有完全找到一个最佳的结合点，也没有形成一个既能克服市场机制缺陷，又能克服政府干预弊端，同时能够充分发挥市场作用和政府调节作用，实现市场与政府调节机制有机融合和互补的经济运行机制。

三　中国社会主义市场经济体制改革

继农村改革和企业改革之后，从整体上推动经济体制改革是中国改革的进一步深化，是改革由单个领域向纵深发展的标志。正如习近平总书记指出的："20 多年来，我们围绕建立社会主义市场经济体制这个目标，推进经济体制以及其他各方面体制改革，使我国成功实现了从高度集中的计划经济体制到充满活力的社会主义市场经济体制、从封闭半封闭到全方位开放的伟大历史转折……极大促进了社会生产力发展，极大增强了党和国家生机活力。"①

（一）中国经济体制改革的基本历程

在社会主义改造完成后，中国经济运行中为了满足集中力量改变落后面貌的要求，集中调动了全国的资源进行建设，政府层面进行有计划指导

---

① 习近平：《切实把思想统一到党的十八届三中全会精神上来》，《人民日报》2014 年 1 月 1 日，第 2 版。

地配置资源是必要的。

但计划体制在促进生产力发展，实现生产机械化的同时，客观上也为生产力的继续提升设置了障碍。

1978 年改革开放之前，针对中国经济发展中暴露的问题，一些经济学家曾经提出了有价值的改革思想，如孙冶方的把计划建立在价值规律基础上和理直气壮地抓社会主义利润的观点，卓炯的计划商品经济理论等。在这一时期内，围绕中央与地方的分权即条块分割问题以及企业内部领导体制等问题，中国也进行了一些改革和完善，做了一些调整和“让步”。但总的来说，改革开放之前我们的经济体制一直是计划经济为主导的。

党的十一届三中全会后，中国步入改革开放时代，逐步在理论和实践上探索对计划经济体制进行改革。中国经济体制的改革分为以下几个阶段。

第一个阶段：启动和局部试验阶段（1978 年到 1984 年）。1978 年 12 月党的十一届三中全会的召开，拉开了中国改革的大幕。在该阶段中，农村改革无疑是最先触及的领域，家庭联产承包责任制等彻底改变了中国农业和农村经济极端落后的局面。与此同时，其他方面改革也开始进行。特别是扩大企业自主权试点，废除农副产品的统购统销制度，探索建立经济特区等。

第二个阶段：改革的全面探索阶段（1984 年到 1992 年）。当改革从某个领域转向多个领域的时候，中国的改革就进入了全面探索阶段。从 1984 年提出改革的目标到 1992 年从理论上确认市场经济在社会主义制度中的地位，为改革由单个领域向全面深化打下了坚实的理论基础。这一阶段的改革主要围绕企业改革的探索展开。当然，经济领域的体制改革也影响到了其他领域的体制改革，政治、科技、教育、体育等领域的改革也逐渐启动。

第三个阶段：社会主义市场经济体制初步建立阶段（1992 年到 2001 年）。党的十四大确立了建立社会主义市场经济体制的改革目标，它是中国经济体制改革进入制度创新阶段的标志。以此为开端，实现了理论和实践上的一系列重大突破，以社会主义市场经济体制为目标的改革进一步向纵深发展。本阶段改革的重点是国有企业改革。同时，科技、教育等体制改革取得重要进展。通过几年的努力，社会主义市场经济体制基本得到了确立。

第四个阶段：社会主义市场经济体制发展完善阶段（2002 年至现在）。当社会主义市场经济体制基本确立的时候，党提出了经济体制改革的更高目标，提出用 21 世纪的头 20 年继续完善社会主义市场经济体制的任务，重点是经济体制改革的全面深化。

中国的经济体制改革的开启和深化适应了社会生产力发展的客观要求，同时也极大地推动了生产力的进一步提升。

（二）现代科技生产力视域下经济体制改革的取向

1. 毫不动摇地坚持和完善中国的基本经济制度

中国特色社会主义的改革实践充分证明公有制经济的地位不容动摇。因此，党的十八届三中全会把“坚持和完善公有制为主体、多种所有制经济共同发展的基本经济制度”作为深化经济体制改革的制度根基是必要的，以此奠定中国特色的国家经济制度基础。

第一，现代科技生产力要求继续坚持和完善社会主义基本经济制度。由前面分析可知，生产力的发展和主导生产要素由机械化、自动化向信息化的转变，都是要求计划、调控在一定程度上存在的。无论是计划还是调控，其基础都是生产资料的所有制，在生产资料公有制条件下，计划或者调控都是可以顺利完成的。针对非公有制经济部分，更多的是通过法律或者税收的形式进行调控，它仍然在一定程度上制约着调控的效果。所以，从主导生产要素的转变来说，今天我们仍然是要继续坚持公有制经济。从马克思主义的基本观点出发，基本经济制度的选择也是依据生产力发展水平。在生产资料私有制被推翻的基础上建立起的社会主义制度需要继续坚定不移地坚持以公有制为主体。所以，无论是从马克思主义的基本观点还是主导生产要素的转变来说，我们都要继续坚持基本经济制度不动摇。

第二，深化对公有制经济的思想认识。发展公有制经济是生产力由手工工具到机械化发展的必然要求。在改革开放过程中，必须毫不动摇地巩固和发展公有制经济，特别要发挥国有经济主导作用。为此一方面要进一步完善国有资本管理体制，深化对国有资本的控制和利用，充分发挥国有资产的盈利能力，通过提升收益上缴的比例，使国有资本的收益能够更好地体现社会主义的优越性。另一方面，要推动公有制经济的规模化发展，建立完善现代企业制度，推动公有制企业做大做强和走向国际市场。

第三，处理好公有制与非公有制经济关系。中国经济社会健康和快速发展的关键问题是要处理好公有制经济和非公有制经济的关系，允许非公有制经济存在和发展，就要求对它进行合法性认定和保护，这是中国所有制关系的重要内容。同时，促进二者的协调发展，深入贯彻公平竞争原则。通过推动公有制经济和非公有制经济的相互融合，实现混合所有制经济的发展。努力在提升国有经济控制力、主导力和普惠性上下功夫。最后，处理好公有制经济和非公有制经济的作用边界，发挥非公有制经济和公有制经济的比较优势，使它们在推动中国经济社会发展和实现中华民族伟大复兴中发挥应有的作用。

2. 坚持中国经济体制改革的市场化指向

随着主导生产要素由机械化、自动化向以信息化为代表的现代科技生产力的发展，推动市场化改革是中国经济适应生产力发展的必然选择。习总书记指出："坚持社会主义市场经济改革方向，不仅是经济体制改革的基本遵循，也是全面深化改革的重要依托……要使各方面体制改革朝着建立完善的社会主义市场经济体制这一方向协同推进，同时也使各方面自身相关环节更好适应社会主义市场经济发展提出的新要求。"①

在社会主义市场经济体制完善和继续发展的过程中，将充分发挥市场在资源配置中的决定性作用作为中国经济体制改革的核心，标志着党对市场经济规律的认识指向一个新的高度。从市场经济在资源配置中的基础性作用到市场的决定性作用是生产力的主导生产要素由机械化、自动化向信息化发展的必然要求。发挥市场的决定性作用就是要充分发挥市场在资源配置中的绝对主体地位，从各种生产要素的价格到商品的价格，都由市场而不是由政府决定，这是对市场作用的进一步强化，是要充分发挥市场这只"看不见的手"的巨大作用。巩固市场在资源配置中的决定性作用，首先要减少对市场的干预，放弃过去管过现在不该管的，放弃本应由市场管却被政府管的。其次，政府要在完善市场环境上下功夫，逐步建立并完善公平的市场机制，充分发挥市场主体参与市场竞争的积极性和主动性。最

① 习近平：《切实把思想统一到党的十八届三中全会精神上来》，《人民日报》2014年1月1日，第2版。

后，解决公有制经济和非公有制经济之间的融合问题，实现市场主体的权利平等、机会平等、规则平等。

3. 适当借鉴发达国家经济体制改革的经验

选择什么样的经济体制是由生产力的发展水平决定的。邓小平在南方谈话中也指出了这一点，计划和市场只是手段。因此，适当借鉴发达国家经济体制改革的经验，推动中国社会主义市场经济体制的完善和发展，是理性和正确的选择。

首先，充分利用国际市场。现代科学技术使人类的交流交往更加快捷，这也加快推动了整个世界经济发展的全球化。以美国为例，它是经济全球化或国际化程度最高的国家，它的国际化由机械化时代的商品国际化发展到今天的生产国际化、资本国际化和标准国际化，资金、技术、服务、劳务、文化的交流和输出成为美国经济发展的重要内容，推动着整个美国经济社会的发展。我们应该在充分发挥市场机制的前提下推动中国资本、劳务、服务、产品和生产等的全球化，充分利用世界市场发展中国经济，在交流互动中推动中国生产力水平的提升。

其次，积极利用相关规则促进中国市场经济体系的完善。在中国市场经济体制完善和发展的过程中，无论是做大还是做强，都需要参与国际贸易市场，以美国为例，虽然它一直宣称反对贸易保护，在国内还是通过和实施了一系列对本国企业的保护措施，“限制某些产品的输出输入，保护本国民族工业利益和进出口的利益”。[①] 这就要求我们，一方面，加快推动企业科技含量，提高中国民族产业的国际竞争力；另一方面，制定有效的保护措施，尽可能为中国企业争取时间。同时，积极参与制定国际规则，从外部环境方面促进市场经济体制的完善。

最后，培育和发挥科技在市场经济体制中的作用。科学技术的社会化是科学发展和技术创新的最终目的。按照马克思主义的观点，市场在促进竞争和生产力提升的同时也阻碍生产力发展，然而有效地调控可以使市场在推动生产力发展上起到积极作用。美国的市场发展表明，科技创新有助于提升市场竞争力，比如第二次世界大战以后的 40 年，科学技术对美国经

① 武文军：《如何借鉴美国市场经济的成功经验》，《兰州学刊》1993 年第 5 期，第 4 ~ 11 页。

济增长的贡献率占 70% 还要多。科学技术之所以发挥这么大的作用，根源就在于在激烈的市场竞争中，积极使用高新技术装备用于生产，能有效推动科学技术的社会化应用。同样，对我们的启示是在对市场进行宏观调控的同时推进高新技术装备在生产领域的社会化应用，以此推动中国生产力的迅速发展与经济体制的不断进步和完善。

第七章　社会主义政治经济学视域下热点经济问题解读

坚持问题导向应该是社会主义政治经济学的鲜明特点，问题是社会主义政治经济学创新的起点，也是创新的动力源。社会主义政治经济学只有聆听时代的声音，回应时代的呼唤，认真研究解决重大而紧迫的问题，才能真正把握历史脉络、找到发展规律，推动理论创新。①

习近平在不同场合曾多次指出，中国的发展要尽力避免两大问题，一个是避免“中等收入陷阱”，另一个是避免“修昔底德陷阱”。从发展的阶段性考虑，在当前中国社会主义政治经济学视域下的经济和社会发展热点有：跨越“中等收入陷阱”问题；消解“修昔底德陷阱”问题；改造老工业基地问题；理性看待泡沫经济问题等。本章在社会主义政治经济学视域下对上述经济和社会发展热点问题进行解读。

第一节　避免“中等收入陷阱”问题分析

按照世界银行的分类标准，中国 1998 年由低收入经济体转为中低收入经济体，2010 年又进一步跃升到中高收入行列，目前与高收入门槛尚有一定的差距。当前，中国已连续超过法国、英国、德国、日本成为世界第二大经济体。但是，新兴经济体在进入中等收入水平后，可能遭遇中等收入陷阱问题。未来中国经济走势不仅关系中国十几亿人福祉，而且对其他发展中国家和发达国家也会产生深远影响。因此研究中国如何避免中等收入

① 徐伟：《坚持问题导向　推动理论创新》，《学习月刊》2016 年第 7 期，第 40 页。

陷阱，具有重要意义。[①]

一　中等收入陷阱的含义与表现

（一）中等收入陷阱的含义

“中等收入陷阱”，是世界银行专家团队在2007年根据一百多个进入中等收入阶段的经济体的发展轨迹概括而成的一个形象化概念，描述一个经济体从中等收入向高收入阶段跃升过程中出现的经济问题。世界银行对中等收入陷阱的定义是：当一个国家的人均收入达到中等水平后，不能顺利实现经济发展方式的转变，导致经济增长动力不足，[②]经济增长波动加剧并陷入停滞，最终经过几十年也无法进入高收入国家行列。

（二）中等收入陷阱内涵的表现

从发展阶段来看，中等收入陷阱有以下几个阶段的表现。

第一阶段：后发国家在现代化的起步阶段时，因为本国经济发展的基数较低和资本、劳力的要素投入等后发优势及外延型经济增长方式的作用，有十几年的经济高速增长期，从而在经济方面缩短了与发达国家的差距。

第二阶段：随着后起国资本和劳力的要素投入等外延型经济增长方式局限性的暴露，再加之技术进步和制度创新不足等后发劣势情况明显，后起国的经济增长速度大大减缓，出现了继续追赶发达国家又总与其有一定距离的局面。

第三阶段：在这一阶段中，阻碍后起国经济增长的各种矛盾充分暴露，特别是后起国资本和劳力的要素投入难以持续，再加之技术进步和制度创新没有取得应有效果，导致与发达国家的差距重新加大，后起国的经济增长出现停滞甚至负增长，从而在经济上拉大了与发达国家的差距，现代化最终难以实现。

（三）避免中等收入陷阱的现实意义

中国实行改革开放30多年以来，中国经济高速发展，取得了举世瞩目

---

① 郭金兴、胡佩选、牛牛：《中等收入陷阱的经验证据、理论逻辑及其对中国经济的启示》，《经济学动态》2014年第1期，第54页。

② 冯海波：《“包容性增长”理念的学理澄明及其现实意义》，《南昌大学学报》（人文社会科学版）2010年第6期，第21~25页。

的成就。中国经济的增长率平均达到了9.7%。人均国内生产总值（GDP）水平从1978年的155美元跃升至2015年的8000美元，增长了约50倍。根据世界银行最新的划分方法，人均GDP少于12476美元，高于4056美元，属于“中上等收入”国家。因此，中国已经属于“中上等收入”国家。[①] 如果按照“十三五”规划描述的宏伟蓝图推算，中国经济总量到2020年将达到90万亿人民币，依据当前的汇率计算，人均GDP将接近1.1万美元，这样中国将会超越中上等收入水平，进入到发达国家行列。“十三五”规划所描述的宏伟蓝图实现的关键是如何避免“中等收入陷阱”。

二 中等收入陷阱产生的原因

（一）后发优势和后发劣势原因

根据以往学者的研究成果来看，中等收入陷阱产生原因首先是同后发优势和后发劣势有关。

1. 后发优势

对于后起国家而言，所谓后发优势是指物质资本和劳动力等要素投入方面的优势。在物质资本投入方面，后起国家通过大规模引进国外先进技术和装备，能够缩短在工业技术领域相对落后的差距。结果，后起国家会或后进地区不仅可以掌握先进的产业技术，而且还往往直接在有关产业技术领域取得一定程度的领先优势。在人力资本方面，后起国家往往人口基数大，结构年轻。市场中劳动力资源丰富有利于社会生产和商品流通，促进有形资源的快速积累，充分转化直接劳动和间接劳动创造的价值，形成后起国家的价值库，实现经济增长和社会财富积累。

2. 后发劣势

对于后起国家而言，所谓后发劣势是指技术进步和制度创新等方面投入和产出的不足。技术进步和迁移具有很强的特殊性，需要持续的积累和原则能力。采取与有形资本注入同样的方法实现外部注入几乎是不可能的。[②] 所以对于技术进步，后起国家具有后发劣势，表现在后起国家一般不

① 《中国有能力突破“中等收入陷阱”》，《参考消息》2016年3月17日，第11版。

② 郑文范：《科技进步与劳动价值论的发展》，博士学位论文，东北大学，2001。

具有自主创新优势。

后起国家在制度创新方面同样不占优势。在经济发展过程中，后起国家的政治制度变革是否适应经济增长的需要也是关键，为此需要政治制度做适当调整和创新，政府清廉有为、社会公正诚信等机制是伴随经济发展必需；否则，权力缺乏有效约束，腐败和垄断等行为将会破坏经济改革进程，使经济赶超半途而废。因此对于制度创新而言，中等收入陷阱实质上是社会转型被利益集团所挟持，将转型过程中的某些利益过渡形态定型化和永久化，从而导致失败的“转型陷阱”。[①]

后发劣势的存在会使价值流向发生重大变化，使后起国家不能吸收科技劳动的价值和制度创新的价值，形成价值的“谷”。

（二）后发优势和后发劣势对后起国家影响

在不同的发展阶段经济价值产生的动力因素是不同的，低收入阶段和中低收入阶段国家经济增长的动力因素较为相似，影响因素包括固定资本投资、人力资本和对外开放，中高收入阶段和高收入阶段国家经济增长的动力因素，为制度和技术进步。[②] 在低收入和中低收入阶段，后起国家具有后发优势，可以实现追赶。但在中高收入和高收入阶段，后起国家具有后发劣势，如果无法实现超越，则带来中等收入陷阱问题。具体情况有以下几点。

1. 低收入阶段和中低等收入阶段后发优势的显现

在低收入阶段和中低等收入阶段，后起国家的后发优势得以显现，如固定资本形成率每提高 1% 将推动经济增长率提高 0.87%。以中国为例，中国的投资率始终居高不下，是经济增长的一个重要引擎，例如，2000 年投资率为 35%，到 2009 年提高到 40% 以上，而同期消费率则从 2002 年的 60% 下降到 2006 年的 50% 以下。[③] 投资率贡献能够成为增长的重要源泉，

① 郭金兴、胡佩选、牛牛：《中等收入陷阱的经验证据、理论逻辑及其对中国经济的启示》，《经济学动态》2014 年第 1 期，第 59 页。

② 张德荣：《“中等收入陷阱”发生机理与中国经济增长的阶段性动力》，《经济研究》2013 年第 9 期，第 17～29 页。

③ 郑秉文：《“中等收入陷阱”与中国发展道路——基于国际经验教训的视角》，《中国人口科学》2011 年第 1 期，第 2～15 页。

且始终处于全球最高的国民储蓄率使之成为可能，这也构成中国成功的一个特殊条件。在中低收入阶段，固定资本形成率对经济增长的正向推动效应更为明显，这一效应为 1.01%。除了固定资本投入，人力资本正面效应在中低收入阶段表现得更为显著，高达 8.9%。[①] 由于中国正处于人口红利高峰期，丰富的廉价劳动力成为经济增长的比较优势，以劳动密集型出口产品为主的对外贸易自然就成为一个重要增长引擎。[②] 外汇储备在这个阶段激增，2001 年仅为 2121 亿美元，到 2010 年底就激增至 2.85 万亿美元，毫无疑问，这些“票子”都是廉价劳动凝聚的出口商品换来的。在诸多影响要素中，最明显和独特的驱动要素就是土地要素，它起始于 1998 年的房改，从此，房地产逐渐成为推动增长的支柱性产业。

对外开放度对经济增长的作用同样明显，在中低收入阶段，对外开放度提高一个百分点平均能够带动经济增长超过 1%。[③]

2. 中上等收入阶段后发优势向先发优势的转换不成功

在这个阶段，经济增长从高速变为中高速，开始放缓，中国把这种状态称为经济新常态。当一个国家的技术进步和制度创新已经成为经济增长的主导要素时，新增长要素纳入增长函数中会产生新规模收益递增，以此对冲传统的规模收益递减效应。[④] 面对新常态，后发优势向先发优势的转换必须要从“要素驱动”向“效率驱动”。转型就是要从粗放增长向集约增长转型，由后发优势转向先发优势转型，转向创新驱动的轨道，本质上讲就是供给侧进行结构性改革，通过技术进步和结构转换提高投入产出比，使增长成为长期的和可持续性的。而对中低收入国家和低收入国家来说，制度创新更加关键。腐败如果不能被有效消除，那么会极大地阻碍经济增长。如果在中上等收入阶段后发优势向先发优势的转换不成功，后起国家追赶

---

① 张德荣：《“中等收入陷阱”发生机理与中国经济增长的阶段性动力》，《经济研究》2013 年第 9 期，第 17 ~ 29 页。

② 郑秉文：《“中等收入陷阱”与中国发展道路——基于国际经验教训的视角》，《中国人口科学》2011 年第 1 期，第 2 ~ 15 页。

③ 张德荣：《“中等收入陷阱”发生机理与中国经济增长的阶段性动力》，《经济研究》2013 年第 9 期，第 17 ~ 29 页。

④ 张平：《中等收入陷阱的经验特征、理论解释和政策选择》，《国际经济评论》2015 年第 6 期，第 54 页。

先进国家就可能处在等距离追赶或停滞状态。

3. 高收入阶段后发劣势显现

在即将迈入高收入国家行列之前，后起国家常常会陷入中等收入陷阱，其主要原因在于除了前面提到的后发优势向先发优势的转换不成功，还有就是后发优势逐渐丧失，而后发劣势不可避免地凸显。

首先，是技术进步劣势显现。纵观发达国家的持续发展，创新驱动一直是这些国家经济增长的持久动力。在高收入发达国家的经济增长中，技术创新的贡献率达70%，而后起国家的创新贡献率还不到40%。提高自主创新能力，建设创新型国家，[①] 是后起国家跨越“中等收入陷阱”的战略部署和直达高收入国家的战略通道。

其次，制度创新劣势对经济增长的负面影响更加明显。制度创新驱动不足损失的创新价值约为全部创新价值的20%左右。其中腐败的影响最大。政府清廉度的提高，对经济增长的正面效用越来越显现，可以有效地推动经济增长。

最后，过大收入差距造成消费不足，内需不足，增长缓慢，同时带来低收入人群人力资本积累不足。对于中等收入国家来说，过大的收入差距意味着存在大量的贫困人口和低收入人群。这些人群收入水平低，受到其收入和财力的限制，导致整个社会人力资本积累不足，满足不了经济结构优化和产业升级所需要的足够数量的高素质劳动力，从而拖延经济上升的时间，社会阶层不断固化，社会流动性下降，“拼爹”时代出现。在这种情形下，许多贫困和低收入人群看不到未来的希望，他们就会对社会分配秩序产生怀疑，逐步发展成对社会秩序的反感。[②]

三 避免中等收入陷阱的对策

根据世界银行划分的人均收入水平的四个阶段，即低收入、中下等收入、中上等收入和高收入，目前中国经济增长已经经过了前两个阶段，处

---

① 郑秉文：《“中等收入陷阱”与中国发展道路——基于国际经验教训的视角》，《中国人口科学》2011年第1期，第2~15页。

② 张德荣：《“中等收入陷阱”发生机理与中国经济增长的阶段性动力》，《经济研究》2013年第9期，第22页。

在中上等收入阶段，这是最容易遭受“中等收入陷阱”阶段。在这四个阶段中，有三个转折点：第一个是人均 GDP 在 2000 年时超过 1000 美元，标志着中国用了 22 年时间终于走出“贫困陷阱”，实现了向中下等收入阶段的历史性飞跃。第二个是中国人均 GDP 在 2010 年时达到 4000 美元，标志着中国由中下等收入阶段进入到中上等收入阶段，中国仅用 10 年时间就实现了这一历史性跨越。现在，我们正处于中上等收入阶段，如果经济增长率能保持在 6.5%，第三个历史性跨越将发生在“十四五”规划末，大约在 2023 年，人均 GDP 将达到 13500 美元左右，中国要进入高收入国家行列，成功跨越“中等收入陷阱”大约需要 13 年左右的时间来进行发展。2010 年后，中国经济增长逐渐进入经济新常态阶段，经济下行压力很大。中国能否成功跨越“中等收入陷阱”，20 年后的中国经济社会会怎么样，直接关系到民族复兴的大业，也关系到我们每个人的发展。① 在不同阶段避免中等收入陷阱的对策有以下几点。

（一）第一阶段：大力发挥后发优势

在这一阶段中，后起国家或地区由于工业化处于起步状态，本国产业技术基础极为薄弱，但后发优势明显。为了避免中等收入陷阱，在这一阶段需要大力发挥后发优势，加快经济增长速度。首先，要大力发挥物质资本和劳动力等要素的优势，尽量保持和延长经济高速增长期，大大缩短与发达国家的差距。其次，在技术创新方面，要继续依靠引进、消化、吸收、再创新来实现技术创新和产业升级，通常采取水平技术引进的形式，即后起国引进的技术属于在先进国家中已经得到较为普遍的商业性应用的技术和装备。这一阶段又往往可以称作后起国技术进步的模仿阶段。

中国改革开放后能够实现 30 多年年均 GDP 接近 10% 的高速增长，就是充分利用了后发优势，结果能够比发达国家取得更高的经济增长速度，从而实现向发达国家收入水平迈进。②

（二）第二阶段：成功实现由后发优势向先发优势的转换

中上等收入阶段的人均 GDP 为 4000～13500 美元。对中国来说，这是从

---

① 杨澜：《谈中国模式越自信越受尊重》，《环球时报》2016 年 3 月 09 日，第 7 版。

② 林毅夫：《中国跻身高收入国家有独特优势》，http://blog.sina.com。

2010年开始一直到“十四五”规划末，在该阶段，中国经济要实现从“要素驱动”向“效率驱动”的华丽转型，“效率驱动”要从人口因素、固定资产、增长方式和产业创新等方面展开，从而实现后发优势向先发优势的转换。

人口方面实现后发优势向先发优势的转换，要应对人口老龄化和劳动力价格上涨的形势，其做法是首先保持一定的人口增长率，另外要大力提高人口素质，提高劳动生产率，实现由人口数量大国向人口素质强国的转变。

在固定资产投资实现后发优势向先发优势的转换，其做法是首先保持一定的固定资产投资增长率，其次要引导固定资产投资转向战略新兴产业，尽快促进新的战略主导产业的形成和产业升级换代。

面对新常态，后发优势向先发优势的转换在于从粗放增长向集约增长转型，实际就是提高生产率和企业竞争力的水平，因而在继续积极开展技术引进的同时，要逐步加大自主研制和开发的比重，特别要强调在消化吸收的基础上，进行革新和改良。并且，从引进技术的具体形态来看，在这一阶段要采用垂直技术引进方式。同时注重新技术的战略储备。

在这个阶段，特别要重视产业创新。中国作为发展中国家，更应基于产业革命是某一经济体经济腾飞重大契机的视角，来理智看待“后发优势”。充分利用新旧产业革命更迭的时间区间，[①] 发起和实现新一轮赶超。为此不仅需要掌握先进的产业技术，而且更需要在有关产业技术领域取得一定程度的领先优势，否则越紧迫越容易追赶不上，越容易落入“中等收入陷阱”。

在这一阶段中，同时要在制度创新方面取得很大进展，通过制度创新为经济增长营造良好的政治生态和社会环境。

（三）第三阶段：避免后发劣势，凸显先发优势

1. 及时转变发展理念和模式

党的十八大以来，以习近平同志为总书记的党中央勇于实践、善于创新，形成了一系列治国理政新理念、新思想、新战略。创新、协调、绿色、开放、共享的新发展理念，正是针对中国发展中的突出矛盾和问题提出来的，是针对中国经济发展进入新常态、世界经济复苏低迷开出的药方，是

---

① 贾康、苏京春：《“十三五”：中国直面“中等收入陷阱”》，《理论参考》2015年第11期。

跨越“中等收入陷阱”、成功实现转型发展的中国方案。

新发展理念，为中国跨越“中等收入陷阱”、成功实现转型发展奠定了思想基础，提供了理论自信。这无论对中华民族伟大复兴还是对世界现代化进程都具有里程碑意义。一是能够开启实现中国梦的新征程。中国到2020年全面建成小康社会时，将实现国内生产总值和城乡居民人均收入比2010年翻一番，将接近高收入国家水平。因此，全面建成小康社会是中华民族发展史和社会主义现代化建设史上一个新的里程碑。届时，中国发展将进入向着现代化强国迈进的新时代，为到中华人民共和国成立100周年时建成富强民主文明和谐的社会主义现代化国家、实现中华民族伟大复兴的中国梦奠定坚实基础。① 二是将开辟人类现代化新道路。走中国特色社会主义道路，全面建成小康社会，全面推进社会主义现代化建设，可以充分展示马克思主义的强大真理力量：不仅能科学阐释人类社会发展规律，而且能有力地推动人类社会发展进程。

2. 确保一定的增长速度

在新常态下，如果保持6.5%的增长速率，2023年人均GDP将达13240美元，2024年将达14101美元，就是说，在“十四五”规划末，中国将正式成为高收入国家。所以，当前我们正处于一个十分重要的发展阶段，它决定着我们能否按时跨越中等收入陷阱。②

如果经济增长平均在6.5%的水平，到2020年，就能实现比2010年翻一番的目标。6.5%的经济增长速度，无论就中长期增长目标的要求，还是就当前的就业目标的要求，或是当前控制通货膨胀的政策目标的要求来说，都是比较合适的。在这种情况下，至少在2020年前，中国仍会是世界主要经济引擎，并贡献全球经济增长的30%。③

3. 提高社会流动性，大力促进人口素质提高

拉美陷入“中等收入陷阱”的国家，典型的特点是民粹主义兴起，每一届执政者都承诺更高的福利水平，最终却无法兑现。但如果我们把问题

---

① 王永昌：《探索跨越“中等收入陷阱”的中国方案》，《人民日报》2016年3月14日，第7版。

② 冯严超：《“中等收入陷阱”的国际经验与中国对策》，《当代经济》2016年第25期。

③ 王海峰：《住建部长回应疯狂房价》，《环球时报》2016年3月16日，第1版。

的焦点从静态不平等转移到动态不平等，加强动态流动性，给每一个人通过努力改变命运的机会，人们对静态不平等的容忍度就会提高，社会矛盾也就不会那么激烈。中国要想跨越“中等收入陷阱”，在人口问题上，关键要找到一个好的结合点，实现效率和公平的相互促进，保持健康合理的社会流动性，大力促进人口素质提高。

就中国目前的情况来看，首先要打破社会机制、政策和体制上的歧视，比如城乡二元体制、市场准入的限制等。没有基本的机会公平，没有公平的市场环境，只能造成静态和动态的不平等越来越严重。[①] 其次，进一步拓宽落户通道，制定实施配套政策。加大对农业转移人口市民化的财政支持力度并建立动态调整机制，建立财政性建设资金对吸纳农业转移人口较多城市基础设施投资的补助机制，建立城镇建设用地增加规模与吸纳农业转移人口落户数量挂钩机制，完善城市基础设施项目融资制度；建立进城落户农民土地承包权、宅基地使用权和集体收益分配权的维护和自愿有偿退出机制，确保落户后在住房保障、基本医疗保险、养老保险、义务教育等同城同待遇，推进居住证制度覆盖全部未落户城镇常住人口。[②]

加快收入分配制度改革，缩小收入差距。收入分配制度改革可以从初次分配和再分配两个层面同时推进。在初次分配领域，改革的任务尤为艰难：应进一步完善市场体系，让市场机制在资源配置中起到决定性作用，完善生产要素市场，破除行业垄断、市场扭曲和分割以及过多的政府干预是当务之急。再分配领域改革的任务也很艰巨。它主要具有两方面内容，一是通过税收的手段调节高收入人群的收入，二是通过转移支付提高低收入人群的收入。[③]

4. 避免债务风险和打击房地产市场泡沫

在这一阶段中，在固定资产投资问题上，除了要保持必要的固定资产投资率外，要继续大力挖掘内需潜力，更重要的是避免债务风险和打击房地产市场泡沫。

---

① 蔡洪滨：《中国历史性跨越谨防阶层固化》，《参考消息》2016 年 3 月 24 日。

② 柴新：《我国力推 1 亿非户籍人口进城落户》，《中国财经报》2016 年 10 月 14 日。

③ 李实：《改革分配制度，消除发展阻力》，《参考消息》2016 年 3 月 22 日，第 11 版。

关于避免债务风险，据《金融时报》估计，中国的公司债务已上升到约相当于GDP的160%，而总债务约相当于GDP的230%。如果中国企业无法偿还大量债务，中国金融体系的稳定就可能受到威胁，进而危及经济增长。解决高杠杆的一个方法是“加快发展资本市场”，使企业能够增加股本融资，降低对借贷的依赖。①

在打击中国房地产市场泡沫问题上，房地产市场带来了中国最大规模的一波消费潮，拉动了非常长的产业链。然而，房地产市场同时带来了中国社会的又一轮分化，以及诸多不确定性，我们显然尚难认识这些问题的本质，更没有形成有效控制它们的能力。很多人认为，房地产市场的过度繁荣正在重伤中国以制造业为代表的实体经济。其中一种分析认为，一些对制造业前景失去信心的企业主正把资金转投向房地产市场，形成国家经济结构进一步失衡的恶性循环。② 为此，政府从宏观调控领域规范和引导房地产行业健康发展是十分必要的。

5. 加强技术创新和制度创新

在这一阶段中，随着国力的增强，后起国家开始从有关技术原理的基础科研着手，强化本国的技术研究和开发工作，产业技术赶超也开始逐步摆脱以前依赖于技术引进的被动局面，转向以自主性的立项和开发活动为主。至此，我国技术赶超的途径呈现“三足鼎立”的格局，既有自主性的从科学原理开始的研制开发，又有在引进技术基础之上的消化吸收和改良，也包括一部分单纯的技术引进和简单模仿。在这一阶段中，在制度创新方面的各项改革已经基本完成。通过各种经济措施的有效配合，要继续保持较长时期的中速增长期，才能消除与发达国家的差距，最终实现现代化。

第二节 避免“修昔底德陷阱”问题探讨

20世纪80年代以来，中国的崛起成为国际社会广泛关注的热点之一，

① 《周小川警告中国企业债偏高 外媒：“高杠杆”威胁金融稳定》，《参考消息》2016年3月22日，第5版。

② 《高房价，中国和世界都还没太搞明白》，《环球时报》2016年9月20日，第15版。

如今，中国已稳居世界第二大经济体地位，中国比历史上任何时期都更接近于世界舞台的中心。随着中国成为世界大国，如何避免“修昔底德陷阱”就成了一个中国回避不了的现实问题。但很多西方学者认为，历史上并无和平崛起的先例，中国同样无法在和平中崛起。

当前形势表明，中国已进入崛起进程中的最艰难时刻，面临“修昔底德陷阱”的严峻挑战。这将是中国“强起来”的关键一仗。要打赢这关键一仗，不是一个自然发展的过程，而是需要我们冷静而理性的战略抉择。因此，十分有必要从社会主义政治经济学视域下对如何避免“修昔底德陷阱”进行探讨。

一 “修昔底德陷阱”的内涵与表现

（一）“修昔底德陷阱”的内涵

为此，新兴国家挑战老牌强国时产生的困境，被外国学者称为“修昔底德陷阱”。古希腊历史学家修昔底德曾有一句名言：“使战争不可避免的真正原因是雅典（崛起大国）势力的增长和因此所引起斯巴达（现存大国）的恐惧。”“修昔底德陷阱”的内涵是，一个新崛起的大国必然要挑战现存大国，而现存大国也必然回应这种威胁，战争将变得不可避免。

（二）“修昔底德陷阱”的表现

国际关系史上，“修昔底德陷阱”主要指的是大国之间的关系问题、战争还是和平的问题。在西方，它几乎已经被视为国际关系的“铁律”。根据哈佛大学的一个研究小组的研究和统计，自 1500 年以来，一个新崛起的大国挑战现存大国的案例一共有 15 例，其中发生战争的就有 11 例[①]。即使是在没有发生战争的 4 例中，只有两例才可以说是和平的权力转移或者共存。也就是说，历史经验告诉人们，竞争霸权是世界政治的“常态”，而合作是“非常态”；两个大国之间的战争是“常态”，而和平是“非常态”。[②] 但也有过崛起大国和现存大国之间没有爆发战争的先例，如从 19 世纪末开始的

① 郑永年：《中美关系和国际秩序的未来》，《国际政治研究》2014 年第 1 期，第 45 页。

② 郑永年：《中国正在有效规避“修昔底德陷阱”》，《参考消息》2016 年 9 月 27 日，第 11 版。

美国崛起并没有与英国发生过战争，相反，美英在两次世界大战中并肩作战；20世纪下半叶，苏联与美国全球争霸，并没有发生过军事战争；第二次世界大战后的德国、日本相继在本地区崛起，与美国也没有发生过战争。[①]

二　产生“修昔底德陷阱”的条件

在当代，科学技术正在成为第一生产力，这表明先进科学技术正在形成社会主义社会的生产力。社会主义生产力问题的提出和确立为中国特色政治经济学建设提供逻辑起点，对如何避免“修昔底德陷阱”问题等能够进行深层次解读。

（一）机器大工业的生产力基础存在产生“修昔底德陷阱”的可能性

前面分析指出，原始社会的生产力基础是以石器工具为代表的石器生产力；奴隶社会的生产力基础是以青铜工具为代表的铜器生产力；封建社会的生产力基础是以铁制工具为代表的铁器生产力；资本主义社会的生产力基础是以机器体系为代表的机器大工业生产力。

在工业化阶段，尤其是在重工业化时期，由于对原材料的大量需求，各国之间，尤其是传统大国和新兴大国之间，对地球有限资源的争夺是不可避免的。后发国家在工业化的起飞阶段拥有某些优势的同时，在资源方面，也面临着与先发国家的激烈争夺，[②] 存在产生“修昔底德陷阱”的可能性。

中国社会主义初级阶段的生产力包括机器大工业，其生产力要素主要是以物的形式体现，在资源的总量一定的情况下，也存在对资源的争夺和占有，因而也存在非和平发展的可能性。[③] 由于中国社会主义初级阶段生产力存在传统生产力，生产力基础相对落后，由此在现实中产生的一系列严重的困难与问题，特别在生存安全和发展安全方面，传统安全威胁和非传统安全威胁相互交织，存在产生“修昔底德陷阱”的可能性。但这仅说明

① 王文：《“内功比拼”将成中美竞争关键》，《参考消息》2016年9月19日，第11版。

② 张卓群：《马克思人与自然关系理论视域下中国社会主义实践的理论思考》，博士学位论文，东北大学，2012年5月1日。

③ 郑文范、周彦霞：《论马克思自然观与自然辩证法及历史唯物主义原理》，《2012年全国科学理论与学科建设暨科学技术学两委联合年会论文集》，2012年8月1日。

了问题的一个方面，并且是非主要的方面。机器大工业的生产力基础存在“陷阱”产生的可能性，主要原因有以下几点。

1. 机器大工业的生产力易产生霸权思想

美国的生产力基础是典型的机器大工业的生产力，资本家以追逐利润为目的，资本的逐利性以及由此产生的对海外资源的无限渴求，形成了美国资本家对外扩张的传统。资本的竞争性，使美国奉行社会达尔文主义。他们一方面宣传所谓天赋人权，另一方面却把自然界里“大鱼吃小鱼”、物竞天择、优胜劣汰、弱肉强食的生物链法则搬到人类社会领域，以大欺小、以富压贫、以强凌弱。美国以每年占全世界一半的军费开支，建立了一部超级战争机器和足以毁灭地球几十次的核武库，仍无停步的迹象。[①] 像这样一个国家，很难理解中国“国强不霸”的文化传统，很难让他们对自己力量衰退不格外敏感。美国的霸权思想是造就现代“修昔底德陷阱”的重要原因。美国的霸权思想来自美国的“天定命运论”，这种天生的优越感，决定了美国的傲慢与偏见。“天定命运论”使美国依旧奉行冷战思维，这是产生“修昔底德陷阱”的主要原因。

2. 美国的军工复合体支持美国称霸

在机器大工业生产力条件下，美国的军工复合体支持美国称霸。美国的军工复合体是指由军事部门、军工企业、部分国会议员和国防研究机构组成的庞大利益集团。由于军工复合体不仅涉及军方，还涉及军工企业，更牵涉到国会，因而它的影响是极其深远的。随着时间的推移，美国的军工复合体不仅没有受到限制，反而一直在背后操纵美国的政治、外交、军事和战略。因此，受利益驱动，这些军工复合体以及与其利益相关的集团和个人，就要狂妄地渲染他国威胁论，特别是“中国威胁论”，这是产生“修昔底德陷阱”的重要推手。[②]

3. 实力不平衡会导致战争

在机器大工业生产力条件下，各国之间的实力经常会发生变化，而各

---

① 彭光谦：《中美战略文化比较》，《世界文化格局与中国文化机遇——“第三极文化”论丛(2013)》。

② 罗援：《避免“陷阱”，美须放弃傲慢与偏见》，《参考消息》2016年8月23日，第11版。

国之间的实力不平衡会导致战争。如历史学家认为第二次世界大战的发生主要是因为英国和法国对德国的实力发生变化，加之对纳粹主义采取姑息态度，导致纳粹德国坐大，从而让希特勒有能力发动战争。这表明，国家虚弱会导致一个国家快速陷入战争。

冷战深层次的教训是，当美国国力虚弱时，它就“爱好和平”，比如美国在20世纪70年代初和中国的关系解冻，在越战失败的背景下，缓和与苏联的关系等。但到20世纪80年代美国恢复实力时，就启动了更具侵略性的政策。当时，苏联在军事上是强大的，但经济虚弱。因此，美国在经济上对苏联施加压力——里根当时加强军备建设并非旨在打仗，而是为削弱苏联经济。戈尔巴乔夫犯了灾难性的错误，推动苏联解体。戈尔巴乔夫时期的这一教训体现了冷战的本质——当美国感觉自身虚弱时，它会采取“友好”的立场；当美国感觉自身强大时，则会推行侵略性的政策。

中美关系截然不同于冷战时的美苏关系。中国的经济增速远快于美国，但美国拥有全球的军事优势。所以，美国的战略是：试图将斗争焦点引向军事领域，比如在南海挑衅中国。同时试图减缓中国经济增速，比如将中国排除在贸易协定之外。如果中国经济严重放缓，美国就有可能对中国发动战争。中国无法决定性地影响美国的趋势，但最基本的条件是，中国必须足够强大才能避免“修昔底德陷阱”，而这取决于中国的经济成就。[①]

（二）科技生产力决定存在避免“修昔底德陷阱”的现实性

社会主义是一种新的社会制度，当然应该有自己的生产力基础。邓小平同志提出的“科学技术是第一生产力”思想和社会主义本质论的思想结合在一起，表明现代科学技术已经成为社会主义的生产力基础。

社会主义社会，在科学技术成为第一生产力的情况下，可以充分发挥信息资源具有可共享、非稀缺性特征，从而打破为争夺资源和市场而战的传统的非和平崛起方式。[②] 因此，科技生产力决定了中国存在避免“修昔底德陷阱”的现实性。

① 罗思义：《中国要避免“陷阱”唯有足够强大》，《参考消息》2016年9月7日，第11版。

② 郑文范、周彦霞：《论马克思自然观与自然辩证法及历史唯物主义原理》，《2012年全国科学理论与学科建设暨科学技术学两委联合年会论文集》，2012。

1. 破解“零和游戏”

科技生产力能够避免“修昔底德陷阱”的一个重要原因是科技生产力能够打破“零和游戏规则”。科技创新可以对资源分配进行重塑：或者把蛋糕做大一点，大家按贡献大小分成；或者共同开发新的战略资源，寻找替代资源、再生资源；或者优势互补，取长补短。这样在一定程度上能够照顾好各方的利益关切，互利共赢，减少冲突爆发的概率。①

2. 和平的经济收益大于战争

科技生产力能够避免“修昔底德陷阱”的一个重要原因是科技生产力能够使和平的经济收益大于战争。在科技生产力条件下，从第二次世界大战到国际金融危机之前，发达国家生活水平增长几乎未曾间断过。而韩国仅用一代人的时间就实现了从低收入国家向接近高收入国家的跨越，这在以前是不可能的。相比之下，第一次世界大战则造成了巨大的灾难，终结了欧洲作为近 500 年来世界最有活力经济中心的地位。而 20 世纪几乎所有参与战争的主要国家（英国、法国、德国、日本），不管它们是输或赢，伴随而来的是经济衰退。

更典型的例子是，美国最近连续发动和参与的科索沃战争、阿富汗战争、伊拉克战争、利比亚战争，并没有给美国带来战争红利，反而拖累了美国的经济，就等于宣布美国已经步入“战争—失败—再战争—再失败—直至衰败”的螺旋式下行怪圈。②

3. 中国创新驱动经济对世界经济做出的巨大贡献

英国前首相戈登·布朗指出，要感谢中国经济对世界经济做出的巨大贡献。特别是，如果没有中国在过去 30 多年做出的巨大贡献，我们就不会像现在这样繁荣昌盛、充满希望。中国的发展速度之快，超过历史上的任何一个国家。中国的发展速度超出预期，在世界经济衰退的大背景下保持长期增长，所取得的重大成就让世界瞩目。随着中国在经济上取得成功，大量人口摆脱了一穷二白的面貌，这是中国取得的一项举世瞩目的成

---

① 罗援：《避免“陷阱”，美须放弃傲慢与偏见》，《参考消息》2016 年 8 月 23 日，第 11 版。

② 王文：《中美用洪荒之力破除“修昔底德陷阱”》，《参考消息》2016 年 9 月 19 日，第 11 版。

就。总之，当前中国充分发挥科技生产力的作用，使中国创新驱动经济对世界经济做出的巨大贡献，以此成为消解“修昔底德陷阱”的最重要因素。

三　消解“修昔底德陷阱”的对策

要想避免产生“修昔底德陷阱”，要满足以下几个条件。

首先，新兴国家采取什么政策。第二次世界大战期间，日美两国之所以迎面相撞，就是因为日本采取了对外扩张的战略。中国的崛起，本质上是多灾多难的中华民族的“自救”和复兴。中国是现行国际体系中成长起来的大国，坚持走和平发展道路，集中精力办好中国自己的事情，没有意愿、没有能力，也没有时间争夺美国的霸权地位或者所谓“势力范围”。

其次，新兴大国与现存大国是否发生冲突，还要看现存大国采取什么样的政策。现存大国对新兴大国采取打压、遏制的政策将会产生一种结果，采取接纳和引导态度则会产生另一种结果。美国一些有识之士已经认识到，“如果视中国为敌，那么我们注定在未来收获一个敌人”。

最后，新兴大国同现存大国是否将发生冲突，还取决于时代大背景。人类社会发展到今天的水平，国与国之间相互依存、利益交融，达到了历史上从未有过的广度和深度。世界各国都处于利益和命运共同体当中。中国越发展，越需要同美国加强合作，越需要与美国共同走一条互相尊重、和谐共处、合作共赢的新型大国关系之路。①

总的来说，中美之间存在消除“修昔底德陷阱”成立的三个基本条件，过分地宣扬“修昔底德陷阱”是西方社会对于中国发展的过度反应。消解“修昔底德陷阱”的对策有以下几点。

（一）管控好分歧、避免“修昔底德陷阱”

1. 引导美国对华正确认知

美国对中国的基本判断是其制定对华政策的重要出发点。从中美关系发展的历史来看，美国容易误判中国的战略意图，或对中国的发展抱有不切实际的期待，基于这样的对华认知所制定的对华政策总是行之不远的，

① 戴秉国：《破解21世纪“斯芬克斯”之谜》，《参考消息》2016年8月15日，第11版。

不仅无助于中美关系的改善和发展，还会使美国决策者产生深深的挫折感。

要塑造客观而合理的美国对华认知，中国应努力向美国社会强调以下五点。

第一，中国不谋求霸权。国强必霸，这是美国信奉的国际政治逻辑，是与美国的近代发展历程相吻合的。美国当下的最大担心，是中国要谋求区域霸权，要把美国从东亚赶走。要说明中国为何不会走这条路，既要结合中国的文化传统，也要结合21世纪变化的国际政治环境，更要结合中国改革开放以来的成功经验，这样才能使中国的话语更具有说服力。

第二，拥有巨大体量的中国的崛起势必会带来国际力量格局的变化、国际规则的调整、国际秩序的重组、国际利益的重新分配，美国和国际社会对此应有心理准备，要适应而不是抵制这一过程。作为现存国际体系的创立者和支配者，美国若能顺应时势做出必要的调整，中美两国就会成为21世纪全球治理的重要伙伴，中美合作将成为21世纪国际体系的重要支柱。

第三，中国维护和谋求其正当利益的必然性与合理性。中国要坚定地捍卫其主权、安全和领土完整，要积极地维护不断发展的海外利益，也要在国际机制中谋求与其力量和贡献相称的权利。同时，中国努力使实现上述利益目标的方式符合21世纪的国际政治潮流，体现中国作为新型大国的风范。

第四，中国的发展造福中国人民，但也是贡献给世界、贡献给全人类的。中国崛起，美国可能是最大的受益者；如果中国不发展，而是贫困、动荡、分裂，对美国可能才最为可怕。中国是一个由五千年文明滋养起来的致力于和平发展的国家，不谋求霸权，希望世界人民生活得好一点、平安一点。所以美国用不着怕中国崛起，应该敞开胸怀来欢迎中国的和平发展。①

第五，争霸战争不符合美国利益。事实上，在21世纪，战争对于提升一国国家实力来说越来越“不合算”，甚至可以说，战争会加速国家的衰败。以2003年美国发动伊拉克战争为例，十几年的战争耗费了美国巨额的军费（后续支出会更多），导致了大量美军伤亡，本国经济总量在全球的占比由2002年的30%下降到如今的23%左右。正如美国学者戴维·梅森在

① 戴秉国：《破解21世纪“斯芬克斯”之谜》，《参考消息》2016年8月15日，第11版。

《美国世纪的终结》中的评价，战争“是美国在寻找绝对安全的徒然折腾中自我毁灭”。①

2. 中国不谋求推翻现有国际秩序

习近平特别指出，中国倡导的新机制新倡议，不是为了另起炉灶，更不是为了针对谁，而是对现有国际机制的有益补充和完善，目标是实现合作共赢、共同发展。中国对外开放，不是要一家唱独角戏，而是要欢迎各方共同参与；不是要谋求势力范围，而是要支持各国共同发展；不是要营造自己的后花园，而是要建设各国共享的百花园。②

尽管拥有后来者的身份和自身特色的政治体制，但中国从“自由国际秩序”中获得了巨大利益，尤其是在经济领域，并且没有颠覆这一秩序的动机。③

3. 有效开展对美战略博弈

中美之间要消解“修昔底德陷阱”，从战略层面来说，要有效开展对美战略博弈。中国通过有效的战略博弈，可以引导对方的政策行为朝着对己有利的方向调整，改善己方在互动中的相对地位，并防止双边关系朝着于己不利的方向发展。因此，这就需要中方在处理对美关系时敢于博弈、善于博弈。

在经济上，鉴于中国不断增强的经济实力和美国对华经济依赖度的上升，中国既要有效运用经济手段推进对美经贸关系中的重要目标，也要善于运用经济手段促进中国政治与安全利益。④

在外交上，要积极运筹塑造对中国总体有利的国际环境，塑造重大问题上对中国有利的国际态势。中国应坚持2013年外事工作会议提出来的“周边命运共同体”策略。要通过外交博弈有效抑制美国拉拢周边国家牵制和孤立中国，压缩美国通过周边代理人给中国制造麻烦的空间，要充分运用外交手段预防美国对中国海外利益的挑战。

---

① 王文：《“内功比拼”将成中美竞争关键》，《参考消息》2016年9月19日，第11版。

② 习近平：《在庆祝中国共产党成立95周年大会上的讲话》，《人民日报》2016年7月2日，第2版。

③ 《中国经济能否稳定增长？行胜于言》，《沈阳晚报》2016年9月4日，第2版。

④ 吴心伯：《中美应以良性战略互动化解冲突》，《参考消息》2016年9月2日，第11版。

最重要的是，对美国有损中国国家利益的做法，中国也应当具有足够的信心来应付和反制。因此，在中等收入发展阶段，如何将特定情境处理好，避免落入多面夹击，在全球经济发展格局的钳制下力争营造良好的社会经济发展外部环境，在全球化背景下全面打开国际贸易的共赢局面，是中国“十三五”规划及中长期发展要面对的重大挑战。随着中国的继续崛起，相信中国会拥有越来越多的政策工具来消解美国的压力。[①]

4. 强军助推和平发展

和平与发展是当今世界的两大主题。和平发展并不意味着没有战争，也不意味着可以放弃武力。目前，中国在发展中仍面临诸多挑战和威胁，实施强军战略符合自身发展现实和长远需要，具有最为充足的理由。

首先，强军源于深刻的历史教训。中华民族具有爱好和平的优秀传统。在五千多年的历史演进中，中华民族创造了延续性、包容性、开放性很强的文明体系。但是历史证明，“国虽富而兵不强”，最终往往很难摆脱财富流失、国家衰亡的厄运。[②]

其次，强军是由中国国情及国际竞争规律决定的。中国国土面积大、海岸线长、人口多的国情，需要具备与之相适应的强大军力。像中国这样有着格外特殊国情的国家，其和平发展对强军的紧密关联度是其他任何国家不可比的。

最后，强军是中国应对现实和长远威胁的紧迫需要。当前，中国周边环境的不稳定、不确定因素增加，特别是包括钓鱼岛、南海诸岛在内的海洋主权之争逐渐凸显。现实是最生动的课堂，对手是最好的老师，美日及其在亚太的盟国和帮凶的一系列针对中国的言行，使中国意识到，“忘战必危”。

中国政府依照国防法，贯彻国防建设与经济建设相协调的方针，适应国防需求和国民经济发展水平，合理确定国防费的规模，依法管理和使用国防费。[③]

---

① 郑永年：《中国正在有效规避“修昔底德陷阱”》，《参考消息》2016年9月27日，第11版。

② 余爱水：《中国唯有强军才能跨越“陷阱”》，《参考消息》2016年8月19日，第11版。

③《外媒：中国军费适度增长，着力打造现代化海空军》，《参考消息》2016年3月7日，第11版。

5. 注重危机预防和冲突管控

危机已成为后冷战时代中美冲突的新形式。在此背景下，危机预防和冲突管控对于消解“修昔底德陷阱”至关重要。

为此双方应在战略和策略层面上做出努力。战略层面主要是增进相互理解和信任，防止一方对另一方的意图误解误判，同时也强化领导人对双边关系的关注度和掌控力，以免双边关系被某些部门所操纵。中美两国可以继续加强政治和战略对话、积极开展双边军事交流以及在两国领导人之间建立良好的工作关系。在策略层面上，两国需要加强关于危机预防和危机管理的安排与对话，通过建立危机预防机制能够有效地规避危机的发生，培养准确解读对方危机行为的能力，最大限度地减少误判。①

从机制建设角度来讲，双方应继续就重大军事行动相互通报机制的其他附件进行磋商。此外，中美可以考虑在“战略与经济对话”框架下建立一轨或一轨半的“中美海洋问题磋商工作组”，就管控中美海上危机、建立中美和谐海洋伙伴关系提出对策建议。条件成熟时，也可以考虑建立两国海军首脑之间的固定热线电话。②

6. 中美避免直接战争

中美交战对双方的风险和损失都太大，收益太小。这使得中美双方对以和平手段处理矛盾的积极性会大于彼此军事对抗的兴趣。

在上述背景下，必须避免中美这两个核武器大国考虑与对方交战。相反，它们更需要通过对话与合作来维护和推动彼此的利益。中美建交以来两国关系发展的历史也佐证了这一点：尽管中美两国存在意识形态、政治体制和文化价值方面的诸多矛盾和差异，但中美两国在处理与对方冲突时都非常谨慎，始终致力于避免对抗，最近两国还就两国军队在海上和空中相遇规则达成协议，以避免由于意外导致两国出现军事冲突。与此同时，在双方的共同努力下，两国关系不断发展，比历史上任何时期都密切、全面和深入。③

① 吴心伯：《中美应以良性战略互动化解冲突》，《参考消息》2016年9月2日，第11版。

② 吴士存：《中美亟待破解南海“安全困境”》，《参考消息》2016年8月22日，第11版。

③ 贾庆国：《中美“战争宿命”并非不可破解》，《参考消息》2016年9月1日，第11版。

（二）扩大共同点、消解“修昔底德陷阱”

1. 妥善处理国内问题是根本

中美之间要消除“修昔底德陷阱”，从中国方面来说，关键在于能否妥善处理好国内的发展问题。国际问题的关键还在国内，这既是我们做好国内改革、发展、稳定工作的根本逻辑所在，也是构建新型大国关系跨越“修昔底德陷阱”的最终力量源泉。[①]

经过近 40 年的改革开放，中国在保持政治和社会稳定的基础上，实现了跨越式的发展，为人类对更好社会制度的探索提供了中国方案，越来越成为众多发展中国家争相研究、学习和效仿借鉴的对象。尤其是 2016 年 9 月初在杭州举行的 G20 峰会获得巨大的成功，中国引导全球关注发展中国家利益与 2030 年可持续增长目标，集合全球各国利益的最大公约数，勾勒了令各国印象深刻与信服的全球秩序愿景。[②] 尽管中国经济增速放缓，中国仍然是全球经济增长的最大贡献者，在全球经济增长停滞不前的背景下，这样的贡献尤为重要。如果中国经济增长继续从依靠出口和投资向依靠服务和家庭消费驱动转变，全球经济将从中国经济转型中受益良多。“世界比以往任何时候都更需要一个成功的中国”[③]。

美国更要处理好国内问题，中美之间未来谁能在全球秩序中拥有更多话语权，关键不是谁能在两国战争中胜出，而是谁更能创造本国的美好社会，并帮助全球创造更好的未来。

2. 打造人类利益共同体

消解“修昔底德陷阱”，打造人类利益共同体是根本路径，要建立最广泛的“统一战线”。虽然中美没有发生直接战争的可能性，但最近几年，随着中国国家实力的提升，中美之间的“安全困境”越发凸显。美国及其盟国在中国周边频频制造麻烦，中国沿海方向从北到南都面临越来越紧张的安全形势。因此要获取比美国多的国际战略支持，就得结交比美国还多的盟国。用中国熟悉的语言讲，就是建立最广泛的统一战线。扩大国际战略

---

① 陈岳、莫盛凯：《大国“权力转移”应走和平之路》，《参考消息》2016 年 8 月 29 日，第 11 版。

② 王文：《中美用洪荒之力破除“修昔底德陷阱”》，《参考消息》2016 年 9 月 19 日，第 11 版。

③ 斯蒂芬·罗奇：《全球增长仍为“中国制造”》，《参考消息》2016 年 9 月 2 日，第 5 版。

支持是中国当前面临的最大安全挑战，也是中国当前最大的对外战略利益。同时，降低国际安全威胁，扩大中国在经济领域中的比重，增大国际规则制定权，争取科技领先地位也是中国的战略利益，但这些利益的重要性和紧迫性都无法与扩大国际战略支持相比。①

3. 中美加强经济合作

中美作为世界第二和第一大经济体，两国的政策协调对消解“修昔底德陷阱”至关重要。中美能否为促进全球经济再平衡的多边共识确定基调，引人注目。2016 年 6 月北京第八轮中美战略与经济对话期间，双方已认识到结构性改革对保持两国乃至世界经济持续增长的重要性，中方承诺在适度扩大总需求的同时加强供给侧结构性改革，美方承诺在货币政策正常化过程中充分考虑对国际金融市场的外溢性影响，提高政策透明度和可预期性。两国可以从共同利益最多的经济等领域入手，通过推动全球治理等，带动国际协调与合作，跟上全球化的步伐。②

4. 继续丰富完善中美“互嵌”机制

冷战结束以来，特别是 21 世纪初以来，中美之间的互嵌机制逐步得到发展，基本形态已然确立。这一“互嵌”机制具有多元和多层次的特征，包含了丰富的内容。

第一，中美两国一代又一代的政治家一定要坚持不懈地推进新型大国关系的建设，引导两国民众越来越多地理解、支持、参与新型关系的建设中来。

第二，高层对话机制。中美两国领导人高层和各级别官员都应该保持经常性的、及时的战略沟通和对话，增进相互信任，避免误解、误判。中美要相互视对方为朋友和伙伴，而不是对手和敌人。

第三，中美两国地方政府间的交往。中美两国要构建新型大国关系，光靠利益的纽带远远不够，继续丰富中美“互嵌”机制，在两国社会、民众之间建立起广泛而牢固的联系，这种关系才是可长可久的，才能有效消解“修昔底德陷阱”。

---

① 阎学通：《用“周边命运共同体”突破安全困境》，《参考消息》2016 年 8 月 18 日，第 11 版。

② 《美中关系全国委员会主席：中美经贸合作是“一场漫长的婚姻”》，《参考消息》2016 年 10 月 14 日，第 7 版。

5. 共同应对全球公域问题

美国战略家提出的当前全球公域安全问题主要有四大类：海上安全，外太空安全问题，网络安全，航空安全问题。针对不同类型的全球公域问题，美国设想的维护全球公域安全的目标依次有四个层次：首先是确保有效进入全球公域，如航空及外太空不被敌对势力所干扰；其次是保护全球公域安全，如保护网络安全；最后是提升全球公域稳定性，尤其是重要国际海域和公海安全。[①] 为此，中国应理解美国全球公域战略考量，探索合作可能途径。通过在全球公域领域的合作，中美在思想认识上和行动上完全可以缩小差异，展开合作。

6. 扎实推动双方战略合作

在新形势下的中美战略合作，就是要在全球层面共同打造全球治理同盟、在亚太地区层面推动建设亚太共同体、在双边层面发展互利共赢的伙伴关系。

第一，在全球层面，当前全球形势面临严峻挑战，世界经济发展势头既不稳定也不强劲，地区热点问题高烧不退，地缘政治的紧张有增无减，这就需要国际社会加强合作，提供更加有效的全球治理。在全球化时代，我们要积极构建全球治理同盟，而不是强化冷战时期形成的军事安全同盟。中美要成为全球治理同盟的重要伙伴，而不是地缘政治的对手。[②]

第二，在亚太层面，中美都是亚太大国，在亚太地区有着重大的利益和举足轻重的影响力。亚太地区的和平、稳定与繁荣符合两国和亚太地区的根本利益。建设一个和平、合作、繁荣的亚太共同体符合亚太各国的利益。中美共建亚太共同体的路径，就是推动建立亚太自由贸易区，构建多元合作的亚太地区安全架构，以合作和建设性的方式处理地区热点问题。

第三，在双边层面，在过去几十年里，中美经贸关系的迅猛发展、两国在国际事务中的广泛合作，表明双边关系具有鲜明的互利共赢的特征。两国关系要继续沿着互利共赢的伙伴关系的道路坚定地走下去。要强化伙

① 王义桅：《中美超越“修昔底德陷阱”的三大保障》，《参考消息》2016 年 8 月 17 日，第 11版。

② 吴心伯：《坚持战略定位　推动中美合作》，《人民日报》2015 年 9 月 15 日，第 3 版。

伴关系，双方需要保持密切而富有成效的交往与对话，需要以新的投资和贸易安排深化经贸合作，需要拓展积极而充满活力的人文交流。①

7. 促使“G2”同处一个国际体系

作为负责任的大国，在G2结构内部，就双边关系来说，中美两国已经高度相互依赖。尤其在经济关系上，这种相互依赖关系非常重要，美国要把中国作为“敌人”来对付就非常困难。另外，这种依赖性也有助于美国在制定其对华政策时平衡各方面的国家利益，例如，美国在处理和日本的关系时，必须在一定程度上平衡经济上与中国的相互依赖和战略上的“美日联盟”。如果两者失衡，美国的国家利益必然遭受严重损害。

在G2结构内部，中美两国的双边关系越来越具有国际性（外在性）——中美两国双边关系的各领域及其处理双边关系的方式会对整个国际社会产生很大的影响。这就要求两国把这些问题放置整个国际关系的格局中来处理。对中国来说，这种局面实际上有利于拓展国际空间，也就是说，中国可以在全球舞台上和美国互动。尽管美国仍然是世界上唯一的霸权，但因为中国处于G2这一结构的第二大经济体的位置，在和美国的互动过程中，中国的影响力很自然到达世界的各个地方。不管如何，处理双边关系考虑其外部性，这也是中美两个大国各自的国际责任。②

第三节 社会主义政治经济学视域下东北现象的产生和消解

自党中央、国务院决定实施东北老工业基地振兴战略以来，东北地区经济社会发展取得了巨大成就，但目前也面临新的巨大挑战。从目前东北老工业基地经济发展面临的诸多现实约束来看，依赖要素投入推动经济增长的发展模式难以为继，经济增长方式转型乏力表明东北老工业基地经济可持续发展面临挑战。③

① 吴心伯：《中美应以良性战略互动化解冲突》，《参考消息》2016年9月02日，第11版。
② 郑永年：《与美国冲突是不是中国的宿命》，《领导文萃》2015年第10期，第122页。
③ 张德荣：《“中等收入陷阱”发生机理与中国经济增长的阶段性动力》，《经济研究》2013年第9期，第17~29页。

社会主义政治经济学视域下研究“东北现象”的产生和消解，支持东北老工业基地全面深化改革、创新体制机制、实现经济社会持续健康发展，是新时期新阶段实施东北老工业基地振兴战略的必然要求，对于稳增长、促改革、调结构、惠民生、避免陷入“追赶陷阱”具有重大意义。

一　“东北现象”的表现

从2003年到2012年，东北地区年均经济增速远高于全国水平。但由于一些历史积累的结构性、体制性矛盾还没有完全解决，东北振兴实施十余年后的今天，再度出现经济增长降低、产业结构调整成效不尽如人意、体制机制创新难以突破等问题。从振兴过程来看，“东北现象”没有完全消除，① 在一定程度上陷入中等收入陷阱。主要表现为以下几个方面。

（一）振兴的第一阶段：经济增长成效显著

在这一阶段中，东北地区处于振兴的起步状态，进行大规模技术改造和中央的扶植政策，使资本和劳动力等要素投入大大增加，再加之改革开放的强大推动力，后发优势明显，形成了经济高速增长期，经济总量不断扩大，从而大大缩短了与国内发达地区的差距。有数据显示，2003年到2012年的10年间，东北三省国内生产总值翻了两番多，年均增长12.7%，而同期全国平均增速为10.7%。

（二）振兴的第二阶段：经济增长速度减缓

在这一阶段中，随着东北地区外延型经济增长方式局限性的暴露，特别是资本和劳动力等要素投入优势作用开始减弱，投资效益不断下降，投资后劲不足。曾经，东北三省投资规模一直居于全国领先地位，但投资效益率却低于全国平均水平，且不断下降。

特别是技术进步和制度创新不足的作用开始显现，以产业结构调整为例，产业优化升级步伐缓慢，近年来，尽管辽宁、吉林、黑龙江三省都大力发展服务业，但第一产业、第二产业、第三产业的比重基本未变。2003年东北三省第一产业、第二产业、第三产业增加值占GDP的比重分别为

① 郑文范、孙家成：《论创新驱动与东北老工业基地再振兴》，《科技进步与对策》2014年第24期，第41～44页。

12.4%、50.7%和36.9%，2012年为11.3%、51.9%和36.8%，产业结构未发生明显转变[①]，总体来看，东北地区经济增长速度减缓。

（三）振兴的第三阶段：经济增长“失速”的风险增大

在这一阶段中，东北地区经济增长的各种阻力频现，资本和劳力等要素投入开始减少，投资效益更是不断下降。特别是技术进步和制度创新没有取得预期效果，其负面作用充分显现，其腐败问题更是对经济发展造成了摧毁性打击，导致经济增长“失速”。2015年上半年更发生逆转，东北老工业基地、吉林省和黑龙江省的经济增速分别为2.6%、6.1%、5.1%——均低于全国7%的GDP平均增速。2015年辽宁省GDP更是呈负增长，排在全国最末位，为中华人民共和国成立以来前所未有，既失去了全国经济发展的引领作用，也失去了东北经济发展的引领作用。因此，可以说东北老工业基地振兴已经到了最危险的关头，如果任其继续下滑，后果将不堪设想。

二 “东北现象”产生的原因

“东北现象”的产生与后发优势和后发劣势有关。后发优势是指物质资本和劳动力等要素方面投入的优势，有助于当地有形资源快速积累。

对于制度创新而言，后进地区同样具有后发劣势。“东北现象”的产生的原因表现在以下几个方面。

（一）固定资本后发优势消失、投资急剧下降

在后发优势中，投资无疑是东北老工业基地经济发展的最重要优势之一。改革开放以来，东北老工业基地固定资本形成率逐年升高，从1978年的不到30%上升到2010年的45%。在1978～2010年期间有6年超过40%，其中，2009年这一指标高达46%。东北老工业基地固定资本形成率的均值是34%，最大值是46%。但近年来投资这驾马车明显动力不足。东北三省的企业出现融资下降的现象，“融资难”成了东北地区一个困难的问题，也是一个让东北三省尴尬的问题。从根本上说，巨额资金缺口正是东北老工

① 张宇帆、丁晓燕：《东北老工业基地振兴的成就与对策》，《经济纵横》2013年第6期，第28页。

业基地振兴面临的首要制约因素。东北老工业基地的固定资本后发优势消失、资金“造血”机能衰退，具体表现在以下几个方面。

1. 金融机构数量少，结构单一

东北地区金融机构与发达地区相比，数量和种类少，结构单一，主要是工、农、中、建四大国有商业银行，而招商银行、上海浦东发展银行等全国性股份制商业银行仅在少数中心城市设有分支机构，除此之外，便是一些较小的城市商业银行和城乡信用社。而东部地区发达省份金融机构无论数量还是结构，都比东北三省丰富得多。①

2. 融资渠道狭窄，内源性融资严重不足

东北三省金融市场和资本市场的发展比较缓慢，直接融资渠道过窄。企业融资主要依靠国有商业银行贷款，股票市场、期货市场、国债市场与东部发达地区相比有较大的差距。特别是东北地区的资本市场体系不健全，资本市场组织机能不完善，导致资本内生形成能力差。

3. 金融风险严重

东北地区长期处于旧的投资体制影响之下，企业因缺乏风险约束，形成“投资饥渴症”，盲目争投资抢项目，导致银行贷款规模日趋膨胀，② 企业资产负债率不断上升，不良信贷资产比例高于全国，因企业普遍经营效益不佳，企业偿贷能力低下，尤其是在国企破产兼并和改制过程中，银行贷款更是往往成为牺牲品。③

（二）“人口红利”后发优势削弱，人口老化严重

改革开放以来，东北人才总量和专业技术人员总数都位居全国前列，东北在科教资源和人才资源方面有很好的基础。但根据国家统计局发布的数据，2012 年东北老工业基地劳动人口总量首现下降，人口红利窗口加速关闭，由此形成的增长动能也在减弱。

---

① 刘洪军：《东北老工业基地振兴与金融制度创新》，《哈尔滨商业大学学报》（社会科学版）2005 年第 1 期，第 10 ~ 13 页。

② 衣保中：《我国东北经济发展的现状、问题与对策》，《东北亚论坛》1999 年第 4 期，第 17 ~ 21 页。

③ 齐美东、杜鹃：《东北金融支持的重要性及其制约因素》，《中共长春市委党校学报》2005 年第 1 期，第 20 ~ 22 页。

在东北振兴过程中，人力资源方面的问题是东北的人才队伍建设不能适应东北老工业基地振兴的要求。首先，低素质人才过剩，高素质人才严重短缺。以吉林省为例，在全省136万人才中，高素质人才占全省人才总量的4.5%。特别是信息、金融、高新技术、熟悉世贸组织规则的高素质人才短缺严重。同样，东北制造业普遍缺乏高素质的技工。人才结构不合理，现有的专业技术人才主要集中在教育、工程、卫生等传统专业领域，高新技术、农业产业等重点发展行业的人才所占比例严重不足。其次，在全国人才流动中，东北人才流动长期呈逆差状态。资料显示，在改革开放后的20多年里，黑龙江省人才流失达20万人；1993年以来，吉林省每年人才流出量是流入量的3倍以上；尤其是国有企业经营状况不好，辽宁省高技能人才也大量外流。东北高层次人才外流，特别是中青年专业技术骨干人才外流现象十分严重。① 最后，东北老工业基地人口老龄化严重。例如，最新数据显示，沈阳作为老工业基地，从1992年开始就进入老龄化社会，比全国提前了7年。2015年沈阳市户籍总人口已达到731.4万人。其中，60岁以上户籍人口达到173.5万人，占全市总人口的比重从2011年的15.3%上升到23.7%。按照每年老年人口增速计算，最快明年，每4名沈阳人中就会有1名老年人。也就是说，每3个人就需要赡养1名老人。②

（三）后发优势向先发优势转换不成功——创新驱动不足

1. R&D（Research and Design）投入不足

2000~2015期间东北老工业基地的R&D经费占GDP比重波动较大。2000年为0.89%，2004年达到1.56%，但2008年下落到1.41%，2010年又达到1.535%。2012年东北老工业基地R&D经费占GDP的比重为1.57%，比上年下降了0.07个百分点。与“十二五”2.2%的规划目标相距甚远。③

2. 科学创新对老工业基地改造支撑不足

由于缺乏对科学规律向产业规律转化的理解，研究型大学的学科建设现

① 刘海军、陈庆华：《东北老工业基地振兴与人才战略》，《大连海事大学学报》（社会科学版）2004年第3期，第57~60页。

② 白昕：《最快明年沈阳每4人里就有一个老人》，《沈阳晚报》2016年10月8日，第4版。

③ 王钰：《科技金融创新与科技价值的实现——以辽宁省为例分析》，《党政干部学刊》2015年第7期。

在还不适应新型工业化这一新的发展趋势，特别是缺乏国家在“科技规划”当中提出的要重点培育发展高端装备制造业、新能源、新材料、信息产业等方面新兴学科和科研产业团队，难以推动新兴产业发展和结构调整，导致东北老工业基地研究型大学的学科发展水平明显滞后于经济的发展水平，科学创新对老工业基地改造基础理论支撑不足。

3. 技术创新对老工业基地产业创新支撑不足

由于对创新理论和新实践掌握不足，东北老工业基地改造缺乏对技术目的性向产业普遍性转化的理解。东北老工业基地在竞争中没有以最快的速度领先于人，实现“快鱼吃慢鱼”的创新理念。表现在以下几个方面。

第一，技术适合度差。由于东北老工业基地改造，缺乏对技术目的性向产业普适性的转化，在科学技术突飞猛进、日新月异的新背景下，老工业基地技术改造迟缓，不能及时获得创新带来的价值，竞争中处于落后不利地位。

第二，技术成熟度低。东北老工业基地改造缺乏对技术目的性向产业普遍性转化的理解，特别是对关于技术战略应与产业结构调整相适应理解不深。不能有效对大量的老企业进行技术改造，同时也不能大力发展新兴产业。

第三，高新技术产业“空洞症”。东北老工业基地的合资企业或国有企业生产的绝大多数知识产权基本上掌握在外国人手里，许多高新技术企业实际上仅是一个组装车间，关键技术必须从国外进口，名牌产品不多，[①] 存在高新技术产业“空洞症”。

4. 工程创新对老工业基地产业创新支撑不足

第一，缺乏对工程集成性向产业普遍性转化的理解，东北老工业基地不能有效对待科技开发过程的“中试”阶段，“中试”问题已经成为科技生产力能否顺利转化为现实生产力的主要障碍之一。

第二，缺乏技术集成创新，表现为国家工程（技术）研究中心、国家工程（重点）实验室等研发平台数量不足，特别是作用发挥不够。

---

① 郑文范：《论科技创新的人格化机制与东北老工业基地改造》，《科学技术与辩证法》2004年第6期，第93～96页。

第三，缺乏产业集成创新，表现为在综合交通网络建设、构建多元清洁能源体系、加快电力外送通道建设，切实解决东北地区“窝电”问题等方面做得不够。工程创新驱动不足损失的创新价值约为全部创新价值的25%。

5. 产业创新对老工业基地改造支撑不足

第一，新兴产业和生产服务业规模性不足。传统产业施加规模性过大，表现在推进企业兼并重组施加规模性方面，特别是通过市场优化资源配置，打破区域界限，培育具有国内外知名度的大企业集团方面成效不显著。在全方位扩大开放合作施加规模性方面，特别是扩大向东北亚区域及发达国家开放合作，打造一批重大开放合作平台，以及完善对外开放政策方面也需改进。① 结果是新兴产业和生产服务业规模性不足，难以形成新的规模替代产业。

第二，产业盈利性差。产业施加盈利性不足。东北老工业基地主导产业转型缓慢，亏损面大和盈利性差的问题没有缓解。结果是传统主导产业不能有效向产业链高端移动，在经济形势恶化时，形成大面积亏损。例如，被誉为东北老工业基地第一大支柱产业的石化产业2011年全行业亏损21.4亿元，亏损额创全国之最。

第三，产业转化性较差。企业创新动力与技术需求不足，导致施加转化性不足，科技资源优势难以转化为产业竞争优势。如东北老工业基地的科技创新始终不能围绕产业创新进行，结果是一方面存在大量、无法转化的无效“科研成果”，另一方面，产业创新存在的大量需要解决的科技创新问题长期得不到解决，在经济形势恶化时导致“追赶陷阱”。

第四，产业结构性问题。在东北老工业基地振兴中扶持新兴产业成为主导产业的努力都是失败的。从早期的轻工业和家电产业，到近期的高端制造业、新材料、软件产业、轨道交通产业、航空制造、机器人产业等概莫如此。从传统产业改造来看，如抚顺、阜新等城市在中华人民共和国成立初期因资源而立、因资源而兴，但是多年来，这些资源型城市形成的大

① 郑文范、孙家成：《论创新驱动与东北老工业基地再振兴》，《科技进步与对策》2014年第24期，第41～44页。

多是高度依赖资源的单一经济结构，在历经辉煌之后，很多资源已经枯竭或进入萎缩期。下岗职工猛增、生态环境恶化、经济发展陷入困境，而接续替代产业又没有及时培育，这是东北地区数十个资源型城市所要共同面对的严峻的考验。①

（四）后发优势向先发优势转换不成功——制度创新严重滞后

制度是影响长期经济绩效的根本原因，如经济社会制度等。在科技成为第一生产力和创新驱动的情况下，制度创新主要包括打造科技生产关系和科技上层建筑等方面。

1. 打造科技生产关系不力

东北老工业基地振兴过程中打造科技生产关系方面的问题体现在以下几点。

第一，缺乏和创新相适应的所有制形式。科技生产所有制关系主要表现为对科技生产资料的占用和所属关系，这种所有制形式突出表现为科技成果的知识产权制度等，而东北老工业基地在这方面显得很缺乏。例如，没有知识产权法院，就会造成对有关专利、技术秘密等专业技术性较强的知识产权缺乏有力保护。

第二，缺乏和创新相适应的科技劳动者的活动形式。科技劳动自身的特点决定了其自身资源的有限性，在科技生产力时代，科技劳动者必须充分利用各种资源，为此必须采取协同创新的形式。在东北老工业基地再振兴过程中，推进中国科学院所属科研院所与老工业基地开展院地合作进展缓慢，取得成效不大。

第三，缺乏和创新相适应的分配形式。在东北老工业基地再振兴过程中，缺乏和创新相适应的分配形式。首先是分配不公、收入差距问题解决不力。在科技成果处置权、收益权、股权激励等方面探索试验也有待加强。

2. 打造科技上层建筑现状和问题

在东北老工业基地振兴过程中打造科技上层建筑方面的问题体现在以下几点。

---

① 张德荣：《“中等收入陷阱”发生机理与东北老工业基地经济增长的阶段性动力》，《经济研究》2013 年第 9 期，第 17 页。

第一，创新文化薄弱。工业生产意识根深蒂固，工业创新发展意识淡漠，循规蹈矩搞工业，虚张声势搞创新，欲振而不兴是东北老工业基地的真实写照。东北老工业基地在长期传统工业化过程中形成了惯性思维，背负沉重历史包袱和粗放经济增长模式，不仅束缚了传统优势产业转型升级，而且阻碍新兴产业发展壮大，导致东北老工业基地在全国经济新常态下凸显经济非常态。

第二，价值取向偏离。老工业基地政府官员受部门利益最大化倾向影响，在其任期内所实施的制度创新，通常极易产生“短期行为”，利用政治组织手段捕捉潜在制度收益，实现自身利益最大化，如表现为职位的升迁、权力的扩张、资源的支配及灰色收入等。

第三，体制转轨滞后。老工业基地生成于计划体制时期，在向市场经济转轨过程中，凸显出许多不适应与冲突，以致陷入体制性衰退而落伍，应破除体制机制障碍，在建设社会主义市场经济的大目标下，解决推动东北老工业基地振兴的动力机制问题。

第四，政策法律法规缺失。完善政策和法律法规不够，没有抓住了推动创新工作向前发展的“牛鼻子”，特别是没有用法律形式把政策方式取得的成果加以规范。

第五，创新指导不力。政府不愿意下放权力、存在严重的政事不分现象，政府插手项目过多，又缺乏评估与检查。尤其是科研项目指导不够完善，存在重复、分散、封闭、低效等现象，不能按需求定项目，导致项目投入与需求脱节，投入产出效益差，科技成果转化问题始终没有得到很好的解决。

第六，资源配置效率偏低。忽略智库建设，不热衷研究和探讨创新的新理论和新实践，纠缠于事务工作和搞面子工程，未能围绕产业链实行新的科技资源配置模式，未能围绕产业链部署创新链、完善资金链、强化人才链，因而不能使资金、人才等资源更有效地向经济和社会发展的关键环节集聚。

第七，振兴模式选择困惑。老工业基地振兴的旧模式存在依赖心理，而对老工业基地振兴的新模式存在不知如何作为的心理。认为有了第一轮东北振兴打下的基础，增速放缓仅仅是结构性的和暂时性的，对在新常态下老工业基地发展可能存在的边缘化问题缺乏有力对策。

三 消解“东北现象”，加快制定东北老工业基地再振兴对策

东北老工业基地振兴已到了滚石上山、爬坡过坎的关键阶段。东北告急，中央着急，东北经济下滑引起中央领导高度关注。2015 年 12 月，中共中央政治局召开会议，审议《关于全面振兴东北地区等老工业基地的若干意见》（以下简称《意见》）时提出，到 2020 年，东北地区经济保持中高速增长，同步实现全面建成小康社会目标。争取再用 10 年左右的时间，使东北地区要成为全国重要的经济支撑带。抓好新一轮东北老工业基地振兴，重点要在四个方面着力。一是着力完善体制机制，二是着力推进结构调整，三是着力鼓励创新创业，四是着力保障和改善民生。[①]

《意见》的出台吹响了新一轮东北振兴的号角。它向全社会传递出了党中央、国务院全面振兴东北老工业基地的决心，这将极大地增强全社会对辽宁振兴发展的信心。东北老工业基地必须拿出“共和国长子”的担当，拿出祖辈“闯关东”的拼劲，拿出改革开放之初“敢为天下先”的闯劲，加快实现东北老工业基地再振兴。[②] 为此，本书认为加快东北老工业基地再振兴的对策有以下几点。

（一）保持固定资本投资后发优势、提高投资效率

从 2014 年《国务院关于近期支持东北振兴若干重大政策举措的意见》，到 2016 年《中共中央国务院关于全面振兴东北地区等老工业基地的若干意见》，党中央和国务院为东北谋划了一批重大生产力布局项目。此外，国家还制订了东北地区产业发展指导目录，设立了东北振兴产业投资基金。东北地区老工业基地的当务之急是要保持固定资本投资后发优势、提高投资效率，以此遏制投资下降的趋势，防止对经济产生伤筋动骨的损害。

1. 保持一定的固定资本投资率

统计数据显示，产业相对多元、民营经济活跃、产业升级快的地区，

---

① 李克强：《奋力开创东北全面振兴新局面》，《沈阳晚报》2016 年 10 月 19 日，第 24 版。

② 赵承、徐扬、陈梦阳、石庆伟：《“滚石上山”看辽宁——辽宁当前经济形势调查》，《辽宁日报》2016 年 8 月 15 日，第 1 版。

经济呈现企稳向好的态势。比如哈尔滨、长春、佳木斯上半年地方生产总值分别增长7.2%、7%、8.7%。[①] 而传统产业集中的资源枯竭城市经济下行压力仍然较大。

从行业看，适应市场需求变化的新兴产业发展较好，高端装备制造、机器人、生物医药、新材料等产业产值增长都在10%以上。而传统的“原字头”“初字号”产业普遍增长乏力，煤炭、冶金、石化和部分装备制造工业增加值同比出现了负增长。为此东北老工业基地下一步应着力稳投资、稳工业，通过做大增量补短板、调结构，培育新动能，拉动经济发展，形成新的经济增长点，保持一定的固定资本投资率。

2. 大力推进供给侧结构性投资改革

从2016年上半年看，供给侧结构性改革大潮已经涌起。辽宁省在2016~2020年，预计化解钢铁过剩产能602万吨，退出煤矿140处，化解煤炭过剩产能3040万吨。

在房地产去库存方面，辽宁省商品房区域性、结构性过剩问题依然存在。下一步，将通过严控库存增量、调整库存存量、完善配套建设、加大棚改力度、用好住房公积金、鼓励农民进城购房等措施，力争用2~3年时间，将房地产库存调整到合理水平。

3. 辩证解决“去产能”问题

必须聚焦的是去落后产能。各个行业里产能的过剩与不过剩在不断变化，由过剩产能向有效的、不过剩产能转变，甚至可能发生在一夜间。因而更准确的说法是，在行业里垫底的落后产能，是去产能“有的放矢”的对象。要把所谓过剩产能成功地转为有效产能，这要靠“事在人为”的努力。[②]

4. 加大投资方面财政金融支持

第一，设立东北地区等老工业基地调整改造基金，专项用于东北地区等老工业基地衰退产业的退出、接续产业的培育、就业安置和职工培训等。该项基金由中央财政提供，但省级财政和老工业基地城市应各提供15%~

① 杨荫凯：《东北发展正处于筑底回升期》，《人民论坛》2016年第26期，第40~41页。

② 贾康：《产能“过剩”不可一概而论》，《环球时报》2016年10月15日，第15版。

20%的配套资金。①

第二，加快国有企业的债务重组和不良资产处置，其中包括债转股、债务减免息、债务延期以及债务挂账等处理手段。为支持国有企业转制，有关部门应制定相关政策；采用债转股、债务打折、债务延期、债务减免息、资产置换、兼并重组、折价出售等多种途径，加大国有企业债务重组和不良资产处置的力度。②

5. 推进多层次资本市场，开辟多种融资渠道

通过推进多层次资本市场，开辟多种融资渠道促进东北振兴。一方面，要降低金融市场的进入壁垒，允许有实力的个人和法人机构，在自愿缔约的基础上，成立金融组织，政府只是提供相应的法律和政策，以便规范交易行为，监控金融风险；另一方面，要解除利率管制，充分发挥市场发现价格和配置金融资源的作用，引导民间金融走向规范化、正规化，并丰富金融市场。③

（二）继续保持一定的“人口红利”后发优势，大力提高劳动力素质

1. 树立与振兴东北老工业基地相适应的人才理念

东北老工业基地在再振兴过程中，推进人才强省战略，必须树立与振兴东北老工业基地相适应的人才理念。要坚决破除唯学历、唯职称、唯资历、唯身份的观念，充分尊重、肯定和发挥人才的知识和创造性劳动的价值，最大限度地调动各类人才的积极性、创造性。

2. 保持人口一定增长率

东北需要更多年轻人来支持高效能、高产能的经济发展。东北地区必须保持一定的人口增长率。东北对生育的不适当限制对发展是不利的，导致东北地区过早失去劳动力优势。可喜的是，国家出台了二孩政策有助于东北地区人口数量增长，解决劳动力不足问题。

---

① 魏后凯：《要有计划地稳步推进老工业基地调整改造》，《宏观经济研究》2003年第10期，第10~12页。

② 王洛林、魏后凯：《振兴东北地区经济的未来政策选择》，《财贸经济》2006年第2期，第3~10页。

③ 刘洪军：《东北老工业基地振兴与金融制度创新》，《哈尔滨商业大学学报》（社会科学版）2005年第1期，第10~13页。

3. 努力营造良好的人才吸引和使用环境

要吸引、留住和用好人才，关键在于尊重人才、爱护人才、善待人才，使他们创业有机会，干事有舞台，发展有空间。为此，要打破人才身份和所有制限制，消除人才流动的体制性障碍，畅通吸引国内外优秀人才的“绿色通道”。在推进国有企业改革的过程中，积极探索知识、技术、管理、资产等生产要素按贡献参与收益分配的有效途径，大力推行企业经管管理者年薪制，在部分企业试行期权、期股制度。[①] 要建立科技人员创新创业和向产业领域流动的激励机制，充实和加强企业的技术力量，形成以大企业为主吸纳科技创新人才的环境。

（三）加快后发优势向先发优势的转化，大力推动创新驱动

全面振兴东北老工业基地，必须树立正确的创新发展观，通过优化创新体制机制，加快推进科学创新、技术创新、工程创新和产业创新，加快打造科技体制优势，全面提升区域创新发展能力。

1. 加快科学创新对策

第一，增强高校院所主动适应产业创新的能力。要加强高校学科建设主动适应产业创新能力，增强东北老工业基地的大学主动适应产业发展的能力。整合全省在学科、人才和基础条件方面的优势，对能够推动科技、经济和社会发展的高端装备制造、新材料、精细化工、医药卫生等领域具有重大科学意义及良好应用前景的重大科学课题进行前瞻性布局。

第二，选择优势领域开展自主创新。要选择以下领域为开展自主创新的重点领域：具有优势、能够实现市场化的基础研究领域；国家确定的优先发展的产业领域；具有独特资源优势的领域；已经发展起来并在国内外有相当影响力的科技产业领域；具有巨大市场前景的领域。[②]

2. 加强技术创新活动对策

第一，加快专利开发。东北老工业基地在技术创新中要充分运用专利法规政策与管理手段，提高企业运用知识产权制度参与市场竞争的能力，

---

① 王憲瞳：《辽宁实施人才强省战略面临的问题与对策研究》，《东北大学学报》（社会科学版）2005 年第 6 期，第 422 ~ 425 页。

② 郑文范、陈凡：《东北老工业基地改造加强自主创新对策研究》，《科学技术与辩证法》2005 年第 5 期，第 109 ~ 112 页。

特别是要广泛利用国外失效专利和未在中国申请保护的专利进行集成创新，提供系统的专利检索服务。①

第二，加强对技术创新的绩效考核。深入实施知识产权战略方面。各省政府应安排专项资金，扶持专利成果转化，专利有效实施率达到25%以上。

在新产品方面，省政府每年安排首台（套）重大技术装备专项资金5亿元，各市政府安排相应配套资金，重点支持企业首台（套）产品的研制及推广使用。对经认定的省内首台（套）重大技术装备企业，按照合同金额的一定比例予以补助。②

3. 促进工程创新对策

第一，稳步推进创新平台建设。针对智能机器人、燃气轮机、高端海洋工程装备、集成电路装备、高性能纤维及复合材料、石墨新材料、光电子、卫星及应用、生物医药等新兴产业培育和支持新兴交叉学科，为新兴产业的产学研一体化提供理论支持和技术保障。

第二，打造沈大高新技术经济带。以创建沈大国家自主创新示范区为契机，搞活政策引导和支持机制。加大政策引入和落实力度，以沈大等7个国家级高新区为载体，积极筹建东北沈大国家自主创新示范区，力争尽快将国家自主创新示范区的有关试点政策引入东北，用足用好股权激励，科技成果处置权、收益权等改革政策，打通创新瓶颈。全面落实好国家和地方已有政策，建立和完善政策落实督办机制。以辽宁省高新区为功能区和辐射区，按照“三区协同、两核驱动、一带支撑、多点辐射”的建设思路，打造沈大高新技术产业经济带。建设中俄、中蒙、中日、中韩产业投资贸易合作平台以及中以、中新合作园区。

第三，加快“创客东北”建设。要发挥高等院校、科技园区、行业协会、科技社团等作用，推广创客空间、创业咖啡、创新工场等孵化模式，构建一批低成本、便利化、全要素、开放式的众创空间，积极培育优质创客空间，加快“创客东北”建设。鼓励利用现有群众艺术馆、青少年宫等

---

① 郑文范、秦树梅：《东北现象的科技根源及其消解》，《科技进步与对策》2006年第8期，第48～50页。

② 《中共辽宁省委辽宁省人民政府关于加快推进科技创新的若干意见》，《辽宁日报》2012年9月25日。

一些公益性场所创立创客空间。

第四，搭建大众创业平台。“十三五”期间，东北老工业基地要通过众创、众包、众扶、众筹等方式，大力推进大众创业支撑平台快速发展。通过众创聚集全社会各类创新资源，大幅降低创业创新成本，使每一个具有科学思维和创新能力的人都可参与创新，形成大众创造、释放众智的新局面。通过众包，增就业，借助互联网等手段，将传统由特定企业和机构完成的任务向自愿参与的所有企业和个人进行分工，最大限度利用大众力量。通过众扶助创业，共助小微企业和创业者成长，构建创业创新发展的良好生态。通过众筹借助互联网平台向社会募集资金，更灵活高效满足产品开发、企业成长和个人创业的融资需求，拓展创业创新投融资新渠道。①

第五，加快科技型小微企业发展。科技型小微企业能够通过创新驱动加快科技生产力的发展，奠定小康社会建设的生产力基础。“十三五”期间，东北老工业基地要使科技型小微企业确立“以知为本”的发展模式，通过创新型企业创建、工业企业重点联系制度、科技小巨人成长计划、科技型中小企业创业计划等方式，加快小微企业特别是科技型小微企业发展，不断强化企业科技创新主体地位。

第六，打造工程化平台。东北老工业基地要建立重大项目合作机制，开展对事关三省经济、社会发展重大科技项目的联合攻关，解决三省共同关注的科技难题，打造科技转化平台，实现区域产业创新支撑。

围绕三省具有一定优势的高新技术领域，以项目为纽带，组织三省科技人员，开展重大高新技术研究。把东北地区沈阳、大连、鞍山、长春、哈尔滨等的软件产业，建设成为全国一流的软件研发、生产、人才培养和出口基地。

实施制造业信息化工程。加强沈阳、大连、哈尔滨和长春等城市的国家制造业信息化重点示范城市建设，推进数字化、智能化、信息化技术的发展。建设现代装备研究设计中心，提高装备制造业的研发设计水平。②

---

① 《国务院关于加快构建大众创业万众创新支撑平台的指导意见》，《辽宁省人民政府公报》2015年11月16日。

② 郑文范：《论东北老工业基地改造的科技支撑体系》，《科学学与科学技术管理》2004年第12期，第99～101页。

4. 加强产业创新的对策

（1）提升产业规模化

第一，推进创客小规模量产。完成从产品原型到中试、形成批量产品，完成从技术人工物向制造物的转化过程。

第二，促进企业改革重组。要坚持市场主导和政府引导相结合，进一步打破地区、行业、所有制界限，优化资源配置，推动企业兼并重组，培育具有国际竞争力的大型企业集团。支持中央大型企业集团和地方企业相互联合重组。鼓励民营企业、外资企业等各类投资主体参与老工业基地企业改革重组。①

第三，通过产业一体化获得规模性。要通过东北老工业基地机床集团、大连机床集团、齐齐哈尔第一机床企业集团与第二机床企业集团，以及哈尔滨量具厂等企业合作实现东北老工业基地机床行业产业一体化。

第四，争取大型国企落户东北。包括一些总部设在首都已有几十年的国企准备离开北京，这引发了其他城市对它们的争夺战。东北地区急需争取大型国企特别是国企总部落户东北，以推动当地经济，并带来更多税收，创造更多就业机会，要将此类战略写进 2016 年的工作计划。②

（2）促进产业盈利化

第一，要通过财政政策进一步加大对东北老工业基地一般性和专项转移的支付力度。加大对资源枯竭城市转移支付力度，将东北老工业基地具备条件的省市纳入地方政府债券自发自还试点范围。先支持符合条件企业发行企业债券，统筹研究设立东北振兴产业投资基金。加快中小企业信用担保体系和服务体系建设，继续扶持东北老工业基地担保和再担保机构发展。允许符合条件的重点装备制造企业设立金融租赁公司开展金融租赁业务，以此施加盈利性。③

① 郑文范、孙家成：《论创新驱动与东北老工业基地再振兴》，《科技进步与对策》2014 年第 24 期，第 41～44 页。

② 美媒：《中国推动国企离京，地方城市掀争夺战》，参考消息网，2016 年 3 月 30 日。

③ 郑文范、孙家成：《论创新驱动与东北老工业基地再振兴》，《科技进步与对策》2014 年第 24 期，第 41～44 页。

第二，要下决心做强综合保税区。充分利用优惠政策，精选出口加工和保税业务充分的龙头企业入驻。规划调整浑南区块，依托机场空港优势，重点发展航空制造、航空物流、航空维修、保税加工、展示交易等产业，加快打造大型航空枢纽。

第三，大力促进相关企业和创客合作。要采取有力措施让国内大型制造企业和科技企业也越来越关注创客，为创客提供生产条件、项目指导和资金支持，促使业界巨头在创客空间里找到未来更多盈利点，通过促进企业和创客合作，从根本上解决创业创新的盈利性问题。

第四，提高普惠性财税政策支持力度。坚持结构性减税方向，逐步将国家对企业技术创新的投入方式转变为以普惠性财税政策为主。统筹研究企业所得税加计扣除政策，完善企业研发费用计核方法，调整目录管理方式，扩大研发费用加计扣除优惠政策适用范围。

第五，健全优先使用创新产品的采购政策。建立健全符合国际规则的支持采购创新产品和服务的政策体系，落实和完善政府采购促进中小企业创新发展的相关措施，加大创新产品和服务的采购力度。鼓励采用首购、订购等非招标采购方式，以及政府购买服务等方式予以支持，促进创新产品的研发和规模化应用。研究完善使用首台（套）重大技术装备鼓励政策，健全研制、使用单位在产品创新、增值服务和示范应用等环节的激励和约束机制。

（3）推动产业结构调整

东北老工业基地振兴发展，不能再唱“工业一柱擎天，结构单一”的“二人转”，要做好加减乘除。加法——投资、需求、创新，减法——淘汰落后产能，乘法——创新驱动，除法——市场化程度。现在加法多、其他少，亟待补课。经济形势好的时候，往往结构调整、优化升级的内在动力不够，现在看到了问题，应该更早觉悟。

第一，引领制造业向着分散式和扁平式方向发展。通过互联网、计算机和开放的硬件平台结合，打造微型制造工厂，有目的地调整产业内部结构，施加结构性。开展“东北制造 2025”试点，使工业发展更趋向于生产的分散化，建立高度个性化和数字化的产品与服务新模式。

第二，促进传统制造业提质增效。加快推进新一代信息技术与制造业深度融合，促进新业态大发展。积极实施“互联网+”行动计划。围绕各行业产品、生产线、供应链及商业模式等环节，开展跨界融合创新。鼓励在电子商务领域就业创业。支持企业利用互联网开展面向全球的技术资源合作、在线科技服务、创新众筹，促进智能设计、众创研发、协同制造、网络化实时服务等产业组织模式创新。

第三，大力发展服务业。要在保障基本公共服务有效供给的基础上，积极引导群众对居家服务、养老服务、健康服务、文体服务、休闲服务等方面的社会需求，支持相关服务行业加快发展，培育形成新的经济增长点，使民生改善和经济发展有效对接、相得益彰，保障民生链正常运转。

（4）推动产业转化

第一，围绕产业链实行新的科技资源配置模式，增强转化性。“十三五”期间东北老工业基地要围绕产业链、部署创新链、完善资金链和强化人才链，使资金、人才等资源更有效地向经济和社会发展的关键环节集聚。围绕产业发展的需求部署创新链，疏通科技与经济结合的“大通道”和“微循环”。通过拓宽渠道，打通科技成果转移转化“最后一公里”。

第二，积极培育新产业、新业态。制定实施东北地区培育发展新兴产业行动计划，发展壮大高档数控机床、工业机器人及智能装备、燃气轮机、先进发动机、集成电路装备、卫星应用、光电子、生物医药、新材料等一批有基础、有优势、有竞争力的新兴产业。支持沈阳、大连、长春、哈尔滨等地打造国内领先的新兴产业集群。积极支持中等城市做大做强农产品精深加工、现代中药、高性能纤维及高端石墨深加工等特色产业集群。

第三，大力发展以生产性服务业为重点的现代服务业。实施老工业基地服务型制造行动计划，引导和支持制造业企业从生产制造型向生产服务型转变。开展生产性服务业发展示范工作，鼓励企业分离和外包非核心业务，向价值链高端延伸。积极发展金融业，鼓励各类金融机构在东北地区设立分支机构，支持地方金融机构发展，加快建立健全多层次的资本市场，拓宽企业直接融资渠道。大力发展现代物流业。积极发挥冰雪、森林、草原、湖泊、湿地、边境、民俗等自然人文资源和独特气候条件优势，加快发展旅游、养老、健康、文体、休闲等产业，把东北地区建成世界知名生态休闲旅游目的地。

第四，支持东北地区开展“中国制造2025”试点，重塑东北装备竞争力。建设一批产业转型升级示范区和示范园区。加大先进制造产业投资基金在东北地区投资力度，抓紧设立东北振兴产业投资基金。

（四）加快后发优势向先发优势的转化，打造新型生产关系

体制创新或制度创新首先是生产关系的变革，是生产关系一定要适应生产力发展的必然要求。在东北老工业基地振兴过程中，打造科技生产关系对策，主要是打造和创新相适应的所有制形式，打造和创新相适应的科技劳动协作形式，打造和创新相适应的科技劳动分配形式等。①

1. 通过体制机制创新创新科技所有制形式

第一，通过体制机制创新设立知识产权法院，管辖有关专利、植物新品种、集成电路布图设计、技术秘密等专业技术性较强的第一审知识产权民事和行政案件。完善知识产权保护相关法律，研究降低侵权行为追究刑事责任门槛，调整损害赔偿标准，探索实施惩罚性赔偿制度。完善权利人维权机制，合理划分权利人举证责任。

第二，对地方国有企业开展首批混合所有制改革试点。推动驻东北地区的中央企业开展国有资本投资运营公司试点，选择部分中央企业开展综合改革试点，支持部分中央企业开展混合所有制改革试点，组建若干省级国有资本投资运营公司。开展民营经济发展改革示范，在东北地区至少设立一家民营银行，以创新培育动力。

第三，加快东北地区民营经济发展。东北三省民营经济发展虽然取得了一些成就，但与同期的南方沿海发达省市相比，还存在着很大的差距，加快东北地区民营经济发展，首先要实行公平信贷政策。通过银行信贷获得资金是企业弥补流动资金不足的重要途径，同时信贷资金本身没有所有制界线，因此，在实行国民待遇的背景下，应当取消银行信贷资金重点向国有企业倾斜的政策，实行公平信贷政策。其次要实行非歧视的证券发行和上市政策。根据国民待遇原则来实现各类企业在发行公司债券、股票及其他证券方面的公平竞争，改变证券发行中的所有制差别政策，实行各类

① 贾康：《中国突破“瓶颈期”亟需制度创新》，《参考消息》2016年3月23日，第11版。

企业统一的制度标准。还要加快推动产权交易市场建设，建立规范的产权交易平台。民间资本参与国有企业改革重组的产权交易活动应在产权交易市场内进行，由政府主导变为市场主导。①

各级人民政府要根据非公有制企业生产经营特点，完善相关制度，依法履行监督和管理职能。各有关监管部门要改进监管办法，公开监管制度，规范监管行为，提高监管水平。

2. 通过体制机制创新创新科技协作组织形式

第一，发挥企业创新主导作用。深化科技投入机制改革，围绕重大产业配置创新资源。加大支持力度使企业成为技术创新决策、研发投入、科研组织和成果转化应用的主体，吸纳企业参与或牵头组织科技项目。要改进政府科技资源的配置机制，增强企业在应用性科技计划项目决策中的参与程度，从源头解决科技与经济脱节问题。

第二，深化科研院所转制改革。坚持技术开发类科研机构企业化转制方向，对于承担较多行业共性科研任务的转制科研院所，可组建成产业技术研发集团，对行业共性技术研究和市场经营活动进行分类管理、分类考核。推动以生产经营活动为主的转制科研院所深化市场化改革，通过引入社会资本或整体上市，积极发展混合所有制，推进产业技术联盟建设。

第三，建立科研人才双向流动机制。鼓励科研人员在职离岗创业，允许科研人员在履行所聘岗位职责前提下，到科技创新型企业兼职兼薪。推动高等院校和科研院所设立一定比例的流动岗位，可以将企业任职经历作为高校工程类教师晋升专业技术职务的重要条件。

第四，加快实现由企业家向科技企业家的转换。大力实行企业家继续教育和对口培训计划，制定“人才柔性流动”政策。同时对于不善经营与创新的经营管理人员、利用职权谋私的经营管理人员，建立快速淘汰机制，以此加快实现由企业家向科技企业家的转换。

3. 通过体制机制创新创新科技劳动分配形式

第一，通过体制机制创新下放科技成果使用、处置与收益权。高等院

---

① 娄成武、魏淑艳：《振兴东北老工业基地政策体系建设研究》，东北大学出版社，2006，第121～128页。

校和科研院所由财政资金支持形成的不涉及机密和重大社会公共利益的科技成果，可自主决定科技成果的合作实施、转让、对外投资和实施许可等转化事项。

第二，通过体制机制创新提高科研人员成果转化收益率。鼓励研发团队负责人为实施成果转化发起成立公司，并在公司控股或成为大股东。职务发明成果在辽实施转化或转让的，其50%以上的净收益可用于奖励科技成果完成人和为科技成果转化做出的贡献人员；市级科技进步奖绝大部分用于奖励在市域实现产业化的科技成果。

第三，通过体制机制创新深化科技人才激励机制改革。完善科技评价标准体系，改变片面将论文、项目和经费、专利数等与科技人员评价、晋升直接挂钩的做法，更加注重科技成果的转化应用，健全科技成果转化效率评价机制，完善成果转化薪酬制度和分配激励机制。

第四，通过体制机制创新强化创新绩效评估机制。“十三五”期间，要由组织部门将科技创新工作纳入对各级领导干部考核评价体系，并将考核结果作为干部选拔任用的重要依据；由发改委考察高新技术产品产值占规模以上工业总产值的比重，科技进步对经济增长的贡献率；由经信委考察科技型企业和企业技术中心；由教育厅考察高校创办科技型企业情况，协同创新中心情况等；由科技厅考察科研机构创办科技型企业情况；由人社厅考察引进研发团队情况；由省中小企业厅考察科技型中小企业情况；由知识产权局考察发明专利申请量和授权量，专利成果转化和有效实施情况；由金融办考察科技企业上市情况，设立创业（风险）投资基金情况；由省地税局、国税局考察科技创新税收优惠政策情况等。①

（五）加快后发优势向先发优势的转化，打造科技上层建筑

1. 弘扬创新文化

创新意识的树立和巩固，在东北老工业基地再振兴过程中起到长远和基础的作用。它让人们在创造财富的过程中，更好地实现精神追求和自身价值，激活区域创新基因，让创新创业的血液在全社会奔涌激荡。

促进产业意识的转变，要由农业产业意识转变为工业产业意识；由农

① 郑文范：《论人工自然与科技创新》，中国自然辩证法研究会学术年会论文，2013。

业产业意识和工业产业意识转变为信息产业意识。

2. 加快转变政府职能，建立公平竞争市场体制

习近平在参加上海代表团审议时强调，“看不见的手”和“看得见的手”都要用好。关键是加快转变政府职能，该放给市场和社会的权一定要放足、放到位，该政府管的事一定要管好、管到位。[①]“十三五”期间，东北老工业基地要通过加快体制创新，使市场在资源配置中起决定性作用，破除一切制约创新的思想障碍和制度藩篱。

第一，“两只手”要互补。尊重市场经济规律，处理好政府与市场的关系，在发挥好政府培育市场作用的同时，更要使市场在资源配置中起决定性作用，要“加强第三方评估”，让市场成为优化配置创新资源的主要手段。

第二，深化“放管服”改革，提高放权“含金量”、增强监管有效性、突出服务主动性。要更大限度减少政府核准的企业投资项目，除涉及安全和环保外，投资项目强制性评估评审一律取消。

第三，取消“红顶中介”。除法律、法规、规章、政策设定的中介服务事项以外，审批部门不得以任何形式要求申请人委托中介服务机构开展服务，也不得要求申请人提供相关中介服务材料。同时，要打破行业垄断，现有或已取消的行政审批事项，一律不得转为中介服务，也不得把一项中介服务拆分为多个环节。

3. 大力开展创新方法论培训，使创新活动由“自在”向“自为”转化

当前东北老工业基地创新活动基本上还是处在自发状态，作为创新主体的创客主要是凭经验和感觉进行创新活动，缺乏创新理论的指导，创新成功率很低。因此要通过大力开展创新方法论培训，加强对“互联网+”理论的指导，明确科学创新就是发现规律性，形成认识物的过程；所谓技术创新就是施加目的性，创造技术人工物的过程；所谓工程创新就是施加集成性，创造工程人工物的过程；所谓产业创新就是施加普遍性，形成制造物的过程；所谓制度创新就是发现关系性，创造关系物的过程。以此实

① 王登佐：《盐城地域文化与文化产业发展研究》，《盐城工学院学报》（社会科学版）2016年第3期，第7～11页。

现创新活动由“自在”向“自为”的转化。

4. 改革科技规划管理

首先，建立科技管理工作新机制。努力构建公开透明的科研资源管理和项目评价机制，探索建立依托科技第三方等专业机构管理科研项目的机制。重点完善东北老工业基地省科学技术计划项目管理信息系统和科技报告服务系统建设，建立完善科研经费监管和信用记录体系。建立评价专家责任制度和信息公开制度。其次，注重科技规划与计划相衔接。进一步强化科技规划与科技计划相衔接，坚持以科技规划指导和部署科技计划工作，逐步改变“轻规划、重计划”“规划与计划两张皮”的现象。最后，建立科技管理联席会议制度，在每个五年计划的开局之年对本阶段的重大科研任务进行布局，审议科技发展战略规划。在科技计划实施过程中，如有重大变动或补充，也要不定期召开联席会议。由此，政府部门将不再管理具体项目，而是将这项工作交给规范化的专业机构负责，政府转而抓战略，抓规划，抓监督。

5. 充分发挥现代智库作用

遵循现代智库发展规律，积极培育第三方智库，建立政产学研会多元智库体系，做好各类智库职责分工，明确谋和断的作用，充分发挥智库对创新决策的支撑作用。成立战略咨询和综合评审委员会，建立创新政策协调审查机制，充分发挥政策研究机构与社会专家系统辅助决策的功能，要通过法律程序，真正把专家咨询纳入决策过程。

6. 明确创新振兴模式，完善创新统计

要针对东北老工业基地科技支撑需求，创新科技资源配置模式，形成体制创新、科学创新、技术创新、产业创新和工程创新等相协调的创新链，围绕产业链部署创新链、完善资金链、强化人才链，构建“三个层次”相匹配的科技创新体系，建构东北老工业基地振兴的新模式，进而克服老工业基地振兴的“路径依赖”，消除不作为、不知如何作为的心理，有效应对新常态下老工业基地发展边缘化风险。要改革完善创新统计方法，明确创新价值计算，给各省人民一个明明白白的创新驱动和老工业基地改造振兴账。

7. 加强创新组织领导

充分调动中央和地方两个积极性，发挥各省（区）老工业基地振兴工作领导小组作用，各类改革创新试点原则上要包含东北地区。“十三五”期间，要发挥好东北全面创新改革试验工作领导小组作用，统筹谋划推进创新改革各项工作，完善改革协调运作机制，推行由政府部门、企业、驻沈高等院校和科研院所人员参加的双月联席会议制度，统筹解决推进过程中遇到的问题。建立省部会商、省直厅局会商和省市会商的纵横协同机制，整合优化区域科技资源，建立务实高效的科技创新工作模式。

要建立对口合作机制开展互派干部挂职交流，通过市场化合作方式积极吸引项目和投资在东北地区落地。

8. 开展创新创业教育、加强领导干部科技素养

东北老工业基地相对衰落，看似是物的衰败，实质上是人的衰退，就是创新创业人才的流失，尤其是创新创业人才增长低迷，导致东北经济发展萎靡不振。因此，在新一轮振兴发展过程中，必须把战略基点放在创新创业人才的培养，大力开展创新创业教育，加强和改进高等职业教育，开设创新创业教育专门课程群，切实“加强对教师和学生的创业教育，鼓励他们自主创办高新技术企业，全面推进创新创业教育和自主创业工作”，尽快形成具有东北优势与特色的创新创业教育体系。尤其要加强领导干部的科技素养，主要体现在能够自觉地弘扬科学精神，提倡科学态度，讲究科学方法，并能够在组织管理工作中运用它们贯彻落实科学发展观，进行科学决策，实现经济与社会的全面协调持续发展的领导水平上。

9. 加强反腐倡廉建设，释放制度红利

制度的后发劣势是导致经济社会转型困难，进而陷入中等收入陷阱的根本原因。因此，在东北老工业基地振兴过程中，要通过改革释放制度红利，制约和消除利益集团的垄断，促进经济社会制度的转型和完善，才有可能实现增长方式的转变和经济发展的长远目标。要坚持廉洁履职，深入推进反腐倡廉。要严厉整治各种顶风违纪行为，并加强行政监察，推进审计全覆盖。要坚持依法履职，把政府活动全面纳入法制轨道。对政府官员和民营企业家来说，他们之间的“新型”关系应该是“亲”和“清”的。

要强化制度监管，聚焦重点推动反腐倡廉。反腐倡廉必须坚持全面从

严治党，各级领导要坚持“一岗双责”，做到老工业基地改造和廉政建设两手抓、两促进。①

① 李克强：《深入推进政府系统党风廉政建设和反腐败工作》，《人民日报》2016 年 3 月 29 日，第 1 版。

第八章　社会主义政治经济学与分享经济

近年来，中国分享经济在经历了萌芽、起步和快速成长阶段后，分享经济影响越来越广泛。同时，中国在分享经济发展过程中也面临行业自我完善、信用体系建设、市场监管机制规范等各方面的问题[①]。未来，分享经济领域的竞争将更加激烈。为了推动中国分享经济加快走出发展初期，在未来获得更大发展空间，不断在竞争、淘汰和整合的过程中走向成熟，同时增强社会主义政治经济学解决现实问题的能力，在社会主义政治经济学视域下开展对分享经济的研究具有重要意义。

第一节　分享经济概述

一　分享经济的内涵与特点

（一）分享经济的内涵

1. 分享经济的定义

分享经济是公众将闲置资源通过社会化平台与他人分享，进而获得收入的经济现象，其构成包括以下四大要素。

（1）公众——基本单元

目前以个人为主体的分享是主流，企业、政府等分享主体处于萌芽阶段。随着分享经济的发展，分享主体也由个体扩展到企业、政府等主体，

① 朱克力、张孝荣：《分享经济》，中信出版社，2016，第355页。

广义的分享外延不断扩大。

（2）闲置——资源属性

分享资源是对用户闲置物品和碎片化时间的剩余价值释放，主要包括闲置物品、闲置资金和闲暇时间。

（3）平台——规模化基础

分享经济是依托互联网的先进技术，包括智能手机、在线支付、云计算、大数据和社交网络，将海量的供方资源和需求进行高效按需匹配，实现规模化的商业行为①。

（4）收入——交易目的

分享经济是一种非公益性分享，供方和平台在分享过程中获取经济收益，不同于互联网常见的知识分享、开源软件、信息和数据分享等。

（二）分享经济的特点

分享经济与传统经济有很大的不同，传统经济是人们拥有并独占某种资源，不与他人分享这种资源。而在分享经济中，人们对某种资源拥有所有权，但可以把资源的部分使用权出让给他人以获得经济利益。一个人独自占有超过他实际需求的财物是一种浪费，而分享经济减少了这种浪费②。分享经济特点有以下几点。

第一，友好型经济：环境友好，人际友好，合作友好，社会友好。

第二，普惠型经济：公平、共享、普惠，消费者赋权，每个人都可以参与、分享、应用、获得价值。

第三，信任型经济：信任成本低，对平台的信任转化为端到端的信任，信任驱动成长；天下兼相爱则治，交相恶则乱。

第四，信息型经济：基于 ICT，基于互联网特别是移动互联网、物联网，让人与人、人与物、物与物、人与服务重构连接，让云计算、大数据、人工智能无缝嵌入，大大减少信息不对称现象。

第五，协同型经济：协同合作，协同创新，协同消费，责任协同。

---

① 《风潮乍起——中国分享经济全景解读》，http://edu.nen.com.cn/system/2016/03/11/018934031.shtml，最后访问日期：2016 年 3 月 14 日。

② 金江军：《分享经济：新理念、新态势》，《人民邮电》2016 年 6 月 22 日，第 5 版。

第六，体验型经济：关注用户体验和用户价值、合作伙伴价值。

第七，生态型经济：要素被重新结构化，自成生态，自成体系，自动匹配，动态调适。

（三）分享经济的模式

根据腾讯研究院的研究，分享经济可以分为四种基本的商业模式。目前以 C2C 和 C2B 的分享为主。

一种是 C2C 模式，在 C2C 的模式下，商业活动由供需方直接对接，每个人既可以是生产者，也可以是消费者。

一种是 C2B 模式，在 C2B 模式下，企业借助于社会化力量运作，通过众包满足临时性的劳动力需求，通过股权众筹便捷获取社会化资金运转。

一种是 B2C 模式，在 B2C 模式下，企业主要关注向消费者的卖新和卖多行为，从销售产品向提供租赁服务转型。

还有一种是 B2B 模式，在 B2B 模式下，企业与企业之间分享其闲置资产，从有形的闲置资产共享到无形的产能共享，协作实现双赢。

二　发展分享经济的重要作用

（一）需求侧影响

（1）提升消费能力。分享经济平台通过供需方直接对接，免除复杂的手续和中介费用，降低交易成本。分享经济和传统经济相比最大的优势就是价格低廉，消费者不用购买所有权，而是在需要的时候以低廉的价格购买暂时的使用权。优步、滴滴等企业能够风行中国，根本原因在于它们有效解决了高峰时期出租车资源供给不足的问题。分享经济有助于降低社会价格总水平，消费者参与分享经济，可以降低消费成本，提升消费者的实际购买力。

（2）培育新的消费增长点。分享经济通过提供无限的社会存量供给，扩大消费者可选择空间，实现供需匹配，从而扩大社会消费需求总规模，有利于拉动国民经济增长。目前，分享经济已经从出行领域辐射到在线房屋共享、在线私家餐饮、在线二手交易、在线兼职打零工等新兴领域，并且衍生出企业端分享市场，这些新兴领域的发达，关乎中国经济发展的大计[①]。

（二）供给侧影响

（1）扩大供给总量。分享经济通过重构无限量的存量资源，转化为能够提供经济和社会价值的产品或劳务。

（2）推动制造业转型升级。从供给的角度来讲，分享经济能够调动全社会最优质的资源参与整个生产过程，加速促进生产制造的网络化、智能化。从需求的角度来看，分享经济能够让用户参与生产过程，更好地满足用户需求。在一定意义上说，分享经济就是制造业从工业 3.0 向工业 4.0 升级的重要体现。

（3）促进农业现代化。当前定制化农业、体验化农业、休闲农业、观光农业、农业 O2O 等农业发展新模式中都带有分享经济的基因，很大程度上就是分享经济在农业领域的实现与应用。分享经济进入农业领域将有助于盘活农村闲置资源，提高土地、水利设施、农机设备等利用效率，帮助农村劳动力创业就业，建立和完善农产品质量保障体系。

（4）优化和提升服务业。目前分享经济发展最快的领域主要集中在服务业，其影响与作用已逐步被大家所认知。[②]

（三）促进收入增长

在分享经济模式下，大量用户通过参与分享经济，能够取得额外收益。这种以补贴收入为目的的经济行为能推动分享经济的发展。例如，哈佛大学商学院教授 Christopher Marquis 以及研究员 Zoe Yang 提到最初“在 Lyft（美国打车应用，优步竞争对手）或 Airbnb（美国知名房屋分享平台）上登记出租自己汽车和房屋的人，绝大多数都不是出于信任，而是由于对经济危机的绝望：金融危机迟迟不去，在美国仍有许多人保险额不足，他们不得不寻找其他途径来挣点外快贴补收入。分享自己的闲置资源和技能为他

① 张孝荣、高燕：《助力供给侧改革的三个机会窗口》，《新经济导刊》2016 年第 5 期，第 35～36 页。

② 张新红、高太山等：《认识分享经济：内涵特征、驱动力、影响力、认识误区与发展趋势》，《电子政务》2016 年第 4 期，第 1～10 页。

人带来实惠又能给自己带来额外收入，何乐而不为呢”。①

（四）分享经济有助于消除经济剩余

分享经济具有消除经济剩余的功能，能够实现全社会的剩余资源匹配。以前，“经济剩余是以碎片化的方式存在的，交易整合成本极高，只能是潜在的经济社会效益。分享经济的出现创新性地化解了剩余经济问题，通过移动互联网技术、在线支付平台、便捷的交通、物流网络和社会媒体，快速高效地把经济剩余整合到专业平台上，在社会范围内进行大规模的供需匹配，产生了新的经济效益”。②

1. 从成本降低和收入增加两方面提高实际购买力

第一，成本降低。在传统经济模式下，商品和服务的高价格会极大地抑制一大部分消费需求。分享经济模式降低成本的方式有两个方面。第一，降低直接成本。分享经济是基于互联网的平台经济，在这个平台上，供需直接匹配，减少了信息不对称，同时能够免除复杂的手续和昂贵的中介费用，降低交易成本，相对地提升了消费者的实际购买力；第二，降低选择成本，以住宿为例，通过短租平台可以用低于酒店一倍左右的价格租到民居来住宿。

第二，收入增加。分享经济面向大众提供通过身边资源参与经济活动的渠道，进而产生了新的财富流通渠道，消费者自身可以作为分享经济中的分享者获取常规工作收入以外的额外收益，增加整体收入，这在一定程度上又使得消费者的实际购买力得到绝对的提升。

据滴滴出行的调研数据统计，96.5%的司机在从事专车服务后，每月收入都有了不同程度的提升，其中78.1%的司机收入提高了10%以上，39.5%的司机有30%以上的收入提高。③

借助于分享经济的各种创新模式，大量的经济剩余被整合起来，在全

---

① 腾讯研究院：《分享经济为什么会火？从写入“十三五”规划建议看背后的八大推动力》，http://bbs.pinggu.org/forum.php?mod = viewthread&tid = 4165662，最后访问日期：2016年3月5日。

② 张孝荣：《盘活经济剩余　分享经济席卷中国，大势不可阻挡》，《中国战略新兴产业》2016年第9期，第57~59页。

③ 《分享经济带来的创业新机遇》，http://www.a - pie - in - the - sky.com/a/xinqingduanyu/20160307/334.html，最近访问日期：2016年3月16日。

社会范围内重新对接供需，于是就产生了新的经济效益。分享经济是一种通过大规模盘活经济剩余而激发经济效益的现象。它的存在，致力于解决经济剩余问题。①

2. 解决消费过剩问题

新消费观念的产生激发了分享经济的发展，分享经济发展过程中的主流理念反过来又潜移默化地激发了新消费观念的传播和影响。随着分享经济的发展，“闲置就是浪费、使用但不购买”的新消费观念将逐步形成，利用更少的资源消耗满足更多人群的日常生活需求，为绿色发展、可持续发展提供了条件。

在强调所有权的社会里，拥有私人物品的多少会被当作判断个人财富多少和地位高低的依据，导致长久以来人们普遍崇尚“过度消费”。过度消费的后果是大量闲置物品的产生不仅对个人来说是极大的浪费，而且也会造成地球资源的过度浪费。

随着分享理念的深入人心，越来越多的人开始习惯“轻资产”的生活方式，物尽其用的可持续的消费理念正在形成。提高剩余资源的利用率让剩余或过剩资源进入再流通领域，再度利用，不必通过扩大生产，也可以满足生活需要。

3. 产生新的供给来源

过去，社会供给的提供者主要是以企业为主，现在，供给面扩大到了个人。个人和企业把闲置资源拿出来分享之后，即使工厂没有生产新的汽车、衣服等商品，开发商没有建造新的楼房，社会总供给也得以增加。在住宿、房屋供应等领域新供给源促进了分离经济的进一步发展。

三　未来分享经济发展

（一）国外分享经济发展

1. 分享经济成为热点

金融危机后，全球分享经济快速发展，从欧美不断向亚太、非洲等地

① 张孝荣：《盘活经济剩余　分享经济席卷中国，大势不可阻挡》，《中国战略新兴产业》2016年第9期，第57~59页。

区的上百个国家扩张。如截至2015年底，Airbnb（一个旅行房屋租赁社区）已经在全球190多个国家和地区开展业务，覆盖34000多个城市，拥有200多万个房源，超过6000万房客从中受益，市场估值255亿美元。领先企业的成功吸引了大量创业者加入分享经济领域，平台企业不断增加，投资分享经济领域的机构数量也迅速增加。①

2. 分享领域不断拓展

全球分享经济正进入快速扩张期，从最初的汽车、房屋分享迅速渗透到金融、餐饮、空间、物流、教育、医疗、基础设施等多个领域和细分市场，并加速向农业、能源、生产、城市建设等更多领域扩张。正如分享经济的倡导者瑞恩·格丽所言："分享经济从一个城市开始，逐步扩展到一个地区，进而渗透到整个国家，最后形成一个分享的世界。"② 在一个一切皆可分享的社会，人们的工作方式和生活方式将会发生变化。

3. 初创企业快速成长

分享经济的崛起催生了大量市场估值超过10亿美元的"独角兽"企业。根据调研公司的数据，截至2016年，全球价值在10亿美元以上的私营公司有151家，重要的是，这些公司创业时间多数不到5年就达到上亿甚至上百亿美元的市场估值。随着分享领域的拓展以及商业模式的不断创新，更多的巨无霸企业将接踵而来。③

（二）国内分享经济发展

有数据显示，2015年中国分享经济市场规模约为19560亿元（其中交易额18100亿元，融资额1460亿元），主要集中在金融、生活服务、交通出行、生产能力、知识技能、房屋短租等六大领域。分享经济领域参与提供服务者约5000万人（其中平台型企业员工数约500万人），约占劳动人口总数的5.5%。保守估计，参与分享经济活动总人数已经超过5亿人。

预计未来5年分享经济年均增长速度在40%左右，到2020年分享经济

---

① 张新红、高太山等：《认识分享经济：内涵特征、驱动力、影响力、认识误区与发展趋势》，《电子政务》2016年第4期，第1~10页。

② 朱克力、张孝荣：《分享经济》，中信出版社，2016，第349页。

③ 张新红、高太山等：《认识分享经济：内涵特征、驱动力、影响力、认识误区与发展趋势》，《电子政务》2016年第4期，第1~10页。

规模占 GDP 比重将在10%以上。① 其中本土企业创新崛起，积极开拓国际市场网络化的特质加上中国独特的优势，大大加快了中国分享经济企业从模仿到创新、从跟随到引领、从本土到全球的进程。②

第二节　分享经济产生的生产力原因

一　科技生产力概论

（一）后工业社会的生产力基础——科技生产力

科技生产力是当代先进生产力的集中体现和主要标志。所谓科技生产力，是指高素质的科技劳动者利用先进的工具和高新科技、科技生产资料、科技手段，在高水平的科学管理下，有计划、有组织地协调和控制生产科技产品以满足人民日益增长的美好生活需要，是为社会创造增加值的核心力量，它是传统生产力即人们改造自然征服自然能力的深化与生产力发展的当代表现形态。③ 在科学技术成为生产力，特别是已经成为第一生产力的条件下，以科学技术为代表的生产力已经成为后工业社会的生产力基础。

（二）科技生产力特点

如前所述，科技生产力具有信息性、符号性、循环性和民本性等特征。

二　科技生产力与分享经济的产生

（一）科技生产力的信息性使分享经济具有信息性

科学的发展不仅最终会导致科学生产和物质生产的融合，还会改变自身的存在形式。马克思分析机器大生产发展的历史趋势时指出，随着大工业区的继续发展，创造现实的财富已经不再依靠劳动时间和应用的劳动数量了，而是依靠在劳动时间以内所运用的动因的力量，而这种动因自身——它们的巨大效率又和生产它们所花费的直接劳动时间不成比例，相

① 张新红、高太山等：《认识分享经济：内涵特征、驱动力、影响力、认识误区与发展趋势》，《电子政务》2016年第4期，第1～10页。

② 国家信息中心：《2015年中国分享经济市场规模约19560亿元，呈现四大发展特点》，http://www.cnii.com，最后访问日期：2016年2月16日。

③ 翟美荣：《科技生产关系与产学研合作本质探究》，博士学位论文，东北大学，2013。

反地却决定于一般的科学水平和技术进步，或者说取决于科学在生产上的应用[①]，一个多世纪的历史完全证实了马克思的这一论断。在电子计算机、智能机器人基础上实现全自动化生产，使生产这些机器所耗费的直接劳动时间与它们所创造的巨大财富根本不成比例，凝结在每一个产品中的活劳动，被压缩到了微不足道的地步。这种情况出现以后，科技生产力的信息性使分享经济成为以信息活动为中心的经济，分享经济作为一种特殊的信息生产，已构成在国民生产总值、劳动就业人口和国内外流通领域占有越来越大比例的新的产业部门。

（二）科技生产力的符号性使分享经济具有符号性

科技生产力的符号性，使科学产品具有重复性，扩大了它的使用价值，原则上一个科学产品可以被无限个单位、无限次地加以利用。在一定情况下，某些科学产品又是无偿的，因而对科学的利用又表现为一种社会馈赠。

科技生产力的符号性使分享经济实现了精神分享。工业文明给当代人类带来的负效应，不仅是看得见的能源环境危机，还有看不见的精神缺失危机。现代工业文明在为人类提供高度丰富的物质财富，以及大量的社会资源向物质财富生产倾斜的同时，也出现了现代人类物质消费与精神消费上的严重失衡。

科技生产力的符号性使正在兴起的分享经济中包含有社会对精神消费的内在动力。人们在分享经济中，分享的不仅是闲置产品，还是以这种方式分享一种精神文化，从而为上述问题的解决开辟了新的路径。

例如，空中食宿为什么会在短短的时间受到如此多的消费者青睐？调查发现，人们在这种消费中，消费到了一种传统商业模式不能提供的人情味。在今天这个被物质化、被隔离的社会，人们有一种与人交流、获得精神消费的愿望。

（三）科技生产力的循环性使分享经济具有循环性

科技生产力的循环性使分享经济具有循环性。分享经济的循环性，能够实现生产活动非循环性到循环性的转变，通过信息传递建立起物质交换、能量流通的良性循环。在分享经济中，二手交易市场最能体现分享经济对

---

① 《马克思恩格斯全集》第46卷（下），人民出版社，1980，第217页。

资源利用的影响。分享经济下的二手物品交易的成功意味着闲置物品不再局限于废物回收处理，而是变成高质量消费品被再利用，相当于延长了消费者对产品的使用，因此减少了资源浪费和过度消费。

分享经济活动基于循环经济可以分为四类：再循环、提高耐用资产的利用率、交换服务和共享生产性资产。

第一类，再循环。代表有早期的 eBay 和 Craigslist，2010 年之后的 Thredup 和 Threadflip（一个二手精品衣饰交易平台），以及免费交换网站 Freecycle 和 Yerdle，物物交换网站 Swapstyle. com。

第二类，促进耐用商品和其他资产的集中和使用，提高耐用资产的利用率。

第三类，服务交换。最开始是时间银行，后来有 TaskRabbit 和 Zaarly。

第四类，生产性资产的共享，目的不是消费，而是生产。

分享经济的循环性对自然界具有保护作用。首先，分享经济与传统工业经济相比，有一个革命性的变革，就是这两种经济所追求的目标与运行机制不同。工业经济追求的是如何生产得更多，为此就需要鼓励与刺激消费得更多。现代工业经济系统陷入一种恶性循环，一方面是被工业文明主流推动高消费带来高能耗、高污染，另一方面又通过消耗社会财力来解决这种能源与环境危机。而在当今这个文明体系中，消耗能源的速度远快于治理污染的速度。只有分享经济能够打破这个恶性循环①。目前兴起的分享经济正包含着一种全新的机制。分享经济是实现绿色经济和可持续发展的重要途径。如与传统租住旅店相比，租用“分享房屋”可有效降低人均碳排放，这是由于公共面积较小，所需能耗较低，房客在家庭房屋中会更节约②。分享经济通过物尽其用，实现了经济增长与环境保护的统一。

总之，不同于传统工业经济追求生产最大化，现代分享经济是对闲置物品利用的最大化。传统工业经济的价值实现是通过不断生产新产品，而分享经济的价值实现是充分利用闲置资源。上述做法能够充分体现科技生

① 张孝德、牟维勇：《分享经济：一场人类生活方式的革命》，《人民论坛》2015 年第 12 期，第 12 页。

② 马化腾：《分享经济——供给侧改革的新经济方案》，中信出版社，2016，第 196 页。

产力环境友好作用，全面促进资源节约，推动资源利用方式根本转变，努力走向社会主义生态文明新时代。

第三节　发展分享经济的生产关系调节

在当代，分享经济是建立在科学技术成了第一生产力基础之上的，为了促进分享经济的发展，同样应形成相应的生产关系，即科技生产关系。

科技生产关系如同一般生产关系一样也是由三部分内容构成，即科技生产资料的所有制形式、科技劳动者的活动形式、科技劳动成果的分配形式。为此，打造科技生产关系主要包括打造知识产权关系、协作创新关系、科技成果分配关系等内容，以此促进科技生产力的发展，从根本上解决创新动力问题。

一　对分享经济所有制关系的调整

新型科技生产关系中的所有制关系主要表现为对生产资料的占用和所属关系。所有制关系是在人类的社会劳动中逐渐形成的，主要表现为对生产资料的占用关系，分为生产资料公有制和生产资料私有制两种类型。资本主义的生产资料私有制制约着知识这种资源，使得知识的保护和共享之间存在着不可调和的矛盾。科技劳动资料的所有制形式突出表现为知识支配资本而不再是资本支配知识，科技劳动开始具有了雇佣资本的力量，更是对传统的职能资本雇佣劳动的企业机制的“扬弃”。分享经济与公有制具有内在的契合性，表现在以下几点。

（一）分享经济的“公有性”和人格化机制决定了公有制的选择

首先分享经济的“公有性”决定了公有制的选择。在当代，分享经济的生产力特点在于主要以符号等形态存在，可多次重复性使用，不具有排他性，具有准公共物品的特性，为此，本质上是可看作是一种“公有物品”。这就要求根据社会劳动者的相关利益对公有物品进行合理配置，对其使用不应加以限制。在生产关系方面，只有采取公有制的形式，才能实现对分享经济这种公有物品的合理利用，完成由潜在生产力到现实生产力的转化。

其次，分享经济的人格化机制的特点决定公有制的实现。为了使分享经济合理使用和有效配置，需要使其人格化，这需要一个最终能调动劳动者积极性的、维护劳动者根本利益的所有制形式与之相适应，这种所有制只能是采取公有制的所有关系和实现形式。

（二）所有权和所有权关系变化决定了公有制的选择

所有权与使用权分离是分享经济最重要的一个特点。未来对于物品和资产，人们不追求如何拥有它，而是考虑怎样使用它。

分享经济的一个重要理念是使用而不占有，在分享经济模式下，人们追求资源的使用所有权，而不占有所有权。如在新兴的互联网平台上，人们更倾向于暂时获得产品或服务，或与他人分享产品或服务。分享经济所有权和所有权关系变化决定了公有制的选择。

（三）分享经济社会是零边际成本社会决定了公有制的选择

分享经济社会是零边际成本社会，一旦固定成本完全回收，这就意味着更多的人在协同共享上分享更少的东西，从而减少了资源消耗，促使向零边际成本社会迈进。因此在分享经济模式下追求盈利已经不可能成为其主要目的，分享经济社会是零边际成本社会决定了公有制的选择。

（四）分享经济通过所有制的选择消除经济剩余模式

1. 使用权剩余的分享

经济剩余的第一种分享类型，即关于使用权的分享，目前最流行的对个人闲置资源的分享方式，大致对应两种套路：闲置物品，可以通过个人在线出租平台实现分享；在房产领域，普通人也能以低于酒店的价格出租自己的房间，可以非常灵活地选择日期和租客，不受过多门槛限制。闲置资金，目前主要是通过 P2P 借贷平台，借给第三方使用。在闲置资金领域，一般学者认为，P2P 网贷和股权众筹是一种创新的分享形态。尤其网络众筹方式能够减少之前融资的信息不对称，同时也可以提升市场影响力。

2. 时间剩余的分享

除了物品可以分享，个人闲置的时间或者劳动能力也可以分享，这种方式被称为“临时工经济”“自雇经济”等，目前的在线市场提供了各种付费差事和办公室零碎工作，进而催生了大量工作机会。时间剩余分享类型有新兴私人服务、自媒体创业、异国授课与达人顾问、私厨外卖和私人看护等内容。

以私人看护为例，目前，中国已经成为世界上老年人口最多的国家，也是人口老龄化发展速度最快的国家之一，是全球唯一老年人口过亿的国家。据全国老龄办预测，未来20年老龄化加速发展，平均每年增加1000万老年人，到2050年左右，老年人口将达到全国人口的1/3①。

随着中国老龄化社会的进程加速，社会化养老类型逐步提上日程，例如国内出现的“陪爸妈”，就是利用分享经济的方式切入居家养老领域。看护人员来自社区卫生服务体系的医护人员和养老护理专业毕业的学生，他们被称为“健康管家”。②

二 对分享经济的协作关系调整

（一）协作关系的调整内容

劳动和交往是人类最基本的活动方式，科技交换劳动关系的形成寓于同样的人类活动之中，并随着人类自身及社会实践活动的发展而发展。在现代科技生产力发挥作用的过程中，科技劳动者的劳动协作形式的一个突出特点是探索性强，“科技劳动自身的特点决定了其自身资源的有限性，科技劳动者不可能将所需资源集于一身，必须进行采取协同创新，可以在充分挖掘内部资源基础上获取互补性的外部资源，做到同质共享、异质互补，从而提高创新成果转化率”，③ 因此，科技劳动者的活动形式具有协同创新和柔性管理等特征。

为了充分发展分享经济，要像马克思设想的自由人联合体用公共资料进行劳动，并且自觉地把他们的许多个人劳动力当作一个社会劳动来使用。自由人联合体形成的各种科技创新共同体按照生产实践的需要进行专业化的科技创新，在这里，既不需要知识产权保护，也不需要风险投资，更不

① 马化腾：《分享经济——供给侧改革的新经济方案》，中信出版社，2016，第161页。

② 《风潮乍起——中国分享经济全景解读》，http://edu.nen.com.cn/system/2016/03/11/018934031.shtml，最后访问日期：2016年3月14日。

③ 翟翠霞等：《论科技型小微企业“以知为本”发展模式探析》，《科技进步与对策》2013年第14期，第71～74页。

存在“知识的资本化”，但仍然能组织和激励知识生产，并产生巨大的社会效益。而且在这种社会，创造发明的速度，与那些通过各种途径和手段垄断新知识以谋取私利的社会相比，要快很多①。同时，在发展分享经济过程中，重新审视工作的内涵，以往把劳动作为谋生手段的看法将会得到改变，劳动的强制性也将因此逐渐消失，也不能把劳动理解为是重新培训劳动技能而已。第三部门也是一个共享体，在那里人们相互分享智慧，为了社会联系的纯粹乐趣而居住在一起。公民社会好像互联网一样，它的核心设想就是把个人融入更大的网络团体，不仅会提升团体的整体价值，而且也会提升每一个成员自身的价值。从事第三部门工作就是寻找我们存在的意义②。

（二）协作关系的调整模式

当前方兴未艾的分享经济，是依托互联网信息技术为基础的一种经济形式，分享经济的多样态类型和多元化特征向我们呈现出了百花齐放和多种模式并存的新格局。

1. 有偿分享模式

有偿分享模式是普遍获得快速发展的一种模式，该模式是把自己剩余或暂时不用的物品通过收取租金有偿让渡给别人使用。目前的一个典型例子就是非常成功的空中食宿，其业务模式如下：有空余房间的家庭通过网站发布自家的闲置信息，喜欢家庭房的租客通过上网获取住宿信息，双方达成一致的租赁协议，租客就可以进行在线付费和实地入住。这种新商业模式所提供的私家闲置客房在性价比上更受消费者欢迎。

2. 对等分享模式

该模式是双方通过互相交换使用财产，不向对方支付报酬而形成的分享经济。比如目前国内所推动的城乡儿童手拉手体验成长快乐活动、城乡儿童互换生活环境的手拉手活动等，都是一种典型的对等分享模式。

---

① 李灵燕、何炼成：《劳动价值论与知识价值论辨析》，《山东社会科学》2002 年第 1 期，第 18～24 页。

② 〔美〕杰里米·里夫金：《第三次工业革命——新经济模式如何改变世界》，中信出版社，2012，第 282 页。

3. 劳务分享模式

在该模式下，人们不仅可以出售自己多余的产品，还可以出售自己的时间，比如承接遛狗、取回干洗衣物或组装家具以及养老服务等服务杂活，这种以出售多余劳务为内容的分享经济被称为劳务分享经济。

4. 众筹分享模式

众筹即大众筹资或群众筹资，但参与捐助者不图金钱回报，而是为了获得大家共同的宗教信仰、家族社区的公共活动场所。现代众筹是指用互联网平台进行资金筹集。

5. 新乡村分享经济

新乡村分享经济是将城市与乡村联系起来的社区分享经济。在这种模式下，在种植方式上采用自然农业技术，尊重自然界的多样性，遵循种养殖结合的原理，重视传统农耕文化和乡土知识的传承，城市居民可在享受绿色食品的同时，深入了解传统农耕文化，并亲身实践传统农耕技术。①

三　对分享经济的分配关系调整

科技劳动成果分配关系的确定也就是社会成员在各类生产资料和相关劳动产品之间的分配。多样化的社会分工制约着生产资料及产品的分配形式，在分享经济的模式背景下，分配形式主要是知识支配资本的分配模式。该分配模式具体表现为以下几点。

首先对资本要素进行细分，依据资本的所有权和经营权把资本的人格化代表分为出资者和企业家，要注重企业家在当代企业经营和管理活动中的重要作用，并赋予其相应的管理要素所有权；其次对劳动要素进行细分，依据要素的科技知识构成分为劳动要素和知识要素，突出知识劳动在创造科技价值中的特殊作用，也赋予其相应的“知本”要素分配形式。分享经济时代，要通过目标管理等先进的考核手段对科技工作者的工作态度、工作业绩与工作能力等进行有信服力的绩效考核，使优秀科技工作者通过努力工作积累才能并获得职务与任职资格上的晋升，以激励他们去创造更多

① 张孝德、牟维勇：《分享经济：一场人类生活方式的革命》，《人民论坛》2015年第12期，第9页。

的价值和财富。[①]

第四节 促进分享经济发展的上层建筑调节

上层建筑主要包括观念上层建筑和制度上层建筑，为了促进分享经济发展，要从观念上层建筑和制度上层建筑进行调节，后者主要是政策调节。

现实表明，分享经济作为新生事物，在现存社会管理系统中，多年前制定的制度法规有些无法适应信息时代的现实需要，因而没有系统的理论层面指导。同时也缺乏有效的政策支撑，导致有些不能鼓励创新，甚至阻碍创新，不利于发挥政府层面的有效监管，为此，有必要从观念和制度层面进行调节以此促进分享经济的发展。

一 发展分享经济的理念调整

（一）分享经济发展的基本理念

发展是当代中国的主题，是中国共产党执政兴国的第一要务，中国经济过程的成功实践，积累和蕴含了极其丰富的发展思想，集中体现为“创新、协调、绿色、开放、共享”五大发展理念。发展分享经济必须进行分享发展理念的调整。

美国著名社会学家杰里米·里夫金在其著作《零边际成本社会》中指出“第三次工业革命大幅提高了生产率，使很多商品和服务的边际成本趋近于零，经济稀缺逐渐让步于经济过剩”。类似地，首都师范大学杨书培在《中国分享经济发展的必要条件及可持续发展性》一文中指出：“分享经济需要存在足够量的有待提升使用价值的资源——社会闲置资源”，通俗地说也就是存在闲钱、闲物、闲工夫。

当前国内多个行业的产能过剩和去库存，恰恰为分享经济的发展提供了大量闲置资源。对于中国市场，物质资源供给逐步从供不应求到供给过剩，数码产品的更新换代，网购市场的销售刺激等，大众阶层的闲置资源

① 翟翠霞等：《论科技型小微企业“以知为本”发展模式探析》，《科技进步与对策》2013年第14期，第71~74页。

增多是必然趋势。[①]

为普及分享经济的理念和价值，政府可以从社会意识、学校教育以及设立分享经济示范城市等多方面着手，宣传分享经济给经济、社会和环境带来的良好效果，从多种方式入手培育分享文化，比如鼓励“步行校车”（指成年人陪伴儿童步行上下学）、时间银行（是指志愿者将参与公益服务的时间存进时间银行，当自己遭遇困难时就可以从中支取“被服务时间”）等新兴分享行为。鼓励青年学生参与分享经济的创业创新项目，消除社会公众对于分享经济的一些疑虑和误解，最终提升社会公众对于分享经济的认识和参与热情。另外，分享经济常来的经济增量数据并没有体现在 GDP 统计中，建议政府建立新型数据收集机制，有效统计分享经济对 GDP 和消费者价格指数（CPI）的影响，为政府决策提供精准数据分析。[②]

（二）分享经济发展的主要行业

1. 交通分享

首先，通过出行共享方式，可有效解决交通出行高峰期运力资源不足的问题，提高出行效率。一方面，通过创新业务模式，调动社会闲置车辆资源，大大增加了交通供给量，有效解决了高峰时期运力资源不足的问题。另一方面，移动租、约车平台大大降低了消费者等车和行车的时间，在降低交通拥堵的同时提高了出行效率。据美国麻省理工学院研究，拼车能减少 55% 的交通拥堵。[③]

其次，汽车共享服务有效满足出行的多层次高品质个性化需求。例如，滴滴推出的专车是提供与出租车差异化的中高端服务用车，专车对司机的选拔、培训、考核都更加严格。车上可提供多种便利来满足乘客不同需求。

最后，大大降低了资源和能源的浪费，能够有效减少碳排放，保护环境。清华大学国家金融研究院推出的《关于推动我国互联网专车有序发展

① 腾讯研究院：《分享经济为什么会火？从写入“十三五”规划建议看背后的八大推动力》，http://bbs. pinggu. org/forum. php?mod = viewthread&tid = 4165662，最后访问日期：2016 年 3 月 4 日。

② 马化腾：《促进分享经济发展，释放新动能》，《新经济导刊》2016 年第 5 期，第 33 ~ 35 页。

③《马化腾在两会为什么要就“分享经济”提建议》，http://www. fjxwcbj. gov. cn/45630. html，最后访问日期：2016 年 7 月 24 日。

的政策建议》指出，一方面，汽车共享可以减少私家车的保有量，另一方面，汽车共享可以大幅减少汽车空车行驶里程数。全球汽车空载率每降低10%，就能够减少碳排放量约364万吨，相当于3亿棵树的全年生态补偿量①。

2. 房屋分享

据国家统计局2015年12月数据显示，全国商品房待售面积已增至71853万平方米，长租公寓、众创空间、线上短租等分享经济平台，为住宅市场、非住宅市场等各类房地产去库存提供了有效路径。

第一，短租模式——以途家和小猪短租为代表。国内在线度假租赁市场规模超过百亿元。市场格局相对集中，独角兽途家和小猪短租两个轻重模式的代表，占据着整体市场份额近50%。② 短租模式相对于酒店业，具有价格低廉、个性化体验等多种优势。

第二，长租模式——以蘑菇租房、YOU为代表。据投房研究院研究，目前中国长租公寓行业处于指数级发展的初期，国内青年租房的市场规模已达到近8000亿元，长租公寓行业所处的时代环境推动当前众多优质公寓企业（如自如友家、You +、优客逸家等）在这一时点爆发。

面对长租公寓的潜在市场，包括万科等房企纷纷加入长租公寓市场，通过多样化的运作模式，实现存量房的去库存化，亦是一种有效的盘活资产的方式。③

第三，共享办公——以腾讯众创空间和优客工场为代表。共享办公能够盘活非住宅市场的房地产库存，促进双创。其中优客工场估值20亿元人民币，成为准独角兽；腾讯推出众创空间，打造立体化全要素创业孵化器。

3. 金融分享

中国P2P网贷市场体量大，增长迅速，从2011年到2015年，CAGR大于300%。从分享经济的市场结构来看，中国P2P借贷公司已经达到3491家。其中，前五家P2P仅占市场份额约20%，市场集中度不高；问题平台

① 马化腾：《分享经济——供给侧改革的新经济方案》，中信出版社，2016，第127页。

② 《中国分享经济全景解读报告》，http://www.useit.com.cn/thread-11511-1-1.html，最后访问日期：2016年3月6日。

③ 马化腾：《分享经济——供给侧改革的新经济方案》，中信出版社，2016，第206页。

896家，约占总量的26%，风险系数增加。[①]

P2P网贷的优势体现在投资收益高、投资期限灵活、借贷便捷性高等方面。

目前，创业创新蔚然成风，正如国务院《关于加快构建大众创业万众创新支撑平台的指导意见》中明确指出的，全球分享经济快速增长，基于互联网等方式的创业创新蓬勃兴起，众创、众包、众扶、众筹（以下统称四众）等大众创业、万众创新支撑平台快速发展，新模式、新业态不断涌现，线上线下加快融合，对生产方式、生活方式、治理方式产生广泛而深刻的影响，动力强劲，潜力巨大。[②] 企业可以借助众包模式激发创业新活力，借助众筹模式拓展创业创新融资，无疑是迎合分享经济大趋势，拥抱分享经济的又一有效途径。

然而，资金分享跟其他闲置资源分享略有不同，资金分享具有一定风险。努力降低风险系数，确保投资安全也是必要的。

4. 企业闲置资源分享

企业闲置资源分享，主要指企业分享其闲置资产（例如空间/设备等）或产能，实现生产共享和协作双赢。一方面帮助供方企业在资产闲置期间提高收入，另一方面帮助需求企业“以租代买”，降低生产运营成本。

目前分享模式主要有办公空间共享、设备共享、产能共享等内容。[③]

5. 分享型城市

全球城市人口比例从1800年的3%上升至现如今的50%，而且据预测，全球城市人口比例将在2050年达到70%。分享是推动城市繁荣、创新和交流的引擎。对于面临越来越大资源压力的城市来说，有必要发展分享经济。

分享型城市是一个有趣的混合体，包含公共部门、私人部门等整个城市的资源，它基于一系列公共资源的有效运行来保障，这些公共资源几乎

① 《中国分享经济全景解读报告》，http://www.useit.com.cn/thread-11511-1-1.html，最后访问日期：2016年3月6日。

② 《国务院关于加快构建大众创业万众创新支撑平台的指导意见》，《中华人民共和国国务院公报》2015年10月20日。

③ 《风潮乍起——中国分享经济全景解读》，http://edu.nen.com.cn/system/2016/03/11/018934031.shtml，最后访问日期：2016年3月14日。

包括了从网络到公开的数据、闲置的公共土地等方面。

分享城市通过提供更多公民参与的途径，让大家认识到城市是一个共享的空间，并让社区中的每个人都有机会能够分享，创造出资源、价值和知识分享新形式，使得资源利用更有效率，减少了废物排放，降低了处理成本和管理成本。

从分享经济的发展趋势来看，分享经济从其发源地美国扩展到欧洲。再到亚洲、大洋洲等各地域。分享经济初创企业最初只是出现在少数科技发达的城市，伴随着分享经济的发展、分享理念的普及，更多的城市也慢慢开始拥抱分享经济。分享经济参与的经济主体趋于多样化，从个人之间的分享，到公司之间设备、资源分享，再到政府之间公共服务的分享，最后发展到以城市为单位的分享型城市。分享内容也纵深发展，从最初出行住宿的分享，扩展到农业、制造业等产业，最终达到凡有剩余皆可分享的局面，成为21世纪最不可忽视的经济新业态①。

二 发展分享经济的政策支撑

（一）坚持包容性治理

要促进中国分享经济的有序发展，必须有与之相适应的政府管理的新理念。政府监管部门应该充分吸纳市场参与者的意见，政策立法需要“开门立法”“科学立法”“民主立法”，更多遵循市场主导思路。面对分享经济新型商业模式、经营方式等与传统产业的不同，中国政府不能削足适履，强迫新事物符合旧的监管框架，应因地制宜地调整监管策略，坚持具体问题具体分析，及时清理阻碍发展的不合理规章制度，促进分享经济发展。②

（二）将发展分享经济上升为国家战略

党的十八届五中全会公报明确指出发展分享经济，这是中国第一次将分享经济写入党的全会决议，标志着分享经济正式列入党和国家的战略规划。此外，欧盟、美国、英国、法国、日本、韩国等也将发展分享经济作为一项国家战略规划。

① 马化腾：《分享经济——供给侧改革的新经济方案》，中信出版社，2016，第313页。

② 马化腾：《促进分享经济发展，释放新动能》，《新经济导刊》2016年第5期，第33~35页。

2016年的《政府工作报告》把发展分享经济作为“十三五”时期的重大举措，要推动新技术、新产业、新业态加快成长，以体制机制创新促进分享经济发展，建设分享平台，做大高技术产业、现代服务业等新兴产业集群，打造动力强劲的新引擎。为此，中国需要发挥大众创业、万众创新和“互联网+”集众智汇众力的乘数效应。打造众创、众包、众扶、众筹平台，构建大中小企业、高校、科研机构、创客多方协同的新型创业创新机制。支持分享经济发展，提高资源利用效率，让更多人参与进来、富裕起来。

这些举措表明发展分享经济已经上升到了国家发展战略的高度。

（三）市场准入政策

对于发展分享经济涉及的市场准入监管，主要涉及对于可能的新的市场主体的监管和新的入市交易客体的监管两个方面。

目前地方政府为了促进传统产业转型升级，利用创新创业培育经济新增长点，对于分享经济市场主体的监管主要还是基于在原有市场监管框架上进行适应发展需求的创新。一方面，不少地方政府将发展分享经济与实施“互联网+”行动并列，要求通过促进互联网与经济社会融合发展，构筑发展新优势和新动能，拓展发展新空间。这包括加快发展云计算、大数据、物联网、移动互联网等与现代制造业、现代农业、现代服务业深度融合，促进电子商务、工业互联网和互联网金融健康发展，发展分享经济①。

另一方面，不少地方政府认识到分享经济模式可能表现为各类资源的使用权短期租赁，因此很可能为新的入市交易客体提供相对宽松的监管环境，配置相应的市场准入制度。河北省、安徽省省政府和大连市市政府制定的相关经济政策都明确提出，分享经济模式的一个重要方面在于“使用权短期租赁”。

在诸多行业领域中，涉及的大多数交易客体（例如机器设备、交通工具、房屋、旅游服务等）都已经受到一定程度的市场准入监管制度的规范，如何充分让这些已经在首次交易活动中完成分配的资源顺利进入二次或多次交易活动，需要政府对已有的市场准入制度进行适度调整。

① 马化腾：《分享经济——供给侧改革的新经济方案》，中信出版社，2016，第252页。

（四）配套政策

在市场秩序监管方面，许多地方政府将自身在促进分享经济发展过程中的职能定位为分享经济成长提供配套制度、积极为强化产业模式创新提供制度保障，在划定政府监管和市场机制的边界上表现出了克制。例如河北省省政府要求下属各责任单位调整完善有利于新技术应用、个性化生产方式发展、智能微电网等新基础设施建设、“互联网＋”广泛拓展、使用权短期租赁等分享经济模式成长的配套制度。

分享经济的全面发展既对政府治理创新产生了显著的“倒逼”效应，也为构建多方参与的协同治理模式提供了经验积累、技术与数据支撑。就政府而言，既要为分享经济发展创造宽松环境，又要妥善处理创新引发的利益平衡矛盾。尤其是在分享经济发展初期，多数企业和产业发展仍处在探索创新阶段，政府可以在建立和完善补位性、底线性和保障性的制度和规范等方面多做一些工作，如及时修改已经明显不适用的法律法规，研究制定以用户安全保障为底线的创新准入政策，尽快完善适应新业态发展的社会保障机制。加快推进公共数据开放和社会信用体系建设，积极利用大数据等新技术手段实现精准治理。①

（五）信用机制

信用是发展分享经济的瓶颈，为此应大力发展征信市场，加快社会征信体系建设，推进各类信用信息平台无缝对接，打破信息孤岛；加强信用记录、风险预警、违法失信行为等信息资源在线披露和共享，为经营者提供信用信息查询、企业网上身份认证等服务。还要进一步完善社会保障和福利机制。有关机构应为分享经济参与者提供必要的保险和福利，提供分享经济就业指导，以帮助求职者提高经验、技术和收入。②

网上交易的信用体系建设至关重要。要整合分散在各个部门的信用信息，利用已有的认证系统为分享经济服务进行认证，让分享经济参与企业能低成本获取相关信用信息，推动分享经济发展。要培育专业的信用服务公司，构建用户信用评级系统，通过跟踪用户点评分享网站及供需双方交

---

① 朱克力、张孝荣：《分享经济》，中信出版社，2016，第364页。

② 马化腾：《促进分享经济发展，释放新动能》，《新经济导刊》2016年第5期，第33～35页。

易效果评价的数据记录，作为第三方对分享平台及其客户提供信用评级服务。[①]

（六）财税政策体系

税务部门需要制定分享经济的纳税指导意见，对民办分享设施建设进行财政补贴。城市规划建设部门优先受理人民团体或社区推动的分享设施建设申请，对于社区或企业共建的文化性、娱乐性的全民分享性基础设施项目，提供财政补贴。[②] 政府应该更新政府采购架构，让分享经济平台也进入政府采购体系。比如，除了传统的宾馆、火车、出租车之外，让拼车和短租房等分享经济服务业进入这一体系。而拥有财政资源的公共部门也需要研究能否向公众分享他们的汽车、住房，以节约财政资金。公共部门还需要研究他们所需的资源是否可以用分享经济的资源进行代替。[③]

（七）推动公众参与

分享经济的发展注定会惠及百姓，例如交通类的分享经济平台就是以更合理的价格、更贴心的服务便利了民众出行。因此了解民众对于分享经济的意见至关重要，这也是参与式民主的重要形式。如首尔市为扩大市民参与，成立的首尔市共享促进委员会是由法律界、媒体、企业、非营利私人组织、科研机构、经济、社会福利、交通、创新事业部门的局长级公务员组成的，主要职责是为促进分享经济建言献策，并进行对分享团体、分享企业的认证审议。

（八）推动参与式教育与扁平式学习政策

分享经济促进了参与式教育的发展，突出表现在分散式合作教学方式的兴起。现在兴起的分散式合作教育方式，目的是让学生意识到知识的社会属性。新的观点认为智力不是可以继承的或者积累的智慧，而是分布在人们中间的一种共享的经历。更重要的是，通过学习以一种分散式合作的

---

① 张永军、张影强：《“互联网+”：发展分享经济的引擎》，《光明日报》2016 年 4 月 7 日，第 2 版。

② 刘建军、邢燕飞：《共享经济：内涵嬗变、运行机制及我国的政策选择》，《中共济南市委党校学报》2013 年第 5 期，第 38 ~ 42 页。

③ 张滨阳：《英国力图打造“分享经济的全球中心”》，《新华每日电讯》2015 年 1 月 27 日，第 8 版。

方法来思考和行动，学生会逐渐认为自己是具有怜悯心的生物，并且是各种关系中的一部分，是更广阔社区的一部分，也是整个生物圈的一部分[①]。

社交网络的普及和网络上合作式的参与方式让教育不仅仅局限在教室，而是通过互联网形成了全球的学习环境。

扁平式学习是基于一个对学习本质完全不同的定义。这种学习过程中合作的本质让学生更加明白，获得知识不是独自一个人的行动，而是一个团体的事。

扁平式学习使教室里的权威从自上而下的等级集权制变为互惠相连的民主制。学生们认识到他们需要为自己的教育负责。为自己的教育负责就是要适应彼此的想法，以开放的心态对待不同的看法和观点，能够接受批评，乐于助人并且愿意为整个学习团体负责。这些都是培养同理心至关重要的因素[②]。

第五节　社会主义政治经济学与分享经济的契合

习近平同志强调，要立足中国国情和发展实践，揭示新特点新规律，提炼和总结中国经济发展实践的规律性成果，把实践经验上升为系统化的经济学说，不断开拓当代中国马克思主义政治经济学新境界。[③]

当代，在现代科学技术已经成为第一生产力的情况下，社会主义政治经济学和分享经济学有密切关联，通过对当前的热点问题，如社会主义的本质、社会主义初级阶段、社会主义基本经济制度、社会主义政治制度、改革开放和生态文明建设、对外关系、中国梦的实现等问题进行了深层次解读，有助于加深对党的相关政策的理解，进一步丰富和发展社会主义政治经济学。马克思主义所研究的分享经济是在社会主义制度内生出的分享

① 〔美〕杰里米·里夫金：《第三次工业革命——新经济模式如何改变世界》，中信出版社，2012，第255页。

② 〔美〕杰里米·里夫金：《第三次工业革命——新经济模式如何改变世界》，中信出版社，2012，第260页。

③ 周文：《中国特色社会主义政治经济学的新发展与经济学的中国时代》，《社会科学研究》2016年第6期，第17～22页。

经济。社会主义政治经济学要大力发展分享经济学，社会主义政治经济学与分享经济具有内在的契合，表现在以下几个层面。

一　与社会主义本质契合

马克思和恩格斯认为，所谓的共产主义社会就是这样一个社会，“在那里，每个人的自由发展是一切人的自由发展的条件”。[①] 邓小平根据社会主义初级阶段的实际对社会主义的本质做出了新的概括：“社会主义的本质，是解放生产力，发展生产力，消灭剥削，消除两极分化，最终达到共同富裕。”[②] 党的十八大以后，党中央提出的以人民为中心的发展思想，强调坚持把增进人民福祉、促进人的全面发展、朝着共同富裕方向稳步前进作为经济发展的出发点和落脚点，进一步丰富发展了对社会主义目的的认识[③]。

社会主义的本质是解放和发展生产力，分享经济的特点能够彰显社会主义本质，有助于解放和发展社会的生产力。首先社会主义的本质是解放生产力，指的是解放被资本主义压抑和异化的科技生产力。其次，社会主义的本质是发展生产力，这里指的是在社会主义社会中，要通过发展传统生产力和现代科技生产力，创造比资本主义更高的劳动生产率，使社会主义更好地显示出自己的优越性。[④]

1. 分享经济的提出明确共同富裕是社会主义本质

社会主义的本质要求在全社会消除两极分化，最终达到共同富裕。依现代科学技术发展起来的分享经济，由于具有信息性、符号性和人本性等特点，能够坚持实行以按劳分配为主体、多种分配方式并存的分配制度，最终消除两极分化，实现共同富裕。

2. 分享经济与社会主义的和谐本质

胡锦涛指出：“我们所要建设的社会主义和谐社会，应该是民主法治、

---

① 《马克思恩格斯选集》第1卷，人民出版社，1995，第294页。

② 《邓小平文选》第3卷，人民出版社，1993，第373页。

③ 张宇：《关于中国特色社会主义政治经济学的若干问题》，《国家行政学院学报》2016年第2期，第46页。

④ 包心鉴：《邓小平的社会主义本质论与建设有中国特色的社会主义》，《党的文献》1994年第3期，第40～45页。

公平正义、诚信友爱、充满活力、安定有序、人与自然和谐相处的社会。”① 由此说明和谐也是社会主义的本质。社会主义的和谐是广义的，主要包括经济和谐、政治和谐、环境和谐等。分享经济具有人本性的特点，决定了分享经济功能的发挥能够使整个社会经济总量提高，既能够使每个人的收入增加，又能够防止两极分化。所以分享经济功能的发挥为实现经济和谐创造了条件。同时分享经济有助于缓和社会矛盾，能够有序解决推进政治体制改革，为政治和谐创造了条件。再次由于分享经济具有信息性、符号性等特点，其功能发挥能够避免环境恶化，为实现环境和谐创造条件。

二　与社会主义基本经济制度契合

中国社会主义基本经济制度指的是以公有制为主体、多种所有制经济共同发展的社会主义初级阶段的基本经济制度，其主要内容有以下几点。

第一，必须毫不动摇地巩固和发展公有制经济。《中华人民共和国宪法》第六条明确指出：“中华人民共和国的社会主义经济制度的基础是生产资料的社会主义公有制。”第七条明确指出：“国有经济，即社会主义全民所有制经济，是国民经济中的主导力量。”公有制主体地位不能动摇，国有经济主导作用不能动摇，这是保证中国各族人民共享发展成果的制度性保证，也是巩固党的执政地位、坚持中国社会主义制度的重要保证。②

第二，公有制为主体具有多种实现形式。国有资本、集体资本、非公有资本等交叉持股、相互融合的混合所有制经济，是基本经济制度的重要实现形式，是新形势下坚持公有制主体地位，增强国有经济活力、控制力、影响力的一个有效途径和必然选择。③

分享经济与社会主义基本经济制度的契合表现在：首先科技生产力的“公有性”决定了公有制的选择。其次，现代科学技术的人格化代表的特点决定公有制的实现，这需要一个最终能调动劳动者积极性的、维护劳动者根本利益的所有制形式与之相适应，这种所有制只能是社会主义公有制。

---

① 《十六大以来重要文献选编》（下），中央文献出版社，2008，第765页。

② 《习近平谈治理国政》，外文出版社，2014，第8页。

③ 习近平：《关于〈中共中央关于全面深化改革若干重大问题的决定〉的说明》，《求是》2013年第22期，第19~27页。

三　与社会主义分配制度的契合

对于社会主义社会的分配制度，马克思主义经典作家提出过两条基本原则：一是在新的社会制度中，生产将以所有人的富裕为目的，为了社会的共同利益。二是共产主义的高级阶段将实行按需分配原则，低级阶段则要对个人消费品实行按劳分配。[①] 根据上述理论并结合中国实际，党提出了坚持按劳分配为主体、多种分配方式并存的基本分配制度，既鼓励先进，促进效率，合理拉开收入差距，调动各方面的积极性、创造性；又防止两极分化，维护社会公平，逐步实现共同富裕，使人民群众共享改革发展成果。

由于种种复杂的历史和现实因素，目前中国的收入分配体系中还存在一些突出的问题，主要是贫富差距较大、不合理因素较多。对此，必须高度重视，采取切实措施加以研究解决。特别要完善以税收、社会保障、转移支付为主要手段的再分配调节机制，加大税收调节力度，规范收入分配秩序，完善收入分配调控体制机制和政策体系。其中，分享经济是闲置资源拥有者依据对其资源所有权而享有处置权和收益权，通过多样化分享方式依托共享平台实现收入增加，是对中国现有分配制度的有益补充和重要调节。

四　与中国特色社会主义发展契合

发展是当代中国的主题，中国经济发展的成功实践，积累和蕴含了极其丰富的发展思想，集中体现为“创新、协调、绿色、开放、共享”五大发展理念。

关于创新发展。创新是引领发展的第一动力，是提高发展质量和效益的基点所在。马克思曾经指出，随着生产力的发展，社会知识作为直接的生产力而发生作用，社会生活越来越受智力的控制和改造，从而科学技术日益成为直接的生产力。不仅生产力是如此，生产关系也是如此。[②]“所谓

① 张宇：《中国特色社会主义经济理论体系的发展与创新》，《教学与研究》2007 年第 11 期，第 5 ~ 12 页。

② 张宇、王亚玄：《书写当代中国马克思主义政治经济学的新篇章》，《马克思主义与现实》2016 年第 1 期，第 8 ~ 12 页。

‘社会主义社会’不是一种一成不变的东西，而应当和任何其他社会制度一样，把它看成是经常变化和改革的社会。”① 改革开放以来，党围绕着创新发展形成了一系列重大战略思想，包括：科教兴国战略、走中国特色自主创新道路、建设创新型国家和实行创新驱动发展战略等。当前，党和政府从培育发展新动力、拓展发展新空间、深入实施创新驱动发展战略等方面，系统阐述了推动创新发展的政策举措，拓展了创新发展的内涵，深化了创新发展的思想。②

关于协调发展。协调是持续健康发展的内在要求，是社会主义制度优越性的突出表现。马克思主义政治经济学关于协调发展的思想是十分丰富的。改革开放以来，党围绕着协调发展形成了一系列重大战略思想，当前协调发展要处理发展中的重大关系，促进新型工业化、信息化、城镇化、农业现代化同步发展，不断增强发展整体性。

关于协调发展绿色是永续发展的必要条件，是人民对美好生活追求的重要体现。改革开放以来，党围绕着绿色发展形成了一系列重大战略思想。当前协调发展要以着力改善生态环境为出发点，推动形成绿色发展方式和生活方式，推动提出绿色发展的政策举措等。

关于开放发展。开放是国家繁荣发展的必由之路，是中国融入世界的必然选择。改革开放以来，党围绕着开放发展形成了一系列重大战略思想，包括坚持“引进来”和“走出去”相结合，统筹国际国内两个大局，充分利用国际国内两个市场，奉行互利共赢的开放战略等。

关于共享发展。共享是中国特色社会主义的本质要求，是社会主义发展的根本目的。马克思和恩格斯曾经多次明确指出，在未来社会“所有人共同享受大家创造出来的福利”。“社会生产力的发展将如此迅速，以致尽管生产将以所有的人的富裕为目的，所有的人可以自由支配的时间还会增加。”③ 创新、协调、绿色、开放、共享五大发展理念，在新的历史条件下，

① 《马克思恩格斯选集》第4卷，人民出版社，1995，第693页。

② 张宇：《书写中国特色社会主义经济理论发展新篇章》，《光明日报》2015年11月19日，第16版。

③ 张宇：《书写中国特色社会主义经济理论发展新篇章》，《光明日报》2015年11月19日，第16版。

对什么是发展、为什么发展、怎样发展，发展为了谁、发展依靠谁、发展成果由谁享有等重大问题，进行了富有创造性的探索，提出了一系列新的观点，深化和丰富了对社会主义经济发展规律的认识，推进了马克思主义政治经济学的创新发展，对于引领和推动中国经济发展，不断破解经济发展难题，开创经济发展新局面，具有重要指导意义。[①]

五　与人民主体原则契合

坚持以人民为中心的发展思想，这是社会主义政治经济学的根本立场。历史唯物主义是马克思主义政治经济学的根本方法论。历史唯物主义认为，“历史活动是群众的事业”，决定历史发展的是“行动着的群众”。中国特色社会主义的一切实践必须以人民为中心。人民群众是社会发展的决定力量。人民群众不仅仅是为自己的生存而劳动，更重要的是为社会的发展创造价值。马克思说：“人们自己创造自己的历史。”人民是社会主义政治经济学的立足点，也是分享经济的落脚点。当代分享经济与人民主体原则的契合，主要体现以下几点。

1. 分享经济能使主导生产要素回归民本性，增强创新动力

在人类历史上生产力发展的相当长时期内，生产资料私人占有使劳动资料和劳动者相分离，并导致劳动过程的异化。在科学技术成为第一生产力的今天，分享经济的出现，使劳动资料和劳动主体分离的趋势得以克服，同时也加快了主导生产要素向劳动者回归的进程，极大地提高了劳动者主体功能，形成了以知为本的机制，或称知本主义。分享经济模式能够使当代科技生产力的民本性功能充分发挥，使创新动力获得极大增强，推动大众创业、万众创新，实现了分享经济与人民主体原则的契合。

2. 分享经济模式能使劳动者在劳动中获得解放和自由发展

在《共产党宣言》一书中，马克思宣告：代替资产阶级社会的将是这样一个联合体，在那里，每个人的自由发展是一切人的自由发展的条件。[②]

---

① 张宇：《书写中国特色社会主义经济理论发展新篇章》，《光明日报》2015 年 11 月 19 日，第 16 版。

② 《马克思恩格斯文集》，人民出版社，2009，第 53 页。

按照马克思主义的观点，人类社会的产生和发展的基础是生产方式，其中劳动起了决定性作用，因而人类的真正解放和自由将是在劳动中的解放和自由。分享经济的主体是大众，创新团队是形成马克思所说的自由人联合体的雏形，在分享经济活动中，人类通过在劳动中的解放和自由发展，推动自然界演化和发展，进而实现了人的本质，实现了分享经济与人民主体原则的契合。

3. 分享经济鼓励自由探索，与自由观相契合

为推动分享经济，鼓励自由探索也极为重要，即尊重和遵循自由探索和个性化的原则。中国人是聪明和勤奋的，不缺乏想象力和创造力，分享经济和社会进步鼓励人的自由发展、心灵解放，能使人的创造潜力得以发挥、挖掘，智慧创新和国家的创新创业有机地结合，在中华民族复兴的“社会主义政治经济学”中实现每个人的理想。解决创新动力问题，加快制度创新，促进其自由观相契合，实现了分享经济与人民主体原则的契合。

4. 分享经济发展创新创业平台，与平等观相契合

李克强总理曾指出：“全社会要厚植创业创新文化，让人们在创造财富的过程中，更好地实现精神追求和自身价值。”① 当今互联网的发展和开源硬件的兴起及两者的深度融合为中国鼓励自由探索、降低创新创业门槛提供了新的实现手段和发展平台，使越来越多的人参与到创新产业链中来。“大众创业、万众创新”已经成为充分激发群众智慧和创造力的重大改革举措，让每个有创业愿望的人都拥有自主创业的空间，使创新源泉除了源于社会精英和政府等方面的推动，更多地来源于以人为本的，包括企业、社会、草根的自下而上的全民创新，由此促进了与平等观相契合，实现了分享经济与人民主体原则的契合。

5. 实现了从雇佣劳动向自由劳动的转变的劳动解放

劳动解放的实现意味着劳动不再只是谋生的手段，而是人的本质的确证。②

---

① 李克强：《2015年政府工作报告》（摘要），《人民日报》2015年3月6日，第2版。

② 刘同舫：《政治解放、社会解放和劳动解放——马克思人类解放思想再探析》，《哲学研究》2007年第3期，第11页。

实际上，“真正的社会联系”在现实世界中被异化为“交换或物物交换”关系[①]。这种“交换关系的前提是劳动成为直接谋生的劳动”。[②] 劳动解放为人的真正的社会联系的实现创造条件，劳动解放是社会解放的基础。劳动是人的最基本存在方式，正如马克思指出的“自由自觉的活动”“有意识的生命活动”创造了人，使人和动物区别开来，而且使人的本质力量得以确认，“第一个历史活动就是生产满足人们吃喝住穿等生活需要的资料”。[③] 不仅如此，只有获得了劳动解放，人的各方面的素质和能力才能得到均衡发展。马克思认为资本主义的雇佣劳动必将会被自由联合的劳动取代，他指出：“无产者，为了实现自己的个性，就应当消灭他们迄今面临的生存条件，消灭这个同时也是整个迄今为止的社会的生存条件，即消灭劳动。”[④] 这就是说，马克思把劳动解放同人的解放联系在一起。人的解放的实现，首先要消灭雇佣劳动，用人的自由联合的劳动代替雇佣劳动。雇佣劳动是资本主义社会的异化劳动，“使人的世界和人的关系回归于人自身”[⑤]，就要实现从雇佣劳动向自由劳动的转变，使异化劳动复归为和人的本质直接同一的“自主活动、自由活动”，实现劳动解放，实现了分享经济与人民主体原则的契合。

6. 分享经济促进了人民群众社会物质财富创造

人民作为实现“社会主义政治经济学”的实践主体，不仅体现在人民在改造自然和改造社会中的主体性地位上，更应该体现在人民对改造自然、改造社会的成果的享有之上。随着第一次工业革命和第二次工业革命对社会生产力的大幅提升，人在社会生产中扮演的角色分化越来越细，人类进入社会化大生产阶段。“社会化大生产在极大地促进生产力发展的同时，也造成了人的异化问题。流水线上高度紧张、机械的作业方式，让人‘异化’为工具。”新一代青年劳动力大多不愿被高度细分的专业化岗位束缚，希望得到更加自由的职业生活。“相比于正规就业而言，分享经济在闲置时间使

① 马克思：《1844 年经济学哲学手稿》，人民出版社，2000，第 173 页。

② 马克思：《1844 年经济学哲学手稿》，人民出版社，2000，第 174 页。

③ 《马克思恩格斯选集》第 1 卷，人民出版社，1995，第 79 页。

④ 《马克思恩格斯选集》第 1 卷，人民出版社，1995，第 121 页。

⑤ 《马克思恩格斯全集》第 3 卷，人民出版社，2002，第 189 页。

用闲置资源赚些‘闲钱’的特点，让从业者比较自由地进入或退出社会生产过程，因个人对社会的依赖而导致的强制劳动和被迫劳动问题也随之缓解。因此越来越多的年青一代开始进行劳动力的自我解放，从社会化大生产当中脱离出来，成为分享经济当中的‘自由人’，大大加速了分享经济的发展。”① 相比前两次工业革命塑造的以“单一中心、大规模、统一标准”为主要特征的模式，分享经济去中心化的价值网络更加注重发展人本经济，通过提供个性化的产品和服务，个人既是消费者同时也是生产者，大大激发了创业创新活力，赋能予人，实现了人尽其才、物尽其用。其原因有以下几点。

第一，就业岗位与职业身份分离。不同于计划经济时代，在分享经济时代，就业岗位干脆让路，职业身份上位。

分享经济让每个人都有机会参与到供给侧改革这一历史进程中来。在分享经济模式下，每个分享经济企业不再生产商品，而是提供信息和交易平台。如果你能够通过互联网，随时随地把自己的劳动、知识、技术、管理经验转换成实际收益，又何须把自己约束在一个朝九晚五的岗位协议里呢？借助“分享经济”的东风，固定的工作岗位消失了，临时的工作身份崛起。个人闲置资源的分享，对传统的就业模式产生了重大的冲击。②

第二，从自雇型经济兴起。从自雇型经济的角度来看，传统的“全员雇佣，场地办公”模式已经过时，取而代之的是企业组织更加弹性化。为企业服务的不再局限于单一的受雇员工，还可以有很多顾问型的“外脑”。吸纳更多外脑智慧，能够帮助企业获取更多优质资源，尤其在文化创意服务领域更为明显。社科院在《中国的阶层结构与收入不平等》一文中提到，中国自雇阶层人口约占全社会就业人口总数的11.51%，月收入占全社会收入的比重为13.89%，按就业人口总数约为7.6亿计算，自雇阶层人口达到

---

① 腾讯研究院：《分享经济为什么会火？从写入“十三五”规划建议看背后的八大推动力》，http://bbs.pinggu.org/forum.php?mod=viewthread&tid=4165662，最后访问日期：2016年3月4日。

② 马化腾：《分享下一个最热的领域在哪？》，http://b2b.toocle.com/detail-6333383.html，最后访问日期：2016年6月20日。

了 8700 万人[①]。

六　与生态文明建设契合

党的十八大报告高度重视生态文明建设，指出要充分发挥科技生产力对自然界的保护作用，坚持节约资源和保护环境的基本国策。不同的生产力对自然界的变化产生的影响不同，因此中国生态文明建设同样和分享经济密切相关。

分享经济是实现绿色经济和可持续发展的重要途径，社会认知度非常高。发展分享经济可以在克服资源环境约束的情况下实现可持续发展。分享经济是一种基于现代社会节约消费的环保自觉形成的再消费经济，对于长期以来被社会鼓励的高速消费、奢侈消费文化是一种根本性的矫正。我们发现，凡是参与到分享经济的人群，除了他们有增加收入的需要外，另外一个重大的内在动力就是保护环境。分享经济与传统经济相比，是一种更符合生态环境保护的绿色经济。分享经济快速发展，将会逐渐遏制目前这种生产更多、消费更多的恶性发展趋势。[②] 分享经济通过物尽其用，实现了经济增长与环境保护的统一。[③]

① 马化腾：《分享经济——供给侧改革的新经济方案》，中信出版社，2016，第 182 页。

② 颜婧宇：《Uber（优步）启蒙和引领全球共享经济发展的思考》，《商场现代化》2015 年第 19 期，第 13～17 页。

③ 腾讯研究院：《分享经济为什么会火？从写入“十三五”规划建议看背后的八大推动力》，http://bbs.pinggu.org/forum.php?mod = viewthread&tid = 4165662，最后访问日期：2016 年 3 月 4 日。

后 记

紧张忙碌的写作和研究工作就要暂告一个段落了，行文至此，收获颇丰。

首先，本著作的创作理念是源于新时期习近平同志对如何拓展当代中国马克思主义政治经济学提出的新要求："要立足我国国情和我国发展实践，揭示新特点新规律，提炼和总结我国经济发展实践的规律性成果"，为此，我们要深入研究世界经济和中国经济面临的新情况和新问题，立足马克思主义历史唯物论视角，着力提出能够体现中国立场、中国智慧、中国价值的理念、主张、方案。重新深入解读马克思文本经济理论并进行重构，建构系统化的中国特色社会主义政治经济理论，在经济学领域确立中国的话语权，是中国特色社会主义政治经济理论研究的出发点和归宿，不断开拓当代中国马克思主义政治经济学的新境界，为马克思主义政治经济学创新发展贡献中国智慧。坚持和发展马克思主义政治经济学、不断完善中国特色社会主义政治经济学理论体系，有助于更好地指导中国特色社会主义经济建设的蓬勃发展，增强中国特色社会主义在道路、理论、制度和文化方面的自信，推进充分体现中国特色、中国风格、中国气派的政治经济学学科建设，并坚定中国特色社会主义共同理想和共产主义远大理想。

其次，本著作的写作思路如下：中国特色社会主义政治经济学这一课题一直是近年来学者研究的热点和焦点问题之一，怎样写得完善又不泛泛而谈是笔者写作过程中遇到的难题。经过大家一次次的修改和调整，最终确定了本书的总体研究思路和写作大纲。中国特色社会主义政治经济学包括以下主要内容：生产力与生产关系探析、马克思主义劳动价值论及发展、科技第一生产力时期的劳动价值论、社会主义市场经济论、社会主义改革论、经济社会发展热点问题解读、社会主义政治经济学与分享经济学。在构建和阐释其基本内容的过程中要坚持和发展劳动价值论的原则，解放和发展社会生产力原则，共同富裕原则，发展社会主义市场经济原则，以公有制为主体、多种所有制经济共同发展原则，独立自主同扩大开放原则，参与经济全球化相结合原则和人民主体原则等。本书的创新之处主要体现在：首先提出了劳动价值论的“分层论”，指出了劳动价值论的“核心层”是价值体理论。其次提出了劳动价值论的扩展，指出了当代劳动价值论应该是包括直接劳动、间接劳动和科技劳动在内的“广义劳动价值论”。再次提出了劳动价值论的分期理论，直接劳动、间接劳动和科技劳动对应的生产力分别是农业和手工业生产力、机器大工业生产力和科技生产力。重点探讨了马克思的“两个理论空间”和社会主义的生产力基础。最后，在上述分析的基础上展开了对社会主义政治经济学体系的论述。

本著作从开始选题、搜集资料、形成初稿、修改校对、再修改直至完成，都包含诸多同仁的耐心指导和细心帮助。本研究旨在抛砖引玉、通过自己绵薄的理论研究之力和学术思考，推动新时期中国特色社会主义政治经济学的基础理论研究、相关学科建设，以及为中国宏观经济的稳步发展提供一些理论支撑。本著作的顺利完成离不开各位领导、老师、同事、朋友和亲人的关心与帮助。

在这里衷心感谢东北大学马克思主义学院的田鹏颖院长、王健副院长对本著作写作过程中的一路热情关注、耐心帮助和鼎力支持，同时也感谢学院其他老师，在选题、整体框架的构思时给予我们不厌其烦的指导，悉心的审阅和提出的建设性意见。

感谢我们的各位家人的大力支持和辛苦付出，特别鸣谢丁丽老师、毕强先生和经占武老师对本著作的支持和帮助。你们默默的关注和支持是我们持续进行研究的坚实后盾和最大动力。可能一句感谢是表达不了我们对家人的感激之情的。深深感谢所有关心、爱护、教育和帮助过我的每一个人，谢谢你们一直都在。

最后，感谢社会政法分社曹义恒总编辑和吕霞云编辑的细致耐心的工作！感谢为我们论著写作提供资料借鉴的专家学者，你们无私奉献的著作智慧成果是本书的研究基础和创新源泉!

著作中有些问题还可以进行更加深入的研究与探讨，但由于自身能力、时间、篇幅所限，未能如愿。但是这些不足也正是我们继续研究的目标和方向，笔者将沿着这个思路努力走下去！未来有机会愿与学界各位同人就相关问题继续进行深入探讨和共同交流，不断提升我们的认识能力和理论研究水平。

于洪波

2017.1.20 写于沈阳南湖

图书在版编目(CIP)数据

社会主义政治经济学引论 / 于洪波，郑文范著. --
北京：社会科学文献出版社，2017.12
（东北大学马克思主义学院青年学者论丛）
ISBN 978-7-5201-0660-3

Ⅰ.①社… Ⅱ.①于… ②郑… Ⅲ.①社会主义政治
经济学 Ⅳ.①F04

中国版本图书馆CIP数据核字(2017)第074904号

东北大学马克思主义学院青年学者论丛
社会主义政治经济学引论

著　　者 / 于洪波　郑文范

出 版 人 / 谢寿光
项目统筹 / 曹义恒
责任编辑 / 刘　荣　吕霞云

出　　版 / 社会科学文献出版社·社会政法分社（010）59367156
地址：北京市北三环中路甲29号院华龙大厦　邮编：100029
网址：www.ssap.com.cn
发　　行 / 市场营销中心（010）59367081　59367018
印　　装 / 北京季蜂印刷有限公司

规　　格 / 开　本：787mm×1092mm　1/16
印　张：19.25　字　数：302千字
版　　次 / 2017年12月第1版　2017年12月第1次印刷
书　　号 / ISBN 978-7-5201-0660-3
定　　价 / 89.00元

本书如有印装质量问题，请与读者服务中心（010-59367028）联系